반도체부터 컴퓨터까지!

C언어로 배우는 프로그래밍의 기초

반도체부터 컴퓨터까지!

C언어로 배우는 프로그래밍의 기초

{ C언어로 배우는 프로그래밍의 기초 }

반도체부터 컴퓨터까지!

C언어로 배우는 프로그래밍의 기초

초판 인쇄일 2018년 8월 10일
초판 발행일 2018년 8월 17일

지은이 김화수, 조영권
발행인 박정모
등록번호 제9-295호
발행처 도서출판 혜지원
주소 (10881) 경기도 파주시 회동길 445-4(문발동 638) 302호
전화 031)955-9221~5 팩스 031)955-9220
홈페이지 www.hyejiwon.co.kr

기획 · 진행 박민혁
디자인 전은지
영업마케팅 김남권, 황대일, 서지영
ISBN 978-89-8379-966-1
정가 18,500원

이 도서의 국립중앙도서관 출판예정도서목록(CIP)은 서지정보유통지원시스템 홈페이지(http://seoji.nl.go.kr)와 국가자료공동목록시스템(http://www.nl.go.kr/kolisnet)에서 이용하실 수 있습니다.(CIP제어번호: CIP2018022641)

{ C언어로 배우는 프로그래밍의 기초 }

반도체부터 컴퓨터까지!

김화수, 조영권 공저

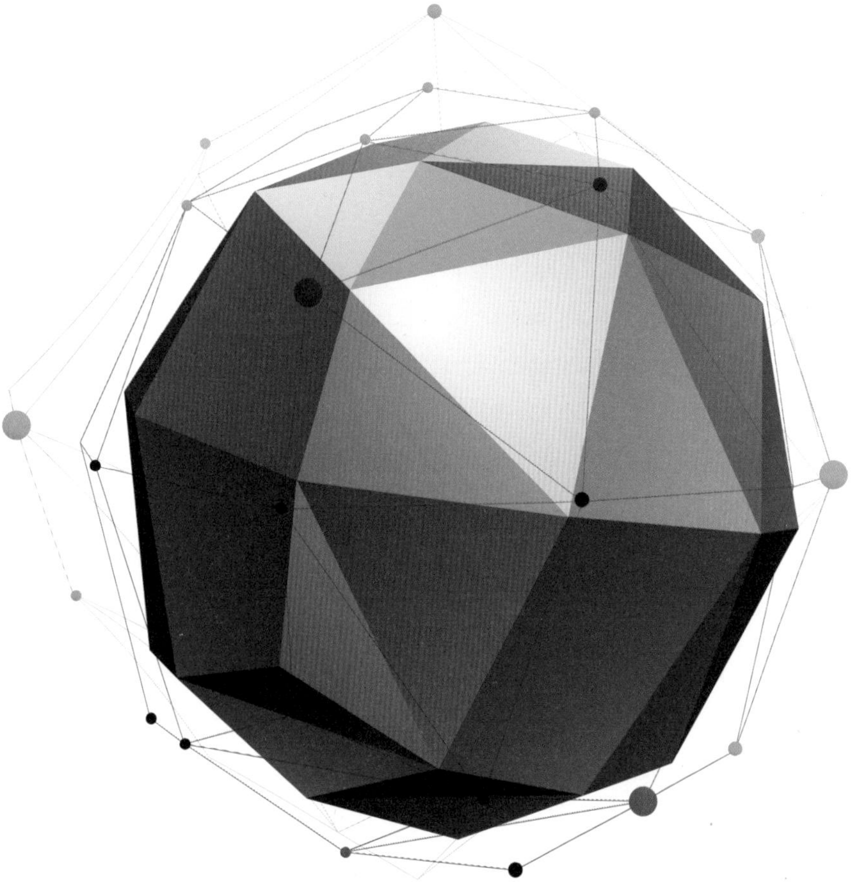

혜지원

이 세상에서 가장 위대한 발명품은 무엇일까요? 저마다 각기 다른 대답이 나오겠지만 필자는 망설임 없이 컴퓨터라고 대답할 것입니다. 컴퓨터만큼 기하급수적으로 발전하면서 인류의 삶 속에서 차지하는 비중이 점점 높아지는 것을 찾기 어렵기 때문입니다.

필자는 어린 시절 8비트 컴퓨터로 게임을 하면서 컴퓨터라는 것 자체가 너무나도 신기하게 느껴졌습니다. 어떤 구조와 원리에 의해서 게임이 실행되는지 정말 참을 수 없을 정도로 궁금했습니다. 엄마 손에 이끌려 처음 피아노 학원에 등록하려 했을 때, 피아노 대신 컴퓨터 학원에 다니겠다고 우긴 것이 얼마나 다행스러웠는지 모릅니다(지금은 그때 피아노를 배우지 않은 것이 조금 아쉽게 생각됩니다).

동네 컴퓨터 학원에서 잠깐동안 BASIC이란 언어를 배우면서 조금은 컴퓨터에 대해서 알 수 있었지만, 원초적인 궁금증을 해결한 것은 아닙니다. 어느 정도 궁금증이 해소될 수 있었던 계기는 컴퓨터공학과에 입학해서 다양한 전공 지식을 배우면서인 것 같습니다(아직도 아는 것보다 모르는 것이 훨씬 많아서 계속해서 공부하고 있습니다).

조금 늦었지만 지금까지 배운 것 중에서 정말 기초적이고 개념적인 것들을 잘 정리하여 설명할 수 있다면 필자처럼 컴퓨터 그 자체에 대한 궁금증에 목마른 독자들에게 조금은 도움이 될 수도 있을 거라는 생각이 들었습니다. 그래서 용기를 내어 이 책을 쓰게 되었습니다. 책을 쓰면서 바로 어려움에 직면하였는데, 소프트웨어나 프로그래밍 관련 주제는 제가 잘 알고 있어서 걱정이 없었지만 물리적인 컴퓨터를 이루는 기초에 대해서는 제 지식이 너무나 짧았습니다. 그러나 의외로 가까운 곳에서 문제를 해결할 수 있었습니다. 저의 고교 후배이자 반도체 전문가인 조영권님이 책의 완성도를 높이기 위해서 공저자로 참여하였기 때문입니다.

머리말

최종 원고를 살펴보면서 필자도 그동안 무척 궁금해하던 반도체 및 디지털 회로에 대해 쉽게 알 수 있어서 많은 공부를 할 수 있었습니다. 필자의 제안에 공저자로 참여해준 조영권 후배에게 정말 고마운 마음을 전합니다.

구슬도 꿰어야 보배라고 했습니다. 공저자들의 원고를 정말 잘 다듬어서 한 권의 훌륭한 책으로 만드는 데 가장 많은 노력을 기울여 주신 박민혁 편집자님과 출판 전 과정에 많은 노력을 아끼지 않은 혜지원 관계자분들에게 감사 말씀을 드립니다.

마지막으로 집필 기간 많은 시간을 함께하지 못한 아내와 아이들에게도 미안함과 고마움을 전하고, 이 책을 선택하신 모든 독자분들에게 감사 말씀 전합니다.

저자 **김화수**

머리말

사물인터넷, 증강현실, 가상현실, 자율주행차 등 하루가 다르게 새로운 기술들이 발표되고 있습니다. 이러한 기술들은 하드웨어와 소프트웨어를 아우르는 컴퓨터공학의 총아라고 할 수 있습니다. 미국의 애플은 하드웨어 업체로 시작을 하였으나, 자기만의 운영체제를 개발하여 다른 회사들과는 차별화된 고유의 사용 방법을 가지고 있습니다. 반면 구글은 검색 엔진을 대표하는 소프트웨어 회사로 출발하여, 모토로라(인수 후에 다시 매각하였습니다) 그리고 HTC의 모바일 분야를 차례로 인수하여 하드웨어 기술력을 확보하려고 노력하고 있습니다. 각 회사들은 시작한 분야는 서로 다를지라도, 두 분야 모두가 중요하다고 느끼고 부족한 점을 보완하여 경쟁력을 높이려는 노력을 계속해 왔던 것입니다.

하드웨어 없이는 소프트웨어가 존재할 수 없고, 소프트웨어가 없는 하드웨어는 깡통 같은 존재라 할 수 있습니다. 둘 간의 관계는 매우 유기적인 관계이지만, 두 분야를 모두 자세히 알기는 어려운 일입니다. 컴퓨터공학이라는 것이 분야가 다양하기 때문에 대부분의 책들이 하드웨어나 소프트분야 중 한 분야에만 초점을 맞추어 쓰여진 것들이 대부분입니다.

그래서 저와 김화수 선배는 하드웨어와 소프트웨어를 아우르는 내용을 엮어 보자는 의도에서 이 책을 집필하였습니다. 제가 담당한 부분은 하드웨어 관련 부분입니다. 컴퓨터의 세대를 구분하는 구성요소(진공관에서부터 집적회로까지)에 관해 설명하고, 그중에 우리나라의 대표 수출품 중 하나인 집적회로가 어떻게 만들어지고, 회로 내에서 디지털 로직의 구성 방법에 관해 설명하였습니다. 아무쪼록 세세한 내용은 부족하지만, 독자들이 조금이나마 집적회로 혹은 하드웨어에 흥미를 가지게 된다면 더할 나위 없이 감사하겠습니다.

대학원에서 논문을 쓰는 것 이외에 글을 써 본 것은 이번이 처음이라 서툰 점이 많았습니다. 부족한 실력에도 늘 격려해 준 김화수 선배에게 감사드립니다. 또한 고려대 전자공학과 김석기 교수님과 중앙대 전자전기공학부 백광현 교수님을 비롯하여 김수환 선배 및 고려대 ULSI연구실 선후배 여러분들도 감사합니다. 그리고 지금까지 물심양면으로 도와 주신 가족들에게도 깊은 감사의 말씀드립니다.

저자 **조영권**

추천사

컴퓨터와 프로그래밍에 대한 책은 너무나 많지만, 이 책처럼 원리와 개념을 충분히 다룬 후에 손에 잡힐 듯이 예제를 보여 주고 설명하는 책은 흔하지 않을 것 같습니다.

이 책으로 컴퓨터와 프로그래밍을 시작하시려는 분은 시간이 오래 걸리게 되더라도 각 장의 내용을 순서대로 빠짐없이 자기 생각으로 이해한 후에 다음 장으로 넘어가시기 바랍니다. 특정한 라이브러리 함수가 어떻게 동작하는지, 어떤 이유로 이러한 인자와 인터페이스를 가지게 되었는지 원리와 개념을 알고 이해하게 되면 틀림없이 동작 원리와 개념을 알게 된 만큼 프로그래밍을 잘하게 될 것입니다.

다들 초보자 시절에 어떤 프로그래밍 언어의 라이브러리 레퍼런스를 처음 보게 되면 불친절하고 불충분한 설명 때문에 그대로 이해할 수 없는 경우가 많으셨을 것으로 생각합니다. 이 책은 대충 넘어가지 않으면서 친절합니다. 대충 넘어가지 않으면서 친절하게 설명하는 책은 만나기 어렵습니다.

C 언어는 여러분이 사용하고 있는 대부분의 컴퓨터 운영체제를 만든 언어입니다. C 언어를 많이 배우지 않고 있는.요즘, 이 책으로 C 언어와 컴퓨터의 작동 원리를 배우기로 하신 여러분은 오래 걸리더라도 확실한 길을 걷기 시작한 것입니다. 끝까지 천천히 가시고 그 길 끝에서 더 많은 훌륭한 일을 시작하시기 바랍니다.

네이버 개발조직 리더 **하정수**

Contents

PART 03

컴퓨터와 반도체

PART 04

프로그래밍 Programming

PART 05

실습 환경 구축

PART 06

프로그래밍 기초

PART 07

변수와 상수

PART 08

타입
Type

PART 11

함수
Function

PART 12

배열
Array

PART 14

포인터
Pointer

PART 15

알고리즘
Algorithm

PART 01

컴퓨터
Computer

우리는 자동차를 겉모습으로만 구매하지 않습니다. 자동차는 성능도 중요하므로 토크, 마력, 제동 거리 같은 것에도 관심을 가지게 됩니다. 자동차 성능에 관심을 가지게 되면 자연스럽게 동작 원리도 궁금해질 수 있습니다. 차를 구매할 때뿐만 아니라 사용하다가 고장이 나는 경우에도 구조 및 동작 원리를 알고 있다면 도움이 될 때가 많이 있습니다.

컴퓨터도 마찬가지입니다. 우리는 컴퓨터나 스마트폰(작은 일체형 컴퓨터라고 할 수 있습니다)을 구매하기 위해 여러 가지 사양들을 비교하여 자기 자신이 필요로 하는 성능의 제품을 구매합니다.

컴퓨터를 선택하고 사용하기 위해서 스펙의 모든 것을 이해할 필요는 없습니다. 하지만 컴퓨터의 구조에 대하여 이해하고, 각각이 어떤 기능을 하는지 알고 사용한다면 즐거움이 더욱 커질 것입니다.

지금부터 컴퓨터는 무엇이며 어떻게 구성되고 동작하는지에 대하여 알아보겠습니다. 또 컴퓨터가 어떻게 발전하여 왔는지도 살펴보겠습니다.

Chapter

01 컴퓨터의 개요

컴퓨터(Computer)는 계산을 의미하는 Compute와 도구나 기계 등을 나타내는 접미사 er이 합쳐진 단어입니다. 말하자면 컴퓨터는 계산을 하는 도구나 기계를 나타내는 것입니다. 계산이라는 말은 평소에 컴퓨터로 해왔던 게임이나 문서 작업 혹은 사진 편집 등과는 거리가 있어 보일 것입니다. 초기의 컴퓨터는 로켓이나 우주선의 궤적을 빠르고 정확하게 계산하기 위해 고안된 물건이었기 때문에 이러한 이름이 붙여지게 되었습니다.

하지만 오늘날의 컴퓨터는 우리 생활의 거의 모든 분야에 이용되고 있습니다. 학교 수업시간에 강의를 위하여 파워포인트를 이용할 때도 사용되며, 현금자동인출기에서 돈을 입출금할 때도 사용됩니다. 일상생활뿐만 아니라 공장에서 제품을 생산하기 위한 로봇을 제어할 때도 컴퓨터가 이용되며, 과학자들은 컴퓨터를 이용하여 복잡한 수식을 처리하고 가상의 환경에서 모의 실험(Simulation)을 하기도 합니다.

그림 1-1

컴퓨터를 이용하여 로봇의 팔 제어
(출처 : 위키피디아)

〈그림 1-1〉은 공장에 배치되어 있는 로봇 팔입니다. 컴퓨터는 로봇 팔에 장착된 여러 센서에서 감지된 정보를 이용하여 조종합니다.

우리가 일상 생활에서 사용하는 컴퓨터는 이처럼 과학계와 산업계 전반에서 다양하게 활용되고 있습니다. 뿐만 아니라 미래에 주목받을 기술이라 여겨지는 사물인터넷, 빅데이터, 인공지능, 자율주행차 등도 모두 컴퓨터를 기반으로 합니다.

사물인터넷으로 수집된 다양한 데이터는 빅데이터가 됩니다. 수집된 빅데이터는 컴퓨터를 이용하여 우리에게 유용한 정보로 가공이 됩니다. 지금까지는 가공된 데이터를 기반으로 하여 중요 결정사항을 사람이 판단하였지만, 인공지능이 발달하게 되면 컴퓨터가 스스로 판단을 내리게 됩니다. 자율주행차는 도로에서 수집된 빅데이터를 바탕으로 스스로 판단을 내리는 빅데이터 처리 장치라 할 수 있습니다.

이렇게 많은 것들의 기반이 되는 걸로 봐서 매우 복잡한 동작을 할 것 같지만 컴퓨터는 크게 5가지의 기능만을 수행합니다.

① **입력** : 외부의 정보를 컴퓨터 내부로 읽어 오는 기능
② **출력** : 컴퓨터에서 처리한 결과를 사용자가 이해할 수 있게 표현해 주는 기능
③ **기억** : 입력된 자료 및 프로그램 실행의 중간 결과를 기억하는 기능
④ **연산** : 산술(덧셈, 나눗셈, 곱셈 등)과 논리 연산(AND , OR 등)을 수행하는 기능
⑤ **제어** : 정보의 처리 순서와 과정을 통제하는 기능

인터넷을 하거나 게임을 할 때 컴퓨터는 위의 기능을 반복하며 원하는 결과를 얻을 수 있게 해 줍니다. 이러한 기능들을 수행하는 컴퓨터는 어떻게 구성되어 있을까요?
컴퓨터는 크게 하드웨어(Hardware)와 소프트웨어(Software)로 구성되어 있습니다. 하드웨어는 컴퓨터의 모든 물리적 부품(장치)을 말하고, 소프트웨어는 컴퓨터의 하드웨어를 동작시키기 위한 프로그램을 말합니다. 하드웨어와 소프트웨어에 대하여 자세히 알아보도록 하겠습니다.

1 하드웨어

컴퓨터의 하드웨어는 본체, 모니터, 키보드, 마우스 등으로 이루어집니다. 〈그림 1-2〉와 같이 본체 안에는 여러 가지 하드웨어 부품들이 들어 있습니다. 키보드나 마우스를 통하여 명령을 입력하게 되면 본체 안의 CPU는 메인보드에 연결된 여러 부품들과 정보를 주고 받으면서 결과물을 생성하고 디스플레이 장치에 표시합니다.

그림 1-2
컴퓨터 하드웨어
(출처 : 위키피디아)

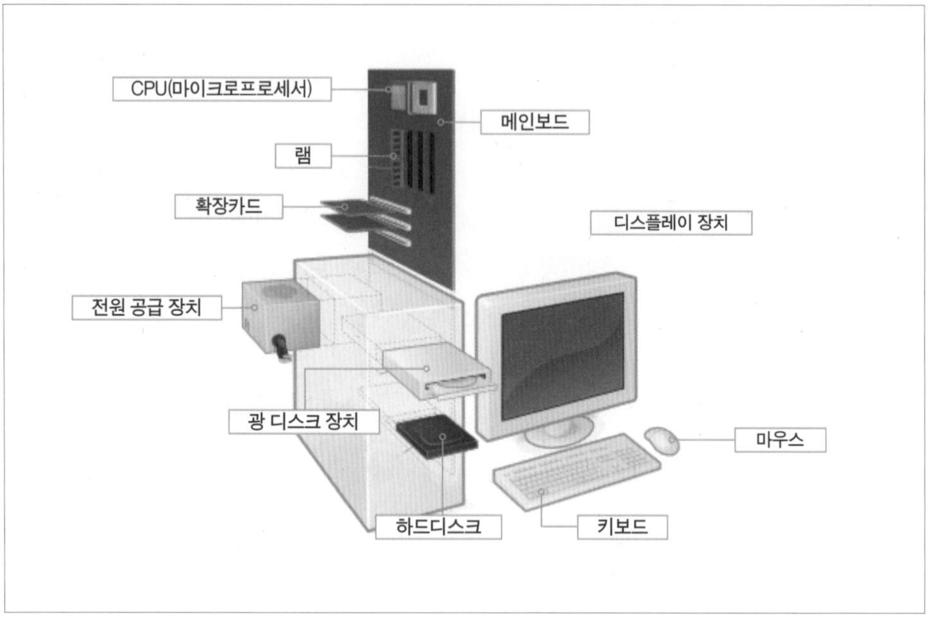

그림 1-3
일체형 컴퓨터
(출처 : www.apple.com)

최근에는 기술이 발달하여 여러 가지 부품들이 얇고 작게 만들어지면서 〈그림 1-3〉처럼 디스플레이와 컴퓨터 본체가 결합된 형태인 일체형 컴퓨터를 많이 볼 수 있습니다. 하지만 그 구성 내용은 기존의 컴퓨터와 같습니다.

그림 1-4
컴퓨터의 기능과구성
(출처 : https://www.bbc.co.uk/education/guides/zmb9mp3)

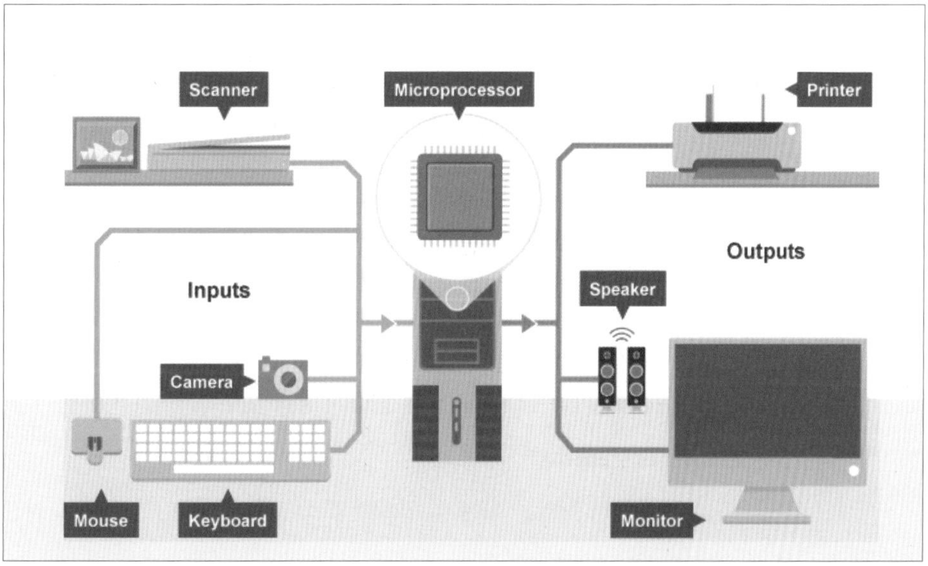

〈그림 1-4〉는 컴퓨터의 기능과 구성을 보여 주고 있습니다. 입력 장치로는 마우스나 키보드가 주로 사용됩니다. 컴퓨터의 두뇌 역할을 하는 CPU(마이크로프로세서)는 연산과 정보의 흐름을 제어하면서 기억장치인 RAM(Random Access Memory)에 데이터를 읽고 쓰는 작업을 계속해서 수행합니다. 작업이 완료되면 출력 장치를 통해서 결과물을 표시합니다.

그림 1-5
컴퓨터의 내부 부품
(출처 : http://trendingtechnow.com/complete-guide-computer-hardware)

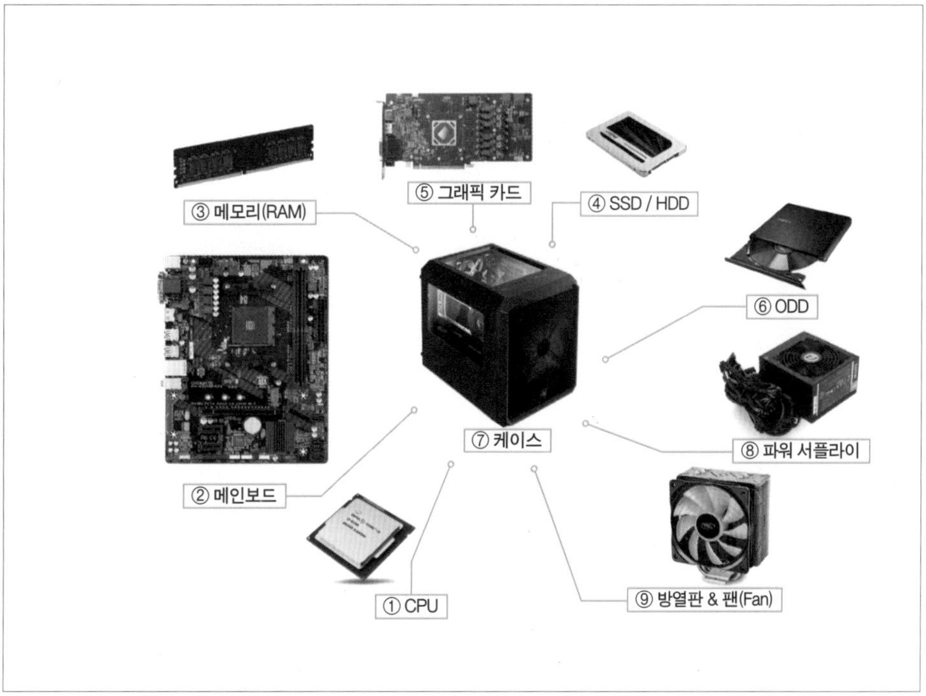

각 컴퓨터 내부 부품의 기능은 다음과 같습니다.

① **CPU(Central Processing Unit, 중앙처리장치)**

컴퓨터의 두뇌에 해당하는 부분으로, 명령을 해석하고 산술 및 논리 연산과 데이터 처리를 하는 장치입니다. 내부에는 많은 로직 회로들이 있으며 프로그램 카운터, 산술 논리 연산부, 각종 레지스터, 제어부, 타이밍 발생 회로 등으로 구성되어 있습니다.

② **메인보드**

CPU, 하드 디스크, 기억 장치 등 주요 부품을 연결시키는 기판으로서, CPU 소켓이나 칩셋, 확장 슬롯, USB 연결 장치 등을 갖추고 있습니다.

③ **메모리(RAM)**

컴퓨터 작업을 하는 데 필요한 프로그램과 데이터를 임시로 저장하는 장치입니다.

④ **SSD/HDD**

컴퓨터의 정보와 문서, 자료 등을 저장하고 읽을 수 있는 장치입니다. HDD(Hard Disk Drive)는 디스크 형태의 플래터에 데이터를 저장하는 방식이며, SSD(Solid State Drive)는 플래시 메모리에 저장하는 방식입니다. RAM에 비하여 읽고 쓰는 속도는 느리지만, 저장 용량이 크다는 장점을 가집니다.

⑤ **그래픽 카드**

컴퓨터 작업 결과를 디스플레이 장치로 출력해 주는 장치입니다.

⑥ **ODD(Optical Disk Drive)**

광학 디스크 장치입니다. 요즘은 점점 사라져 가는 저장 도구로, CD나 DVD를 읽고 쓸 수 있는 주변 기기입니다.

⑦ **케이스(Case)**

컴퓨터의 주요 부품들을 둘러싸는 부분을 말합니다.

⑧ **파워 서플라이**

집으로 공급되는 220V 교류 전원을 컴퓨터 내부에서 사용할 수 있도록 5V, 12V 등 다양한 직류 전압으로 만들어 주는 장치입니다.

⑨ **방열판 & 팬**

CPU나 그래픽카드, 그리고 파워 서플라이에서 발생하는 열을 식히는 역할을 하는 장치입니다.

각각의 부품들은 약속된 데이터 전송 방식을 가지고 있습니다. 그래서 부품을 만드는 회사는 서로 달라도 조립을 하게 되면 하나의 컴퓨터로 동작을 하게 됩니다.

2 소프트웨어

컴퓨터를 인간에 비유한다면 하드웨어는 육체, 소프트웨어는 정신이라 할 수 있습니다. 사람의 마음이 행동을 결정하는 것과 같이 소프트웨어는 컴퓨터의 모든 동작을 결정한다고 할 수 있습니다.

소프트웨어는 간단히 말해 컴퓨터에서 사용하는 프로그램입니다. 게임을 비롯하여 스마트폰에서 내려 받아 사용하는 각종 앱(App)도 모두 소프트웨어라고 할 수 있습니다.
좀 더 넓은 의미로는 하드웨어를 효과적으로 사용하기 위한 모든 기술로서 컴퓨터 프로그램, 프로그램을 이용하기 위한 여러 가지 절차 및 문서들, 그리고 전산화된 데이터와 정보 등을 말합니다.

소프트웨어는 기능에 따라 크게 응용 소프트웨어와 시스템 소프트웨어로 분류할 수 있습니다.

- 응용 소프트웨어
  넓은 의미에서는 운영체제에서 실행되는 모든 소프트웨어라고 할 수 있고, 좁은 의미에서는 컴퓨터를 이용하여 원하는 문제를 해결하기 위한 프로그램을 뜻합니다.

- 시스템 소프트웨어
  응용 소프트웨어가 잘 동작하기 위한 환경을 제공하는 소프트웨어로서, 하드웨어를 제어할 수 있는 소프트웨어입니다.

또 시스템 소프트웨어는 유틸리티 소프트웨어와 운영체제로 나뉘어집니다.

- 유틸리티 소프트웨어
  컴퓨터의 동작에 필수적이지는 않지만 특정한 목적의 작업을 수행하는 소프트웨어를 두루 가리킵니다. 즉, 하드웨어, 운영체제, 응용 소프트웨어를 관리하는 데 도움을 주도록 설계된 프로그램을 말합니다.

- 운영체제(OS : Operating System)
  하드웨어를 관리할 뿐 아니라 응용 소프트웨어를 실행하기 위하여 하드웨어와의 연결 고리가 되는 소프트웨어입니다.

입출력이나 메모리 할당과 같은 하드웨어 기능의 경우 운영체제는 응용 프로그램과 컴퓨터 하드웨어 사이에서 중간 역할을 합니다. 운영체제는 휴대 전화에서 게임기까지 컴퓨터의 구조를 가지는 거의 모든 전자 기기에서 볼 수 있습니다. 잘 알려진 현대의 운영체제에는 Windows, Linux, Unix 등이 있습니다.

그림 1-6
하드웨어와 소프트웨어의 관계

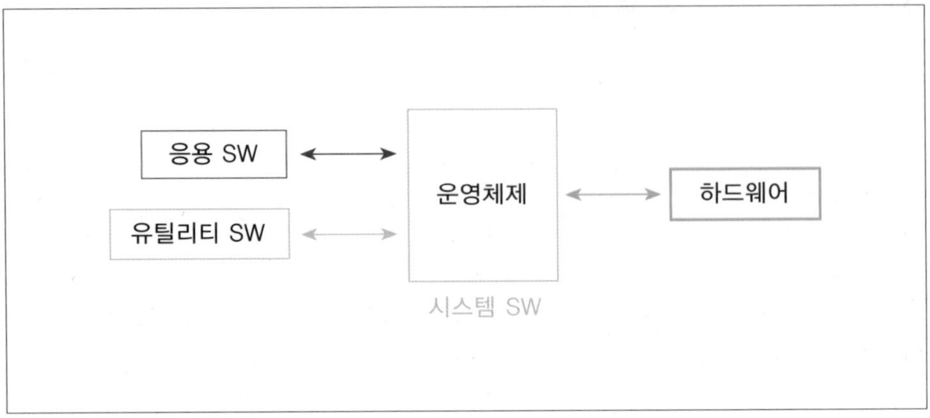

〈그림 1–6〉은 각종 소프트웨어와 하드웨어의 관계를 보여 줍니다. 응용 소프트웨어 및 유틸리티 소프트웨어가 실행되면 운영체제에게 필요한 작업을 요청합니다. 운영체제는 입력 받은 요청에 따라 하드웨어에게 제어 및 동작 명령을 내립니다. 하드웨어는 입력 받은 명령에 따라 수행한 후 결과를 운영체제에게 전달하고, 운영체제는 다시 응용 소프트웨어나 유틸리티 소프트웨어에게 결과를 전달합니다. 이처럼 컴퓨터는 운영체제를 기반으로 하는 시스템 소프트웨어, 응용 소프트웨어 그리고 하드웨어 사이의 긴밀한 협력으로 작동합니다.

Chapter

02 컴퓨터의 역사

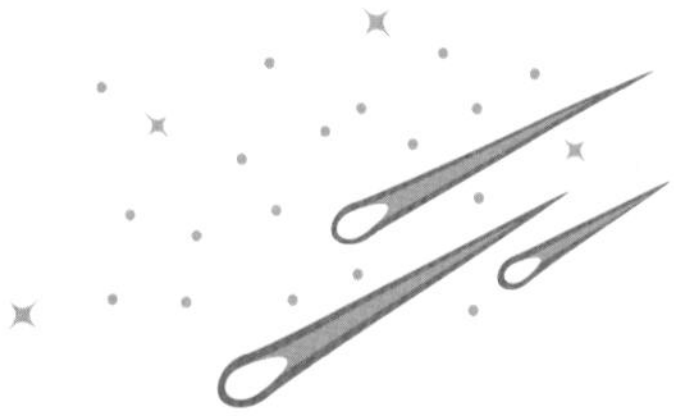

컴퓨터의 사전적 의미는 '계산을 하는 기계'라고 앞에서 설명했습니다. 특히 컴퓨터는 전자공학 기술을 이용하여 만들어져 '계산을 하는 전자 기기'라는 의미도 있습니다. 그래서 30년 전만 해도 대학에서 컴퓨터 관련 학과의 이름들은 '전자계산학과'라고 불렸습니다. 지금은 컴퓨터가 단순히 계산을 위한 도구로 쓰이는 것을 넘어서서 다양한 곳에 사용되기 때문에 '전자계산학과'라는 이름이 '컴퓨터학과(부)', '컴퓨터공학과(부)'로 불리고 있습니다.
그렇다면 컴퓨터가 어떤 단계로 발전해 왔는지 한번 알아보겠습니다.

1 기계식 계산기

Calculation(계산)이라는 말은 calculi(잔돌)라는 라틴어에서 나왔습니다. 기원전부터 수의 계산을 하는 도구로서 주판을 사용하였던 로마인들이 주판알을 'Calculi'라 부르는 데서 기원한 것이라 할 수 있습니다.

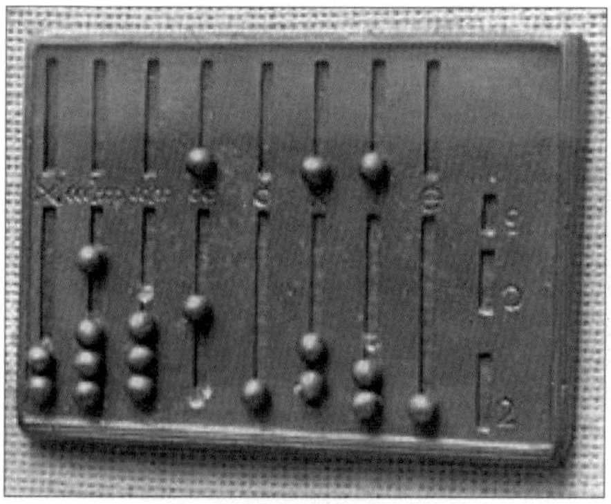

그림 1-7
기원전에 사용되던 주판(좌) 과 갈릴레오의 섹터(우)
(출처 : 위키피디아)

16, 17세기에는 〈그림 1-7〉의 나침반과 비슷한 섹터 도구가 산술 연산부터 면적, 부피를 계산하거나 통화를 변환할 때 사용되었습니다. 섹터는 천문학자인 갈릴레오가 개발하였고, 오늘날에는 컴퍼스로 개량되어 사용되고 있습니다.
스코틀랜드의 네이피어(J.Napier)는 17세기에 셈을 쉽게 할 수 있는 막대를 고안하였습니다. 아홉 개의 긴 막대로 구성이 되어 있고, 각 막대에는 숫자들의 곱셈표가 적혀 있어 계산을 쉽게 할 수 있었습니다.

그림 1-8
네이피어의 계산 막대
(출처 : 위키피디아)

라인이란 도구는 프랑스의 철학자이자 과학자였던 파스칼(Blaise Pascal)이 개발한 것으로, 여러 개의 톱니바퀴가 서로 맞물려 돌아가는 방식으로 덧셈과 뺄셈을 계산하였습니다. 톱니바퀴가 1회전하면 그보다 한자릿수 높은 톱니가 1/10 회전하도록 만들어진 기계적인 계산기였습니다. 파스칼의 계산기는 완전한 기계식 작동의 더하기, 빼기와 자리 올림이 가능한 최초의 계산기라는 의미가 있습니다.

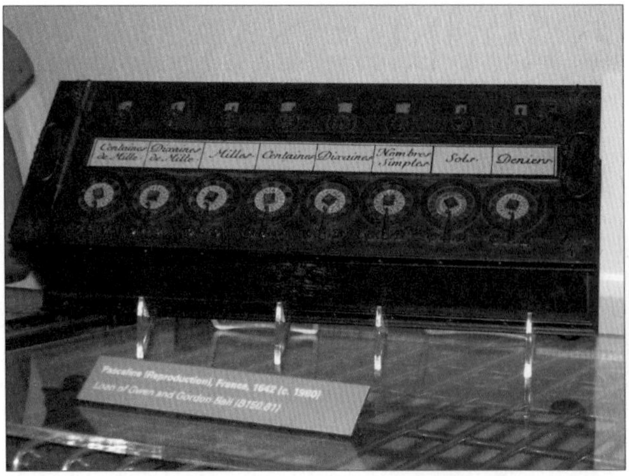

그림 1-9
파스칼의 라인
(출처 : 위키피디아)

독일의 수학자 라이프니츠(Gottfried Wihelm Von Leibniz)가 발명한 계산기는 덧셈과 뺄셈의 반복에 의해 곱셈과 나눗셈 그리고 평방근을 구할 수 있었습니다. 또한 오늘날의 컴퓨터에 2진수를 도입하는 데 큰 영향을 주었습니다.

그림 1-10

라이프니츠의 계산기
(출처 : 위키피디아)

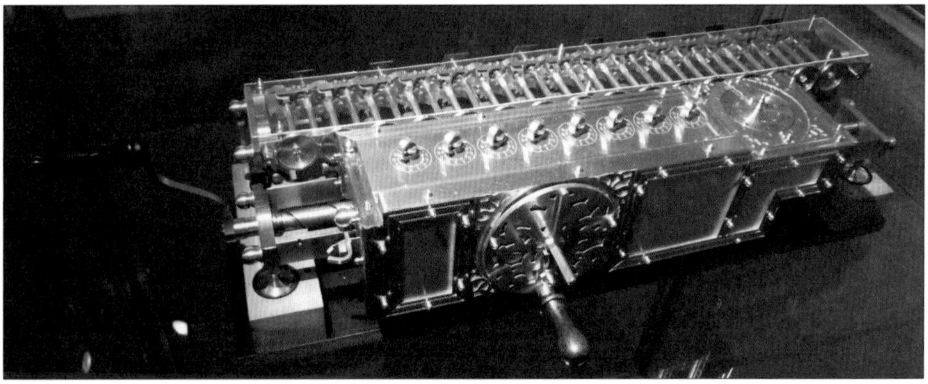

영국의 수학자 배비지(Charles Babbage)는 펀치로 작동되는 직기를 발명한 프랑스의 견직물 직공 조셉-마리 자카드(Joseph-Marie Jacquard)와 함께 계차기관이라 불리는 계산기를 연구하였습니다. 배비지의 개발이 의미가 있는 이유는 계산에 필요한 수치와 계산을 하는 방법을 미리 계산기 내에 넣어 두고 이에 따라 기계가 자동적으로 데이터(Data)를 처리하도록 만들었기 때문입니다. 프로그램 내장 방식이라 불리는 이러한 방법은 현대적 컴퓨터의 시초라 할 수 있습니다.

그림 1-11

천공 카드를 이용한 기계식 계산기
(출처 : 위키피디아)

2 진공관을 이용한 1세대 컴퓨터

1884년 에디슨은 전구를 개발하는 과정에서 필라멘트에서 전극으로 전류가 흐르는 에디슨 효과를 발견합니다. 에디슨 효과를 이용하여 영국의 존 플레밍(John Fleming)이 1904년에 진공관을 개발하였고, 1906년에는 미국의 리 디 포리스트(Lee De Forest)가 삼극 진공관을 발명하게 됩니다.

그림 1-12

진공관
(출처 : 위키피디아)

이후 1939년 미국 아이오와 주립대학의 존 아타나소프(John Atanasoff)와 클리포드 베리(Clifford Berry)가 개발한 '아타나소프 베리 컴퓨터'를 시작으로 1944년 마크-1, 1946년 에니악 등 진공관을 이용한 다양한 컴퓨터가 개발됩니다.

삼극 진공관은 하나의 소자가 인버터(디지털 논리 회로의 가장 기본적인 회로로서, 1이 입력되면 0을 출력하고, 0이 입력되면 1을 출력하는 회로)와 같은 역할을 하였습니다. 진공관은 〈그림 1-13〉과 같이 그리드, 캐소드, 플레이트로 구성되어 있습니다. 플레이트와 캐소드 사이에 전원을 연결한 후에 그리드에 전압을 가하지 않으면 플레이트와 캐소드 사이에 전류가 흐르게 됩니다. 반면에 그리드에 음의 전압을 가하면 전류가 흐르지 않게 됩니다. 그리드에 전압을 가하지 않는 상태가 디지털에서 1이 입력되었을 때 0이 출력되는 경우에 해당하며, 그리드에 음의 전압을 가하는 상태가 디지털에서 0이 입력되었을 때 1이 출력되는 경우라고 할 수 있습니다.

그림 1-13

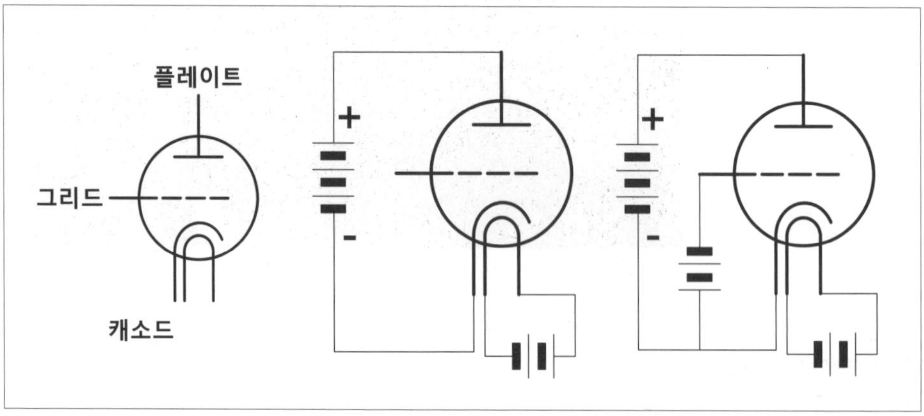

진공관의 구조와 인버터의 구현 방법

첫 번째 그림은 진공관 기호를 나타내고, 두 번째 그림은 진공관에 1이 입력되었을 때 0을 출력하는 경우이며, 세 번째 그림은 0이 입력되었을 때 1이 출력되는 경우를 나타낸 것입니다.

그림 1-14
1946년에 개발된 애니악 컴퓨터
(출처 : 위키피디아)

진공관은 상당히 크기 때문에 이를 이용한 컴퓨터도 매우 클 수밖에 없었습니다. 1946년에 개발된 애니악 컴퓨터는 18,800개의 진공관으로 구성되어 길이 24m, 높이 5.4m, 무게는 무려 30t이나 되었습니다. 게다가 진공관을 동작시키려면 플레이트와 캐소드 사이에 수십~수백 볼트의 전압이 필요하여 전력 소모가 많고 열이 많이 나는 단점이 있었습니다.

3 트랜지스터를 이용한 2세대 컴퓨터

트랜지스터는 1948년 미국의 벨 연구소에서 월터 브래튼(Walter Brattain), 윌리엄 쇼클리(William B. Shockley), 존 바딘(John Bardeen)이 처음 만들었습니다. 트랜지스터의 발명은 전기 전자 기술에 혁명적 변화를 일으켰으며, 오늘날까지도 널리 쓰이고 있습니다. 이제는 트랜지스터가 없는 전자 기기를 찾기가 더 어려울 정도로 트랜지스터의 개발은 컴퓨터뿐만 아니라 우리의 생활을 바꾸어 놓았기에 개발자들은 공로를 인정받아 노벨상을 수상하였습니다.

트랜지스터는 진공관과 동일한 역할을 하지만 크기가 작고 동작 전압도 진공관에 비하여 낮았기 때문에 전력 소모도 줄일 수 있었습니다.

그림 1-15

트랜지스터를 이용한 인버터

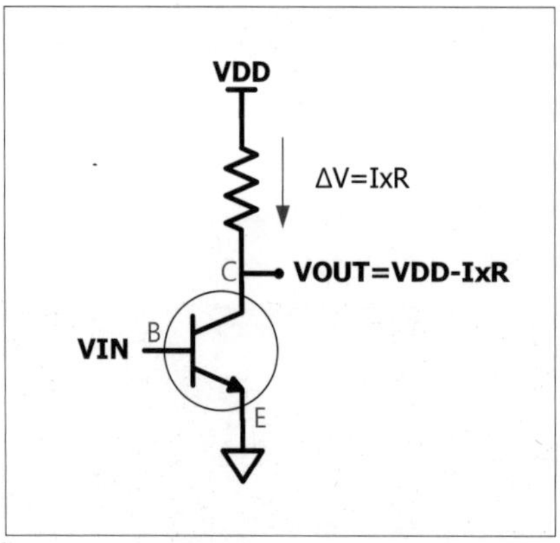

트랜지스터도 삼극 진공관과 마찬가지로 세 개의 입력을 받아 동작합니다. 트랜지스터는 일종의 스위치 역할을 하는데, Base(B)에 높은 전압이 들어오면 Collector(C)에서 Emitter(E)로 전류가 흘러 스위치가 켜지는 것과 같은 효과가 나타나고, 낮은 전압이 들어오면 Colletor에서 Emitter로 전류가 흐르지 않으면서 스위치가 꺼지는 효과가 나타납니다.

이것을 이용하여 디지털 회로에서 필요한 인버터를 만듭니다. 즉, Base에 디지털의 1에 해당하는 VDD가 입력되면 Collector에서 Emitter로 전류가 흐르면서 저항에서 전압 강하 [I(전류) × R(저항)]가 발생하고 VOUT(= VDD − IR)에는 0에 가까운 전압이 나타나게 됩니다. 반면에 Base에 0이 가해지면 전류가 흐르지 않으면서(I = 0) 저항에서 전압 강하가 일어나지 않게 되어 VOUT(= VDD − IR)은 VDD(디지털 1)를 나타내게 됩니다.

1960년부터 트랜지스터를 이용한 컴퓨터들이 개발되면서 덩치가 훨씬 컸던 진공관 컴퓨터들을 대체하게 됩니다. 대표적인 트랜지스터 컴퓨터로 IBM의 7030(STRETCH), IBM 7190 등이 있었고, 다른 계열로는 RCA 301, CDC 3600, Burroughs B200, Honeywell 400, GE 200, NCR 300, CDC 160 등이 있었습니다. 그중 IBM의 7030은 169,100개의 트랜지스터를 사용하여 초당 100만 개의 명령을 실행할 수 있었습니다.

4 집적회로를 이용한 3세대 컴퓨터

2세대 컴퓨터 IBM 7030은 총 169,100개의 트랜지스터가 사용되었고, 이것들을 연결하는 데 어려움이 많이 있었습니다. 잭 킬비(Jack Kilby)라는 미국의 전자공학자는 이들을 쉽게 연결할 수 있는 방법을 생각하다가 1958년 집적회로를 발명하게 됩니다. 잭 킬비는 집적회로 발명의 공로를 인정받아 노벨상을 수상했습니다.

그림 1-16

잭 킬비가 1958년에 시연한 최초의 집적회로와 회로도. (출처 : 위키피디아)

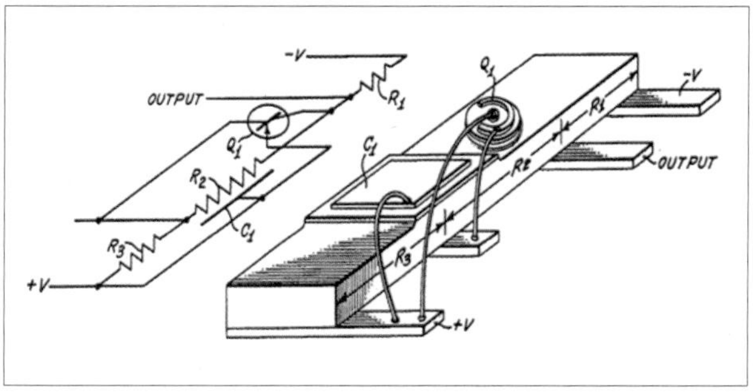

〈그림 1-16〉은 잭 킬비가 시연한 집적회로 사진입니다. 저항, 트랜지스터 각각의 부품들을 전선으로 연결하던 기존 방법에서 벗어나 하나의 기판 위에 만들어서 연결했습니다. 집적회로는 트랜지스터, 저항, 커패시터 등의 여러 독립된 요소를 집적해서(모아서 쌓아) 하나의 칩으로 만든 것인데, 각각의 트랜지스터 칩을 이용해서 회로로 만들 때보다 훨씬 작게 만들 수 있게 되었습니다. 시작은 고작 트랜지스터와 저항 3개였으나, 지금은 수십억 개의 트랜지스터와 저항, 커패시터가 칩에 들어갑니다.

직접회로를 이용한 3세대 컴퓨터는 수십만 개의 트랜지스터를 사용하던 2세대 컴퓨터에 비하여 크기가 매우 작아지고, 가격도 저렴해졌습니다. 3세대 컴퓨터의 대표적인 기업으로는 IBM이 있지만, 스마트폰 제조업체로 잘 알려진 애플 컴퓨터도 3세대 컴퓨터부터 유명해진 기업입니다.

그림 1-17

애플1 컴퓨터
(출처 : 위키피디아)

애플은 1976년에 '애플1' 컴퓨터를 출시했습니다. 일일이 수작업으로 제작하여 총 200여 대가 판매되었으며, 이후 스티브 잡스는 20대의 젊은 나이에 개인용 컴퓨터 산업의 상징적인 인물이 됩니다. 애플에 자극 받은 IBM은 개인용 컴퓨터를 개발하게 되었고, 두 회사의 경쟁은 컴퓨터의 대중화에 기여하게 됩니다.

5 4세대 컴퓨터

집적회로의 기술은 하나의 칩에 수백만 개의 전자 회로 소자를 집적시킨 초고밀도 집적회로(VLSI : Very Large Scale Integration)를 만드는 단계까지 발전하였습니다. 집적회로의 기술 발전을 말할 때 18개월마다 칩에 집적할 수 있는 트랜지스터 수가 2배씩 증가한다는 '무어의 법칙'을 빼놓을 수 없습니다. 무어의 법칙은 처음 등장한 1965년 이후 50여 년 가량 유지되었습니다.

1965년 VLSI 기술을 이용하여 하나의 칩으로 된 중앙처리장치(CPU)인 마이크로프로세서(microprocessor)가 개발되었고 지금은 수십억 개의 트랜지스터가 집적된 마이크로프로세서가 출시되고 있습니다. 기술의 발전과 함께 마이크로프로세서를 비롯한 여러 컴퓨터 부품이 저렴해지면서, 컴퓨터가 대중화되어 누구나 쉽게 이용할 수 있게 되었습니다.

[MEMO]

PART 02

디지털과 논리 회로

아날로그와 디지털의 차이를 알아봅니다. 컴퓨터의 디지털 정보 표현 방법인 이진수(이진법)를 살펴보고 디지털 데이터의 연산을 위한 불 대수 및 논리 회로를 살펴봅니다. 논리 게이트와 논리 게이트로 만들 수 있는 래치, 덧셈기를 살펴봅니다.

Chapter

01 컴퓨터의 정보 표현 방법

특정한 내용 또는 정보를 전달하거나 지시하기 위해서 우리는 일정한 부호, 표지, 소리, 몸짓을 이용하는데, 이러한 것들을 신호라고 합니다. 우리 주변에서 느낄 수 있는 신호는 대부분 아날로그 신호입니다. 하지만 컴퓨터는 아날로그 신호를 느끼거나 표현할 수 없는 대신 디지털 신호라는 것을 사용합니다. 지금부터 아날로그 신호와 디지털 신호에 대하여 알아보겠습니다.

1 아날로그 신호와 디지털 신호

아날로그 신호는 어떤 수치를 길이, 각도, 전류와 같은 연속된 물리량으로 나타내는 것을 말합니다. 우리가 흔히 볼 수 있는 벽시계의 경우 숫자가 적혀 있고 바늘이 움직여 시간을 나타냅니다. 이러한 벽시계는 아날로그 신호의 대표적인 예라고 할 수 있습니다. 보통 시계 바늘이 숫자를 가리키지만 정확하게 숫자의 눈금을 가리키는 경우는 많지 않습니다. 초침이 한 바퀴를 돌 때 분침은 두 눈금 사이의 어딘가를 가리킬 뿐이지요. 우리는 두 눈금 사이의 가까운 값을 읽어 시간을 알게 됩니다. 이처럼 아날로그 신호는 어떤 숫자로 표현했을 때 무한 소수에 해당하는 무한한 값들이 존재하게 됩니다.

그림 2-1
아날로그 시계

분침은 8과 9 사이 어딘가를 가리킵니다. 어떤 사람은 8분이라 읽을 수도 있고 어떤 사람은 9분이라 읽을 수도 있습니다. 이처럼 아날로그 신호는 연속된 값을 나타내기 때문에 정확한 표현이 어려울 때도 있습니다.

디지털 신호는 자료나 정보를 나타낼 때 이진수와 같은 유한 자릿수의 수로 나타냅니다. 예를 들어 디지털 시계는 변화하는 수치를 숫자로 나타냅니다. 아날로그 시계는 두 눈금 사이의 어떤 위치를 가리키지만, 디지털 시계는 아날로그 시계가 가리키는 그 어떤 위치를 숫자로 표현해 줍니다. 〈그림 2-2〉의 디지털 시계는 숫자로 명확하게 10시 8분 59초를 표현하지만 실제로는 10시 8분 59초와 10시 9분 사이를 나타내겠죠?

그림 2-2
디지털 시계

디지털 기기는 디지털 신호를 처리하기 위해 기본적으로 이진법을 사용합니다. 라이프니츠가 발명한 이진법은 0과 1을 이용하여 숫자 계산과 논리적인 연산을 수행합니다.

우리는 일상 생활에서 십진법을 주로 사용합니다. 십진법이란 0~9까지 10개의 숫자를 가지고 수를 세는 방법입니다. 십진법에서는 한 자리가 올라갈 때 수가 10배씩 커집니다.

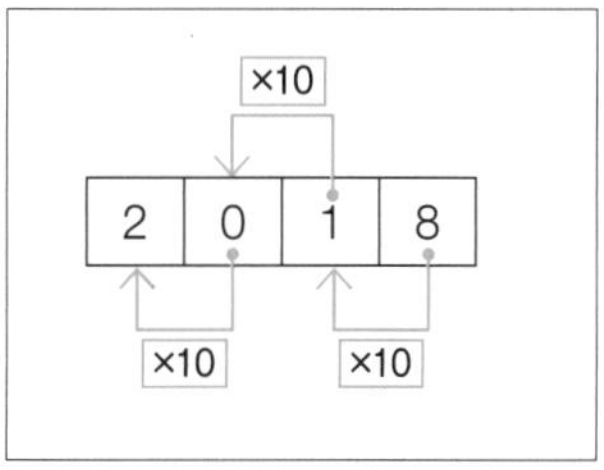

그림 2-3
십진법 숫자의 예
$2018=2\times10^3+1\times10^1+8\times1$

〈그림 2-3〉은 2018년을 십진법으로 표현한 것입니다. 십진법은 굳이 전개식으로 표현하지 않아도 어떤 숫자를 나타내는지 쉽게 알 수 있습니다. 그러나 컴퓨터는 십진법을 이해하지 못합니다. 컴퓨터는 내부 구성품인 전자 부품들의 특성상 이진법으로 표현해 주어야만 신호 및 데이터를 이해할 수 있습니다.

이진법은 0, 1, 10, 11, 100, 101, 110, 111, 1000 등과 같이 숫자 0과 1을 가지고 수를 나타냅니다. 앞의 이진수들은 각각 십진수로 0부터 8의 값을 나타냅니다. 그렇다면 이진법을 십진법으로 바꾸려면 어떻게 해야 할까요?

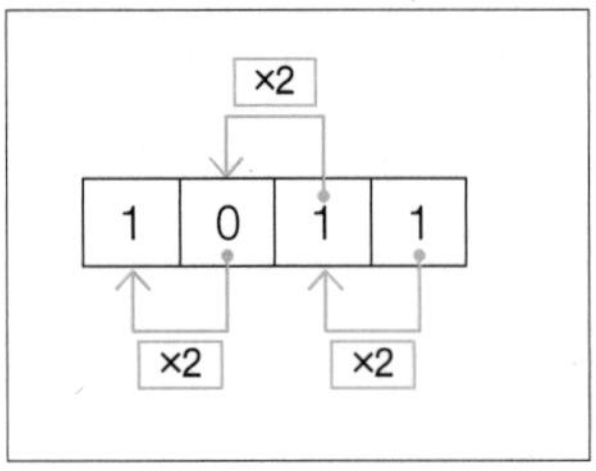

그림 2-4
이진법의 전개식
$1011=1\times2^3+0\times2^2+1\times2^1+1\times1=11$

이진법 수는 한 자릿수가 올라갈 때마다 크기가 두 배씩 증가합니다. 따라서 각 자릿수 값에 두 배씩 증가한 값들을 이용하여 전개식을 구할 수 있으며, 전개식을 통하여 십진수로 변환할 수 있습니다.

이진수를 십진수로 변환할 수 있듯이 반대로 십진수를 이진수로 변환할 수 있습니다. 십진수를 몫이 1이 될 때까지 계속해서 2로 나누어 주면서 그때 생기는 나머지를 이용하여 구하는 방식입니다. 마지막 몫 1과 각 단계의 나머지를 순차적으로 읽어 주면 변환된 이진수를 구할 수 있습니다.

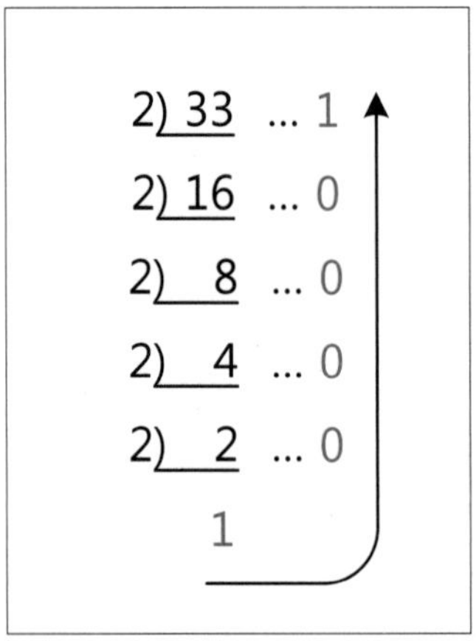

그림 2-5
십진수 33을 이진수로 변환하는 과정

〈그림 2-5〉는 십진수 33을 이진수로 변환하는 과정을 보여 줍니다. 33을 2로 나눈 16을 33 밑에 써주고 그때 생긴 나머지 1을 33 오른쪽에 적어 줍니다. 몫 16을 다시 2로 나누어 8을 16 밑에 써주고 나머지 0을 적어 줍니다. 이런 식으로 진행하여 몫이 1이 되었을 때 마지막 몫 1부터 나머지를 순차적으로 읽어 줍니다. 이때의 결과는 100001이고, 이 값을 이진법의 전개식으로 확인하면 십진수로 33이 나오는 것을 확인할 수 있습니다.

우리가 듣는 음악과 목소리, 시각으로 느끼는 색깔 등은 모두 아날로그 신호라고 할 수 있습니다. 대표적인 디지털 기기인 스마트폰으로 음악을 듣기 위해서는 아날로그-디지털 변환(ADC : Analog to Digital Conversion), 그리고 디지털-아날로그 변환(DAC : Digital to Analog Conversion) 두 과정을 거쳐야 합니다. 음악은 마이크에서 전기적 신호로 변환이 됩니다. 전기적 신호는 전압의 차이로 구분되는데, 전압의 차이는 디지털 코드로 변환됩니다. 스마트폰에는 디지털 코드로 변환된 파일이 저장되고, 우리가 음악을 듣기 위해 디지털 파일을 재생하면 스마트폰은 다시 디지털-아날로그 변환을 통하여 전압의 차이를 만들고 헤드폰에서는 음악으로 바꾸어 귀에 들리게 됩니다.

그림 2-6
아날로그-디지털 변환 예시(스마트폰)

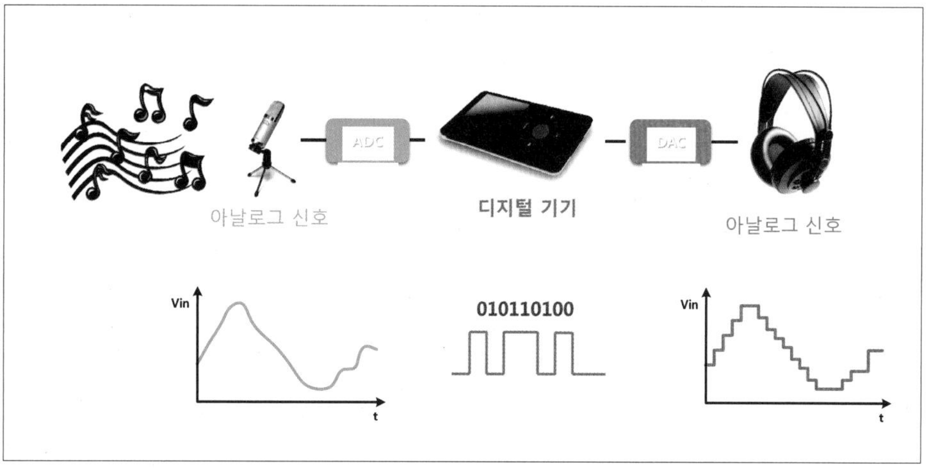

2 디지털과 아날로그의 장단점

사람들은 자동차를 타고 가면서 음악을 듣곤 합니다. 라디오를 듣거나, CD를 듣거나 혹은 블루투스를 이용해 스마트폰에 연결하여 음악을 들을 때도 있습니다. 아주 오래된 자동차라면 카세트 테이프를 이용할 수도 있습니다.
자동차에서 음악을 들을 때 아날로그와 디지털의 차이를 체험할 수 있습니다. 라디오 방송은 아날로그 신호를 이용한 대표적인 아날로그 통신 방식이며, 카세트 테이프는 테이프에 자성을 띄워 음악을 저장하는 아날로그 방식입니다. 반면에 CD나 블루투스를 이용하는 것은 디지털 신호를 이용하여 음악을 듣는 방식입니다.

라디오를 들을 때 어떤 느낌을 받았나요? 라디오 채널을 맞추고 나서 자동차가 움직일 때 '지지직'하는 잡음 소리가 들리지 않았나요? 이것은 라디오 신호가 공기 중을 타고 오면서 외부의 요인으로 인해 변질되어 발생하는 잡음입니다. 아날로그 신호는 이처럼 외부 요인에 의하여 변질될 수 있는 가능성이 높아 신뢰성이 낮다는 단점이 있습니다.
반면 CD나 블루투스를 이용하여 음악을 들을 때는 라디오나 카세트 테이프처럼 잡음이 발생하지 않습니다. CD나 스마트폰에 저장된 음악들은 0 또는 1로 저장이 되므로 외부 환경의 영향을 받지 않기 때문입니다.

그림 2-7
디지털(좌)과 아날로그(우) 텔레비전 방송의 비교
(출처 : http://www.digitaltv.or.kr/sub/summary.do)

디지털 방송	아날로그 방송

• 데이터 전송을 통한 프로그램 가이드 제공 • 선명한 영상과 5.1채널의 고음질 음향 • 양방향 데이터 방송 • 자막/해설 방송	• 방송 수신 상태에 따른 화면 노이즈 • FM 라디오 수준의 제한된 음향

〈그림 2-7〉은 디지털과 아날로그 텔레비전 방송의 비교 그림입니다. 텔레비전도 라디오와 마찬가지로 아날로그 방송은 잡음이 발생하고 디지털 방송은 아날로그 방송보다 더 선명한 것을 눈으로 확인할 수 있습니다.

디지털로 변환되어 저장된 음악이나 다른 데이터들은 저장 매체가 고장 나지 않는 이상 자료의 손상 없이 영구적으로 보관이 가능합니다. 카세트 테이프의 경우에는 음악을 자주 듣다 보면 테이프가 늘어나는 일이 발생하기도 합니다. 테이프가 늘어나게 되면 음악의 높낮이가 변하게 되면서 음질에 변화가 생기게 되죠. 하지만 CD나 스마트폰에 저장된 음악은 아무리 들어도 변화가 발생하지 않습니다.

디지털 데이터의 또 다른 특징으로 원본의 손실 없이 복제가 가능하다는 점입니다. 아날로그 데이터는 복사를 하는 과정에 노이즈가 추가되는 경우가 있습니다. 특히 카세트 테이프의 경우 복사하는 과정에서 많은 노이즈가 추가됩니다. 복사한 것을 다시 복사하면 또 다른 노이즈가 추가되겠죠. 하지만 디지털 데이터는 복사하는 과정에서 노이즈가 추가되지 않습니다.

또한 디지털 데이터는 가공 및 변형이 쉽다는 장점이 있습니다. 우리가 컴퓨터로 영화를 다운로드할 때 다양한 포맷이 존재합니다. 이렇게 다양한 포맷이 있는 이유는 영상을 압축하는 다양한 기술이 존재하기 때문입니다. 영상뿐만 아니라 음악의 경우에도 mp3처럼 압축을 사용하는 경우가 많습니다. 또한 최근에는 대부분의 영화에 CG(Computer Graphics)가 사용되듯이 디지털 기술을 이용한 영상의 합성도 자연스럽게 가능해졌습니다.

물론 디지털 데이터도 단점이 있습니다. 음악을 디지털로 변환할 때 아날로그-디지털 변환기를 거치고, 디지털 데이터가 다시 음악으로 재생될 때 디지털-아날로그 변환기를 거치는 과정에서 원래 정보의 완벽한 재생이 불가능합니다. 이런 것을 원본과의 오차라고 하는데, 기술의 발달로 인해 우리의 감각으로 느낄 수 없을 정도로 오차가 줄어들고 있습니다.

디지털과 아날로그의 특징들을 간단히 비교하면 다음과 같습니다.

표 2-1
디지털 데이터와 아날로그 데이터의 비교

	디지털 데이터	아날로그 데이터
장점	• 자료의 손상 없이 보존 가능 • 원본과 동일하게 복제 가능 • 데이터의 가공 및 변경이 쉬움	• 원본은 원신호에 가까움 (자연 현상의 변화 저장)
단점	• 디지털-아날로그, 아날로그-디지털 변환 필요	• 복사나 전달 과정에서 품질 손상

Chapter

02 디지털 데이터 연산을 위한 논리 회로

앞에서 우리는 컴퓨터의 표현 방법인 디지털에 대해서 알아보았습니다. 그렇다면 컴퓨터는 디지털 데이터를 가지고 어떻게 연산을 하는 것일까요?

컴퓨터는 모든 데이터를 CPU(중앙처리장치)에서 처리합니다. CPU는 컴퓨터 전체를 관장하는 두뇌 역할을 하는데, 수없이 많은 논리 회로로 구성되어 있습니다. 이 논리 회로의 이론적인 근거가 되는 불 대수(Boolean Algebra)와 간단한 논리 회로 설계에 대해서 알아보도록 하겠습니다.

1 불 대수

불 대수는 0과 1 두 개의 값을 사용하여 논리 동작을 다루는 대수 체계를 말합니다. 여기서 0은 거짓(False)을 뜻하며 1은 참(True)을 뜻합니다. 불 대수의 기본 논리 동작으로는 OR(+), AND(·), NOT(¯)이 있습니다.

1) OR 연산(+)

두 값 중 하나라도 1이면 결과가 1이고 모두 0이면 결과가 0입니다.

2) AND 연산(·)

두 값 모두 1이면 결과가 1이고 하나라도 0이면 결과가 0입니다.

표 2-2 불 대수의 OR와 AND 연산

A	B	A OR B(A+B)	A AND B(A·B)
0	0	0	0
0	1	1	0
1	0	1	0
1	1	1	1

불 대수는 AND, OR, NOT의 세 가지 연산에 관하여 몇 가지 정리가 존재합니다. 단일 변수에 관한 불 대수의 정리 내용은 다음과 같습니다.

표 2-3
단일 변수에 관한 불 대수 정리

AND	OR
A·0=0	A+0=A
A·1=A	A+1=1
A·A=A	A+A=A
A·$\overline{A}$=0	A+$\overline{A}$=1

불 대수의 AND 연산은 산술 계산의 곱셈과 같은 역할을 합니다. 단일 변수에 대한 불 대수의 AND 연산 결과는 다음과 같습니다.

- A · 0 = 0 : 0과 AND를 하게 되면 A 값에 상관없이 항상 0의 결과를 얻습니다.
- A · 1 = A : 1과 어떤 수 A를 AND하면 A를 얻게 됩니다.
- A · A = A : 자기 자신과 AND하면 값이 변하지 않습니다.
- A · $\overline{A}$ = 0 : A와 $\overline{A}$ 둘 중 하나가 0이므로 항상 0을 얻습니다.

불 대수의 OR 연산은 산술 계산의 덧셈과 같은 역할을 합니다. 단일 변수에 대한 불 대수의 OR 연산 결과는 다음과 같습니다.

- A + 0 : 0과 어떤 수 A를 OR하면 A를 얻게 됩니다.
- A + 1 : 1과 어떤 수 A를 OR하면 A값에 상관없이 항상 1의 결과를 얻습니다.
- A + A : 자기 자신과 OR하면 값이 변하지 않습니다.
- A + $\overline{A}$: A와 $\overline{A}$ 둘 중 하나가 1이므로 항상 1을 얻습니다.

두 개 이상의 다변수 불 대수 정리는 〈표 2-4〉와 같습니다.

표 2-4
다변수에 관한 불 대수 정리

구분	역할	
교환법칙	A+B = B+A	A·B = B·A
결합법칙	A+(B+C) =(A+B)+C =A+B+C	A·(B·C) =(A·B)·C =A·B·C
분배법칙	A·(B+C) = A·B+A·C	A+B·C=(A+B)(A+C)
흡수법칙	A+A·B=A	A·(A+B)=A
	A+$\overline{A}$·B = A+B	

- **교환법칙** : AND나 OR의 경우 항의 순서를 바꾸어도 값이 변하지 않는다는 법칙입니다.
- **결합법칙** : 세 개 이상의 AND나 OR에서 어느 것이나 두 개씩 묶어서 먼저 계산해도 그 곱이나 합은 변하지 않는다는 법칙입니다.
- **분배법칙** : 단항 인수를 다항 인수 각 항에 분배해서 계산해도 값은 변하지 않는다는 법칙입니다.
- **흡수법칙** : 분배법칙의 반대되는 법칙으로 다항 인수가 정리되어 단항식으로 표현되는 법칙입니다.

불 대수와 관련하여 또 다른 중요한 법칙이 하나 있습니다. '드모르간(De Morgan)의 법칙'은 AND 연산을 OR 연산으로 바꾸고, OR 연산을 AND 연산으로 바꾸는 중요한 법칙입니다.

표 2-5
드모르간의 법칙

드모르간 제1법칙	AND → OR	$\overline{A \cdot B} = \overline{A}+\overline{B}$
드모르간 제2법칙	OR → AND	$\overline{A+B} = \overline{A} \cdot \overline{B}$

- **제1법칙** : A · B의 NOT은 $\overline{A}$와 $\overline{B}$의 AND와 같다.
- **제2법칙** : A + B의 NOT은 $\overline{A}$와 $\overline{B}$의 OR와 같다.

논리 회로는 주로 트랜지스터를 이용하여 구성됩니다. 트랜지스터는 1이 입력되면 0을 출력하고 0을 입력하면 1이 출력되는 인버터와 같은 특징을 갖습니다. 따라서 논리 회로를 구성할 때 NOT이 많이 사용되며, 논리 회로를 간단히 정리하기 위하여 드모르간의 법칙이 많이 사용됩니다. 이어서 논리 회로를 구성하는 게이트에 대해서 알아보도록 하겠습니다.

2 논리 게이트 (Logic Gate)

전자공학에서 불 대수를 디지털 회로로 만드는 데 가장 기본적인 요소가 되는 것이 논리 게이트(Logic Gate)입니다. 불 대수는 AND, OR, NOT으로 표현되므로, AND, OR, NOT 게이트를 이용하여 불 대수와 같은 결과를 디지털 회로에서 얻을 수 있습니다. 실제 디지털 회로를 만들 때 AND, OR보다는 NAND(AND가 반전된 형태)나 NOR(OR가 반전된 형태)가 더 많이 사용됩니다. 반도체에서 디지털 회로를 만들 때 AND나 OR보다는 NAND나 NOR를 만들기가 더 쉽기 때문입니다. 이에 대해서는 뒤에서 설명하도록 하겠습니다.

NOT, AND, OR, NAND, NOR 이외에 다양하게 사용되는 논리 게이트가 〈표 2-6〉에 정리되어 있습니다.

표 2-6
논리 게이트

게이트	심벌	불 대수식	진리표		
AND	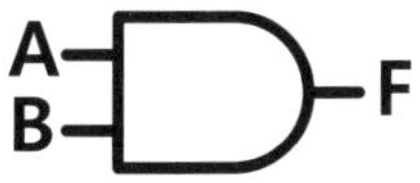	F = A·B	A	B	F
			0	0	0
			0	1	0
			1	0	0
			1	1	1
OR	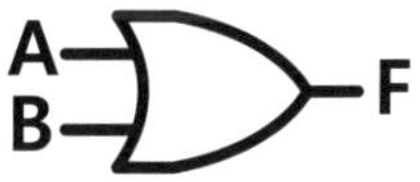	F = A+B	A	B	F
			0	0	0
			0	1	1
			1	0	1
			1	1	1
NOT (Inverter)	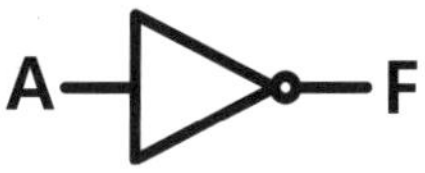	F = $\overline{A}$	A		F
			0		1
			1		0
NAND	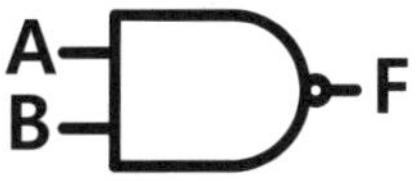	F = $\overline{A \cdot B}$	A	B	F
			0	0	1
			0	1	1
			1	0	1
			1	1	0
NOR		F = $\overline{A+B}$	A	B	F
			0	0	1
			0	1	0
			1	0	0
			1	1	0
Exculsive OR (XOR)		F = A⊕B	A	B	F
			0	0	0
			0	1	1
			1	0	1
			1	1	0
Exclusive NOR (XNOR)		F = $\overline{A \oplus B}$	A	B	F
			0	0	1
			0	1	0
			1	0	0
			1	1	1

AND, OR 그리고 NOT 게이트는 이미 앞에서 그 동작을 설명했으니 나머지 게이트들에 대하여 간단히 설명하도록 하겠습니다.

1) NAND 게이트

AND 결과를 반전(NOT)시킨 게이트입니다. NAND는 범용 게이트라고 불리며, 모든 로직을 NAND 게이트로 구현할 수 있습니다. 〈표 2-7〉에는 NAND를 이용하여 NOT, AND, OR를 구성하는 방법이 설명되어 있습니다.

표 2-7 NAND로 만들어진 NOT, AND, OR 게이트

게이트	NAND 게이트 구성	불 대수식
NOT	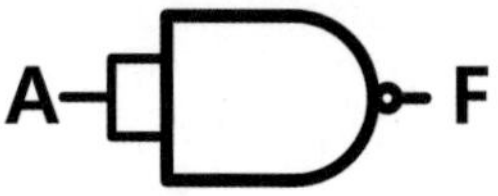	$\overline{A \cdot A} = \overline{A}$
AND	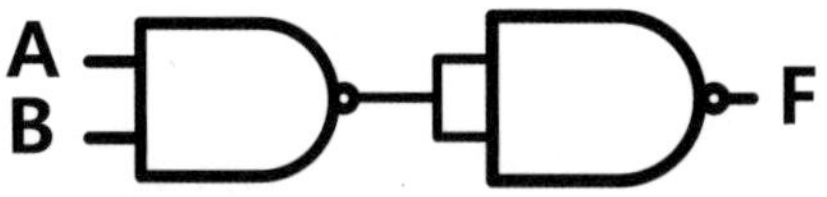	$\overline{(\overline{A \cdot B})} = A \cdot B$
OR	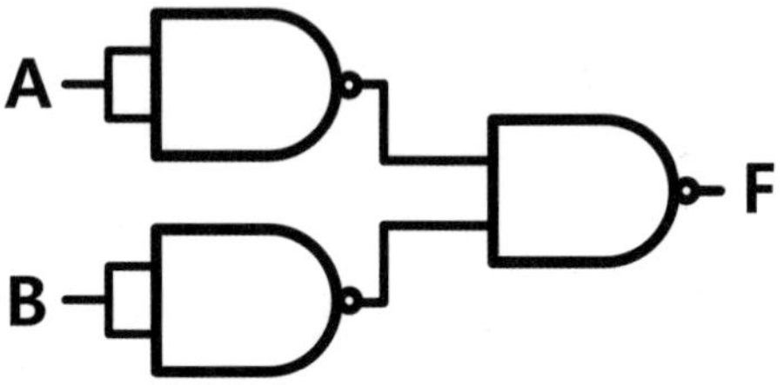	$\overline{\overline{A} \cdot \overline{B}} = A+B$

NOT은 NAND의 두 입력에 같은 신호를 보냄으로써 만들 수 있으며, AND는 NAND에 NOT 게이트를 연결하여 만들 수 있고, OR는 앞에서 소개한 드모르간의 법칙을 이용하여 구현할 수 있습니다. 우선 A와 B를 반전하여 이것을 NAND에 입력하면 OR한 결과를 얻을 수 있습니다($\overline{\overline{A}\,\overline{B}}=\overline{\overline{A}} + \overline{\overline{B}} = A + B$).

2) NOR 게이트

OR 결과를 반전(NOT)시킨 게이트입니다. NAND와 마찬가지로 모든 로직을 만들 수 있는 범용 게이트입니다. 〈표 2-8〉에는 NOR를 이용하여 NOT, OR, AND를 구성하는 방법이 설명되어 있습니다.

표 2-8
NOR로 만들어진 NOT, AND, OR 게이트

	NAND 게이트 구성	불 대수식
NOT	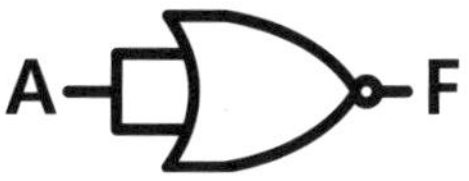	$\overline{A+A} = \overline{A}$
AND	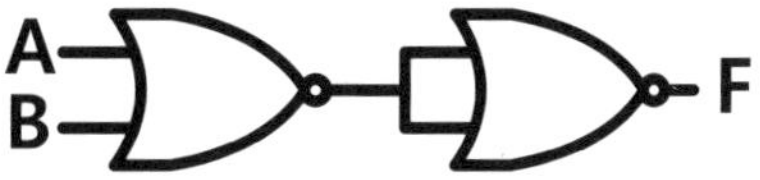	$\overline{(\overline{A+B})} = A+B$
OR	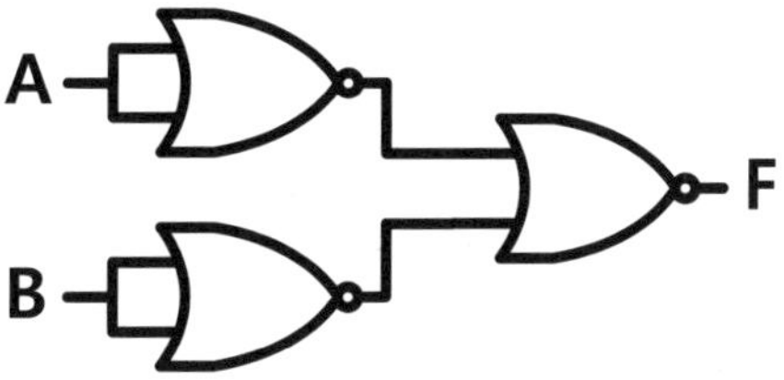	$\overline{\overline{A}+\overline{B}} = A+B$

〈표 2-8〉에서 보듯이 NOT은 NOR의 두 입력에 같은 신호를 보냄으로써 만들 수 있으며, OR는 NOR에 NOT 게이트를 연결하여 만들 수 있습니다. AND는 드모르간의 법칙을 이용한 것인데, A와 B의 반전한 시그널이 NOR를 지나게 되면 AND 결과와 같아집니다.

NAND와 NOR는 둘 다 범용 게이트이지만 실제 전자회로가 만들어질 때 NOR보다는 NAND를 더 작게 만들수 있어서 NAND를 더 많이 사용합니다.

3) XOR(Exclusive OR) & XNOR(Exclusive NOR) 게이트

XOR 게이트는 OR 게이트와 유사한 역할을 하지만 두 개의 입력이 같을 때는 0, 다를 때는 1을 출력하는 차이점이 있습니다. 마찬가지로 XNOR는 NOR와 유사한 역할을 하지만, 두 개의 입력이 같을 때 1, 다를 때 0을 출력하는 차이가 있습니다. XOR는 불 대수로 $A \oplus B = A\overline{B} + \overline{A}B$로 표현되며, AND, OR, NOT 게이트로 만들 수 있습니다. XNOR는 XOR가 반전된 것입니다.

Chapter

03 논리 회로 설계의 예

1 기억할 수 있는 회로 래치(Latch)

논리 회로 설계에는 입력이 바뀌어도 이전 값을 기억해야 하는 경우가 많습니다. 가령 디지털 시계의 경우 1초마다 숫자가 변할 때 이전 숫자를 기억하고 있어야 현재의 숫자를 계산할 수 있겠지요. 이처럼 일정한 시간마다 값을 증가시키는 것을 카운터라고 합니다.

이전 값을 유지하는 상황에 많이 사용하는 것이 플립플롭(Flip-Flop)과 래치(Latch)입니다. 여기서는 래치에 대해서 알아보도록 하겠습니다.
래치는 한 비트의 정보를 입력이 바뀌기 전까지 계속 유지하는 회로입니다. 래치에는 여러 종류가 있는데, 입력은 한 개 또는 두 개를 사용합니다. 가장 간단한 구조로서 NAND 두 개를 이용한 SR(Set-Reset) 래치가 있습니다.
〈그림 2-8〉의 (a)에서 볼 수 있듯이 SR 래치는 NAND 게이트 출력이 다른 NAND 게이트의 입력으로 연결되는 구조로 되어 있습니다. 이처럼 출력이 입력으로 연결됨으로써 외부 입력과 이전 값과의 상호 작용으로 현재의 출력값이 결정됩니다.

그림 2-8

SR 래치의 구성과 동작

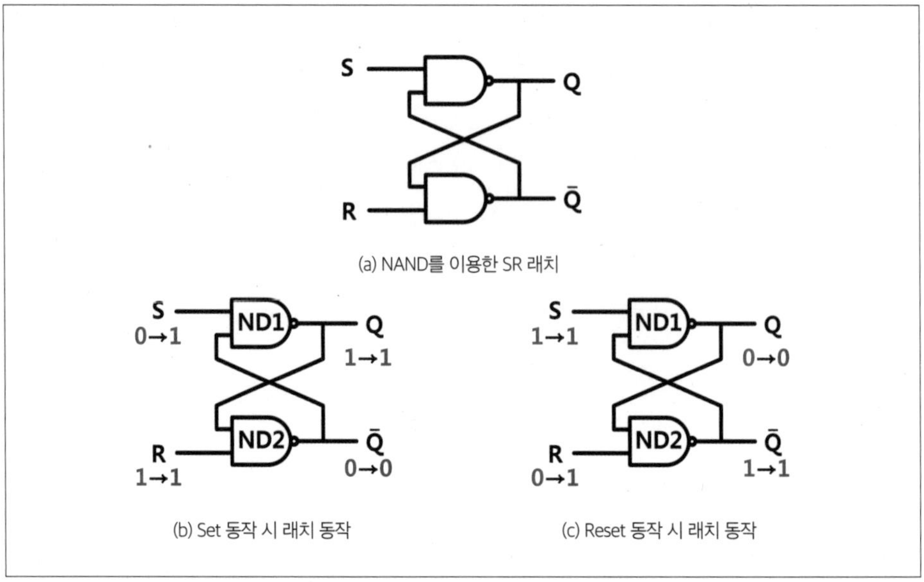

(a) NAND를 이용한 SR 래치

(b) Set 동작 시 래치 동작

(c) Reset 동작 시 래치 동작

SR 래치에서 S(Set)는 출력(Q)을 1로 만든다는 의미이고, R(Reset)은 출력(Q)을 0으로 만든다는 의미입니다. (b)에서 볼 수 있듯이 NAND를 이용한 SR 래치의 경우 S가 0, R이 1로 입력되면 ND1 게이트는 Q = 1을 출력합니다. Q 출력은 ND2로 입력되고 ND2의 두 입력이 모두 1이므로 $\overline{Q}$($\overline{Q}$는 Q의 반전)는 0을 출력하게 됩니다. 이 상황에서 S 입력이 1로 변경되어도 ND1의 입력 중 하나가 0이므로 Q는 1을 유지하게 됩니다. 이와 같은 방식으로 래치는 한 번 Set가 되면 Reset이 되기 전까지 이전 값을 유지합니다.

이제 Reset 동작에 대해 알아보겠습니다. (c)에서 볼 수 있듯이 S에 1, R에 0이 입력되면 ND2 게이트는 $\overline{Q}$ = 1을 출력합니다. $\overline{Q}$ 출력은 ND1로 입력되고 ND1의 두 입력이 모두 1이므로 Q는 0을 출력합니다. 이 상황에서 R이 1로 변경되어도 ND2의 입력 중 하나가 0이므로 $\overline{Q}$는 1을 유지합니다. Set와 마찬가지로 래치는 한번 Reset이 되면 Set가 되기 전까지 이전 값을 유지합니다.

S와 R을 모두 0으로 입력하는 것은 금지되어 있습니다(출력을 1과 0으로 동시에 만드는 입력을 줄 수는 없겠죠? 금지되어 있긴 하지만 불가능한 것은 아닙니다. Q와 $\overline{Q}$는 서로 반대 값을 가지길 바라는데, S = 0, R = 0인 경우에는 Q와 $\overline{Q}$가 모두 1의 값을 가지게 됩니다. 이렇기 때문에 불가능 입력이라고 표현하는 것입니다). 이러한 래치의 동작을 정리하면 〈표 2-9〉와 같습니다.

표 2-9
SR 래치의 입력과 출력

S(Set)	R(Reset)	Q
0	0	불가능 입력
0	1	1
1	0	0
1	1	이전 상태 유지

2

계산을 하는 회로 덧셈기

컴퓨터의 가장 기본적인 기능은 계산입니다. 계산 기능의 가장 기본적인 역할을 하는 덧셈기에 대해서 알아보겠습니다.

그림 2-9

이진법의 덧셈 네 가지의 경우의 수

```
    0      0      1      1
+   0  +   1  +   0  +   1
-----  -----  -----  -----
    0      1      1    1 0
```

〈그림 2-9〉처럼 이진법의 덧셈은 네 가지 경우가 있습니다. 각각의 덧셈에 대해서 자릿수를 올림하는 결과값이 나옵니다. 이와 같은 네 가지 결과를 표로 작성해 보면 〈표 2-10〉과 같은 결과를 얻을 수 있습니다.

표 2-10

덧셈 결과

A	B	합(SUM)	자릿수 올림(CARRY_OUT)
0	0	0	0
0	1	1	0
1	0	1	0
1	1	0	1

〈표 2-10〉에서 합(SUM)의 결과는 A와 B의 XOR 결과라는 것을 알 수 있습니다(A와 B가 같으면 0, 다르면 1). 그리고 자릿수 올림(CARRY_OUT)의 경우는 A와 B의 AND 결과인 것을 알 수 있습니다. 이것을 논리 회로로 표현하면 〈그림 2-10〉와 같습니다.

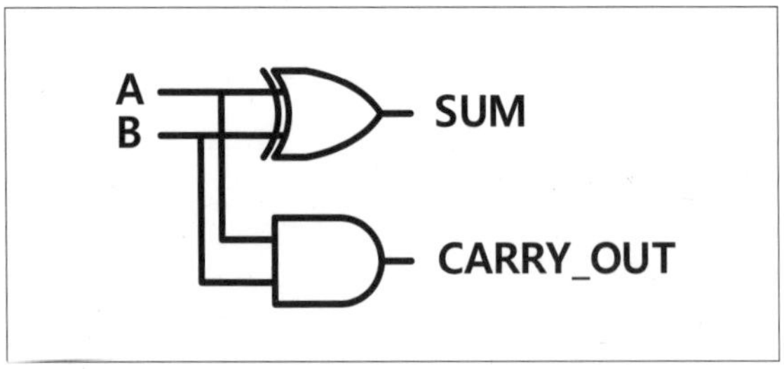

그림 2-10

덧셈기의 논리 회로 표현과 불 대수

SUM = A⊕B, CARRY_OUT = A · B

〈그림 2-10〉의 덧셈기는 자릿수 올림 입력(CARRY_IN)을 생략한 것입니다. 이번에는 자릿수 올림을 입력하는 것까지 고려하여 덧셈기를 논리 회로로 만들어 보겠습니다. 자릿수 올림을 입력하여 계산하는 경우는 총 여덟 가지가 있습니다. 이것을 정리하면 〈표 2-11〉과 같습니다.

표 2-11
자릿수 올림을 고려한 덧셈

A	B	자릿수 올림 (CARRY_IN)	합(SUM)	자릿수 올림 (CARRY_OUT)
0	0	0	0	0
0	0	1	1	0
0	1	0	1	0
0	1	1	0	1
1	0	0	1	0
1	0	1	0	1
1	1	0	0	1
1	1	1	1	1

〈표 2-11〉의 결과를 정리하면 다음의 불 대수식을 얻게 됩니다.

$$SUM = A \oplus B \oplus CARRY\_IN$$

$$CARRY\_OUT = AB + A \cdot CARRY\_IN + B \cdot CARRY\_IN$$

그림 2-11
자릿수 올림을 고려한 덧셈기의 논리 회로(a)와 심벌(b)

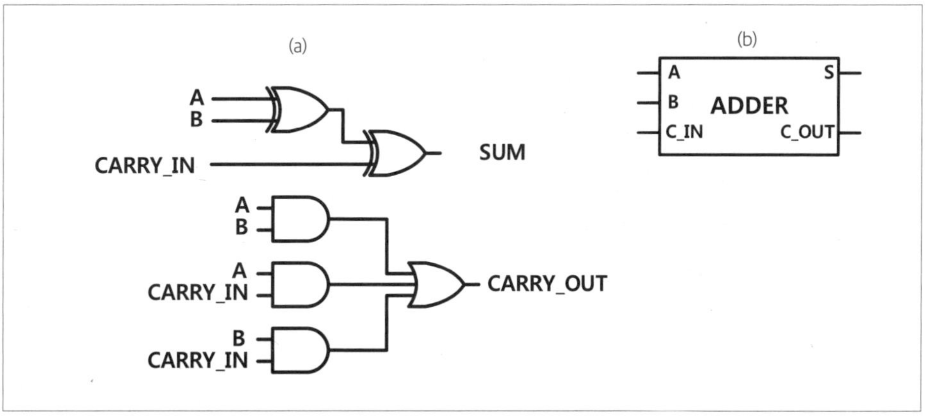

〈그림 2-11〉의 덧셈기를 이용하면 다양한 자릿수의 덧셈을 수행할 수 있도록 확장이 가능합니다. 만약 두자릿수의 덧셈을 수행한다면 〈그림 2-12〉와 같이 두 개의 덧셈기를 확장하여 구현할 수 있습니다.

그림 2-12
두 자릿수 덧셈(a)과 덧셈기를 이용한 두 자릿수 덧셈기 논리 회로(b)

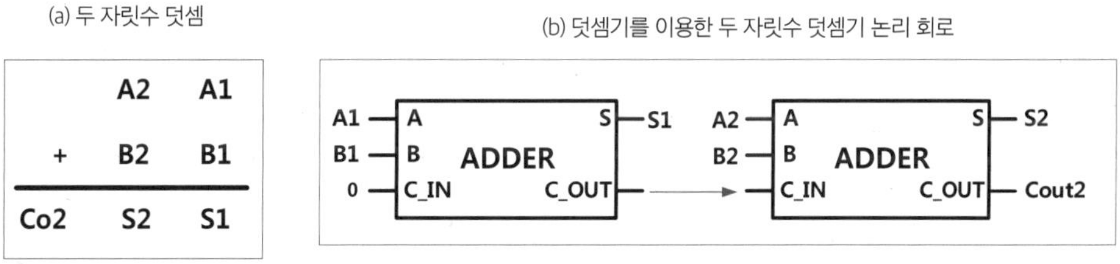

PART 03

컴퓨터와 반도체

컴퓨터가 만들어지는 수직 계열의 공정을 알아봅니다. 실리콘으로부터 반도체인 트랜지스터를 만들고, 트랜지스터로 논리 게이트를 어떻게 구성하는지 살펴보게 됩니다. 그동안 어렴풋이 알고 있던 제조 공정을 좀 더 명확하게 확인할 수 있습니다.

컴퓨터 발전의 역사는 하드웨어와 소프트웨어 두 축으로 나눌 수 있습니다. 때로는 하드웨어의 발전이 소프트웨어의 발전을 가져왔으며, 때로는 소프트웨어의 발전이 하드웨어의 발전을 촉진하는 경우도 있었습니다. 대표적으로 1995년 발표된 Windows 95는 최초의 32비트 방식의 Windows 운영체제였습니다. 32비트 방식으로 바뀌면서 이전의 16비트 방식에서는 윈도우 95를 사용할 수 없었습니다. 사람들은 이전 운영체제보다 편리한 Windows 95를 사용하기 위하여 16비트 컴퓨터를 32비트 컴퓨터로 바꾸기 시작했습니다. 이러한 하드웨어의 수요 변화는 기술의 발전을 가져옵니다.

하드웨어는 메인 보드가 중심이 되고 핵심 요소인 CPU, 메모리, 그래픽 카드 등이 연결됩니다. 컴퓨터 구성 요소의 대부분은 반도체로 이루어져 있습니다. 지금부터 반도체의 구성 요소인 트랜지스터, 수억 개의 트랜지스터를 한 번에 제작하는 집적회로와 이를 이용한 CPU와 메모리에 대해서 알아보겠습니다.

Chapter

01 반도체

1 실리콘으로 만들어지는 반도체

전기가 통한다는 것은 전자라고 하는 작은 입자가 물질을 통하여 이동하는 것을 뜻합니다. 이러한 전자를 이동시킬 수 있는 물질을 도체(導 : 인도할 도, 體 : 몸 체)라고 하며, 전자를 이동시키지 못하는 물질을 부도체(不 : 아니 부, 導 : 인도할 도, 體 : 몸 체)라고 합니다.

반도체는 도체에 반(半 : 반 반)을 붙여서 도체와 부도체 사이의 절반 상태를 나타내는 물질을 뜻합니다. 반도체는 외부 입력에 따라 도체가 될 수 있고 부도체가 될 수 있습니다.

반도체의 주원료는 규소(Si)입니다. 규소는 우리 주변 어디서나 볼 수 있는 유리, 흙 그리고 모래의 주원료이며 지구의 지각에서 산소 다음으로 많은 원소로, 전체 질량의 27%를 차지하고 있습니다. 규소는 자연 그대로의 상태로는 부도체이지만 도체로 만들 수 있습니다.

자연계의 원소는 전자, 양성자, 중성자로 구성되며, 전자에는 여러 층의 띠가 존재합니다. 원자에서 가장 멀리 있는 층에 존재하는 전자를 최외각 전자라고 하며, 원자는 최외각 전자가 여덟 개일 때 가장 안정된 상태가 됩니다. 최외각 전자는 여덟 개에서 부족하거나 남을 때 다른 원소와의 결합을 통하여 여덟 개를 이루어 안정한 상태가 되려고 하는데, 이는 자연계 물질의 성질입니다.

규소는 원소 기호표의 14번 원자로서 총 열네 개의 전자를 가지고 있습니다. 세 개의 층으로 전자가 배치되어 있고 최외각 전자는 네 개입니다.

규소 원자 한 개에는 안쪽에서부터 두 개, 여섯 개, 그리고 최외각에 네 개의 전자가 배치되어 있습니다. 규소는 최외각 전자가 네 개여서 불안정한 상태이므로 〈그림 3-1〉의 오른쪽처럼 여러 규소 원자와 최외각 전자를 공유함으로써 안정된 상태를 유지하려고 하며, 이를 공유 결합이라고 합니다.

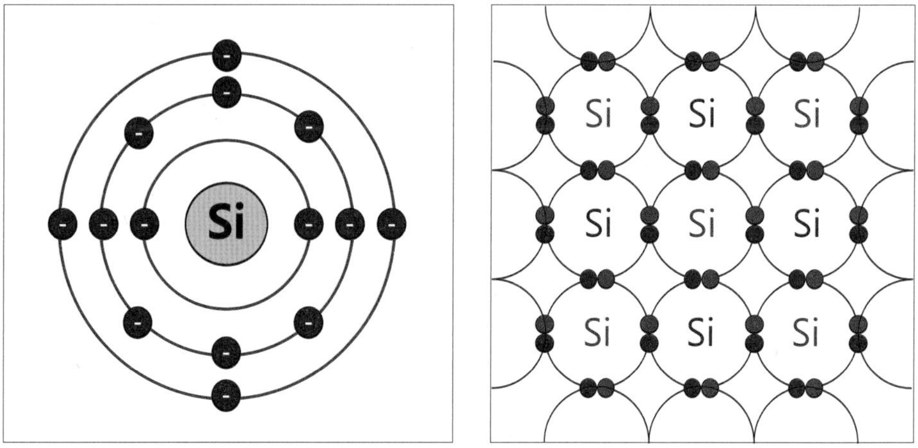

그림 3-1
규소의 전자 배치(좌)와 규소의 공유 결합(우)

규소는 원자들 간의 공유 결합을 통하여 서로 단단히 묶여 있는 상태가 됩니다. 서로 단단히 묶여 있다 보니 전자들이 움직이지 못합니다. 즉, 전기가 통하지 않는 상태가 됩니다. 여기에 불순물을 첨가하면 전자가 움직일 수 있는 능력을 가진 물질, 즉 도체로 재탄생하게 됩니다.

전자를 움직일 수 있는 있는 방법은 최외각 전자를 여덟 개보다 많거나 적게 만드는 것입니다. 규소 간의 공유 결합이 아닌 규소와 다른 원소 간의 결합을 통하여 이런 성질을 갖게 할 수 있습니다. 이때 사용되는 원소를 불순물이라고 하며, 규소와 불순물 간의 결합을 만드는 것을 불순물 첨가라고 합니다. 불순물에 따라서 만들 수 있는 반도체는 N형과 P형으로 나누어집니다.

1) N형 반도체

최외각 전자가 다섯 개인 안티몬(Sb), 비소(As), 인(P)을 불순물로 이용하여 만드는 불순물 반도체입니다. 규소의 최외각 전자 네 개와 불순물의 최외각 전자 다섯 개 중 네 개가 결합에 참여한 후 남는 전자 하나는 과잉 전자로 남게 됩니다. 이러한 과잉 전자는 약간의 전기적 자극에도 결합을 쉽게 이탈할 수 있습니다.

그림 3-2
N형 반도체의 전자 결합

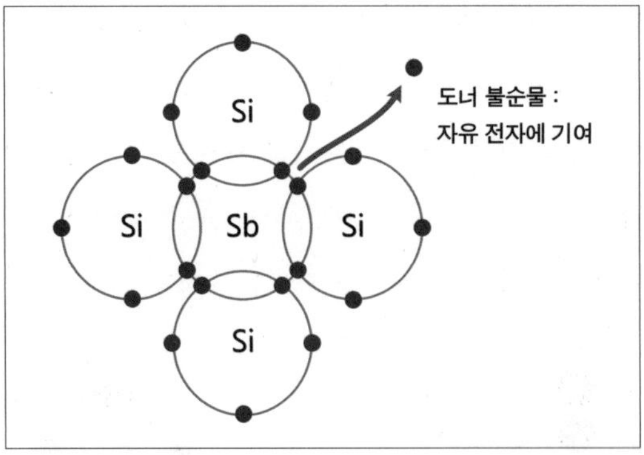

2) P형 반도체

최외각 전자가 세 개인 붕소(B), 갈륨(Ga), 인듐(In)을 불순물로 이용하여 만드는 불순물 반도체입니다. 규소의 최외각 전자 네 개와 불순물의 최외각 전자 세 개가 결합에 참여합니다. 결합 후 부족한 빈 공간으로 남아 있는 전자 하나의 자리를 정공이라고 부르며, 외부에서 전달되는 전자를 쉽게 받을 수 있습니다.

그림 3-3
P형 반도체의 전자 결합

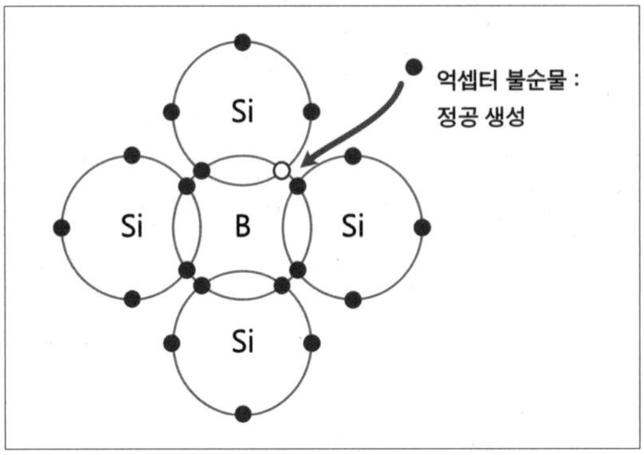

2 트랜지스터

N형 반도체와 P형 반도체라는 재료가 만들어졌으니 이제 트랜지스터에 대해서 알아보겠습니다. 트랜지스터는 반도체를 이용하여 만든 일종의 스위치라고 생각할 수 있습니다. 트랜지스터에는 여러 가지 종류가 있지만 여기에서는 현대 과학 기술에서 가장 많이 사용되는 MOS(Metal-Oxide Semiconductor : 금속 산화막 반도체)에 대해서 알아보도록 하겠습니다.

MOS에는 로직 게이트에서 1에 해당하는 전압을 가해 주었을 때 동작하는 NMOS와 로직 게이트에서 0에 해당하는 전압을 가해 주었을 때 동작하는 PMOS가 있습니다.

1) NMOS

P형 반도체 위에 만들어지며, N형 반도체로 소스(Source)와 드레인(Drain)을 만듭니다. 소스와 드레인 사이에 절연 물질을 깔고 절연 물질 위에 게이트라는 것을 만듭니다. 이때 소스에 0, 드레인에 1, 그리고 게이트에 1을 인가하면 게이트에는 절연 물질로 인하여 전류가 흐를 수 없습니다. 그러나 전기장이 형성되어 게이트 밑부분에 있는 P형 반도체에 있던 정공들이 척력을 받아 밀려나면서 절연 물질 아래에 전자들이 더 많아지는 상황이 발생합니다. 이 전자들이 드레인과 소스를 연결시켜 주는 역할을 해서 스위치가 연결된 것 같은 상황이 만들어집니다. 게이트에 0이 인가된 상황에서는 절연 물질 아래에 정공이 존재하여 스위치가 끊어진 것 같은 상황이 됩니다.

그림 3-4
NMOS의 단면도와 입력에 따른 동작

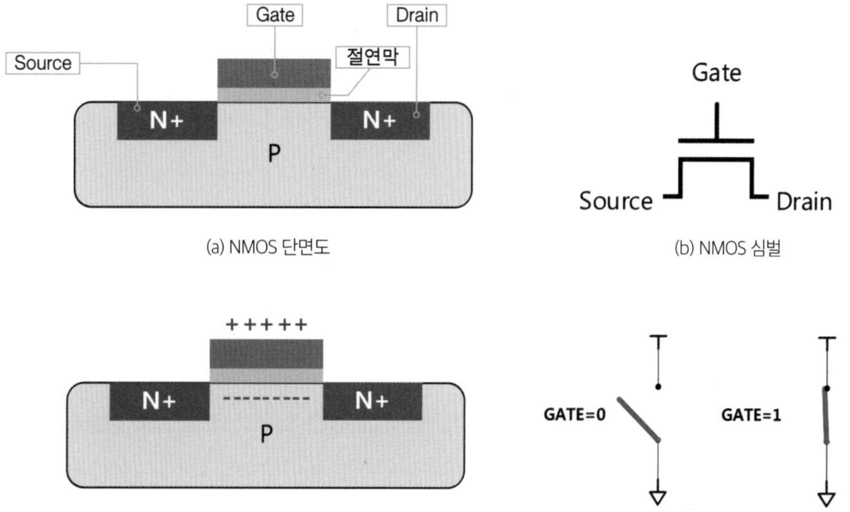

(a) NMOS 단면도

(b) NMOS 심벌

(c) 게이트에 1이 인가되었을 때 NMOS 동작

(d) 게이트 입력에 따른 스위치 동작

2) PMOS

PMOS는 NMOS의 반대라고 생각하면 됩니다. N형 반도체 위에 P형 반도체로 소스와 드레인을 만듭니다. 소스와 드레인 사이에 절연 물질을 깔고 절연 물질 위에 게이트라는 것을 만듭니다. 이때 소스에 1, 드레인에 0, 그리고 게이트에 0을 인가하면, N형 반도체에 있던 전자들이 척력을 받아 밀려나면서 절연 물질 아래에 정공들이 더 많아지는 상황이 발생하여 드레인과 소스를 연결시켜 주는 역할해서 스위치가 연결된 것 같은 상황이 됩니다. 게이트에 1이 인가된 상황에서는 절연 물질 아래에 정공이 존재하여 스위치가 끊어진 것 같은 상황이 됩니다.

그림 3-5

PMOS의 단면도와 입력에 따른 동작

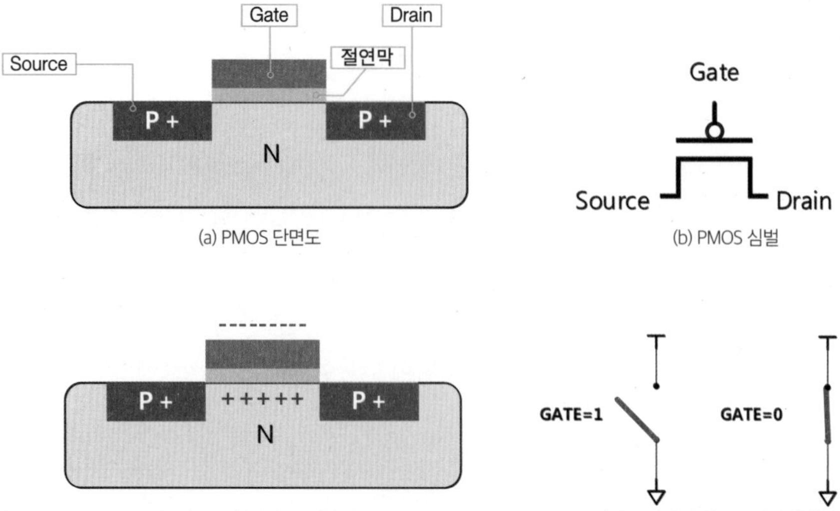

(a) PMOS 단면도 (b) PMOS 심벌

(c) 게이트에 1이 인가되었을 때 PMOS 동작 (d) 게이트 입력에 따른 스위치 동작

3 트랜지스터로 게이트를

논리 게이트는 트랜지스터로 만들어집니다. 이제 앞에서 알아보았던 게이트가 어떻게 트랜지스터를 이용하여 만들어지는지 살펴보겠습니다. 우선 게이트는 한 가지 입력에 NMOS와 PMOS의 쌍으로 이루어진다는 것을 기억합시다.

1) NOT 게이트

〈그림 3-6〉의 첫 번째 그림은 NOT 게이트가 NMOS와 PMOS로 구성된 것입니다(NMOS와 PMOS의 심벌을 확인하세요). A에 0이 입력되면 NMOS 스위치는 꺼지고, PMOS 스위치는 켜집니다. 이때 출력 F는 PMOS 스위치를 통해 1로 연결되어 1이 출력됩니다. A에 1이 입력되면 반대로 NMOS 스위치는 켜지고, PMOS 스위치는 꺼지게 되어, F는 0으로 연결되며 0을 출력합니다.

그림 3-6

NOT 게이트의 트랜지스터 레벨

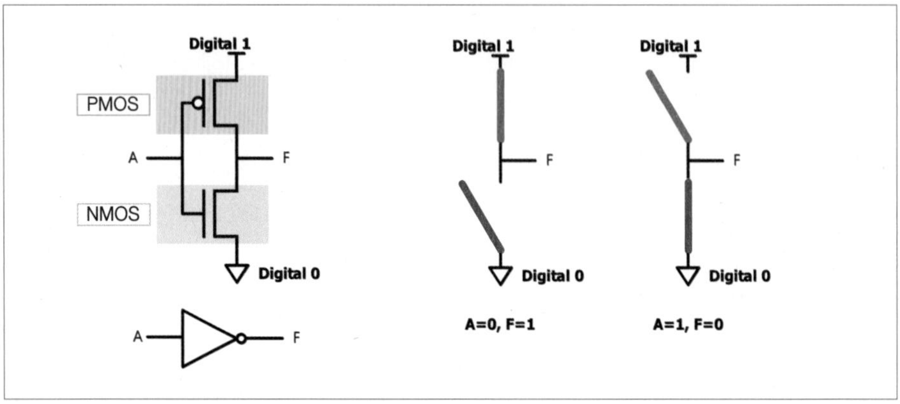

2) NAND 게이트

NAND 게이트는 NMOS를 직렬로 연결하고 PMOS는 병렬로 연결이 됩니다. 따라서 F가 0이 되려면 NMOS 트랜지스터 두 개가 모두 켜져야 하고, PMOS는 모두 꺼져야 하므로 A와 B가 모두 1이어야 합니다. 반면에 둘 중 하나라도 0이 되면 0과 연결되는 스위치가 꺼지고, 1과 연결되는 스위치가 켜지게 되면서 1을 출력하게 됩니다.

그림 3-7
NAND의 트랜지스터 레벨

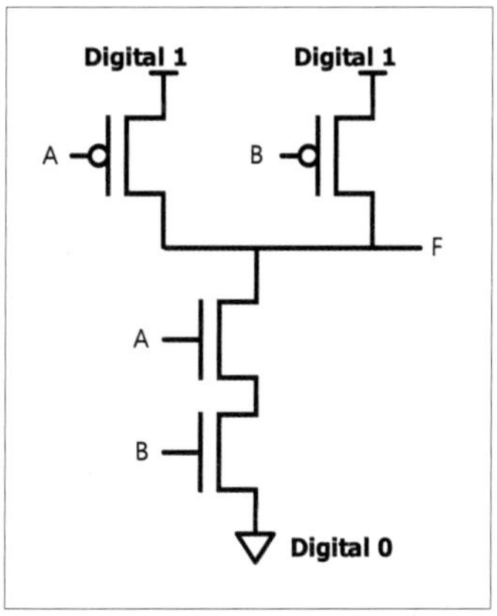

2) NOR 게이트

NOR 게이트는 NAND와는 반대로 PMOS는 직렬, NMOS는 병렬로 연결이 됩니다. F가 1이 되려면 NMOS 트랜지스터는 모두 꺼져야 하고, PMOS는 모두 켜져야 합니다. 그래서 두 입력이 모두 0일 때만 출력이 1이 됩니다. 둘 중 하나라도 1이 입력되면 1과 연결되는 길은 스위치로 끊어지고, 0으로 연결되는 스위치가 켜지게 되면서 0이 출력됩니다.

그림 3-8
NOR의 트랜지스터 레벨

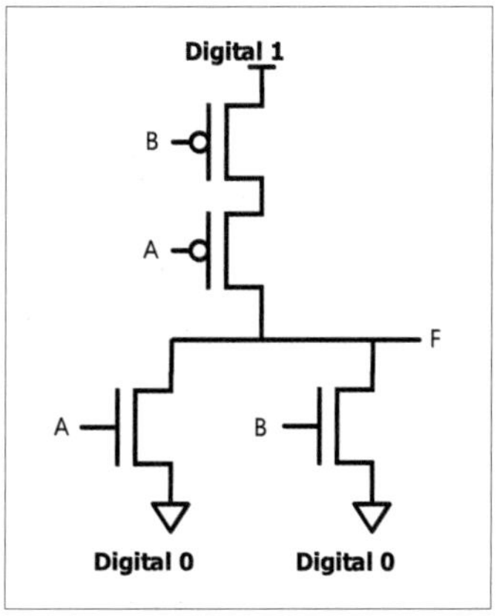

Chapter

02 반도체 공정

이전 챕터에서 트랜지스터로 어떻게 게이트가 만들어지는지 알아보았습니다. 이번에는 반도체 칩이 어떻게 만들어지는지 그림으로 살펴봅시다.

〈그림 3-9〉처럼 반도체 칩의 생산은 실리콘 웨이퍼(Wafer)에서 시작합니다. 실리콘 웨이퍼에 트랜지스터를 시작으로 수십억 개의 로직 게이트로 이루어진 집적회로가 만들어지고, 하나의 웨이퍼에는 수백~수천 개의 집적회로 다이(DIE : 집적회로 단위)가 만들어집니다. 웨이퍼는 레이저를 통하여 다이 단위로 절단 과정을 거치고 패키징을 통하여 전자 기기에 들어가게 됩니다.

실리콘 반도체 칩을 제작하는 과정을 반도체 공정이라고 합니다. 하나의 반도체 칩이 만들어지기까지는 100여 가지의 제작 과정을 거칩니다. 이러한 과정을 거쳐 하나의 반도체 칩이 만들어지기까지는 약 3~4주의 시간이 필요합니다. 지금부터 불순물 반도체가 어떻게 만들어지는지 간단한 과정을 소개하겠습니다.

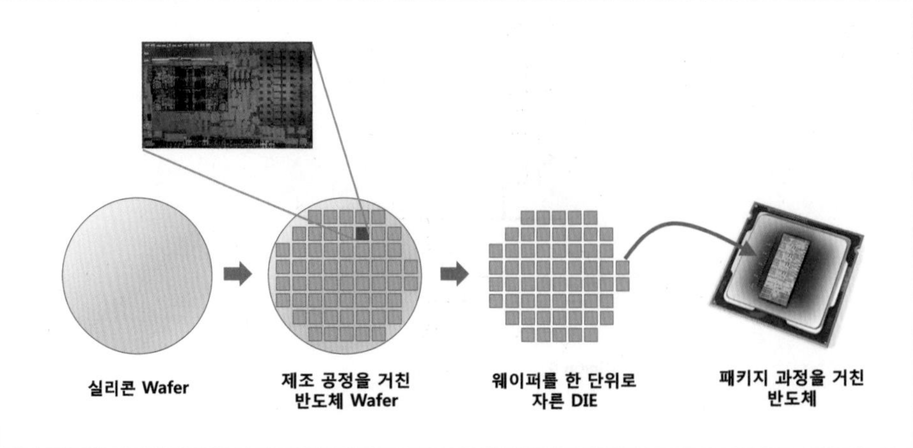

그림 3-9
반도체 칩 생산 과정

1

N형 불순물 반도체 공정 예

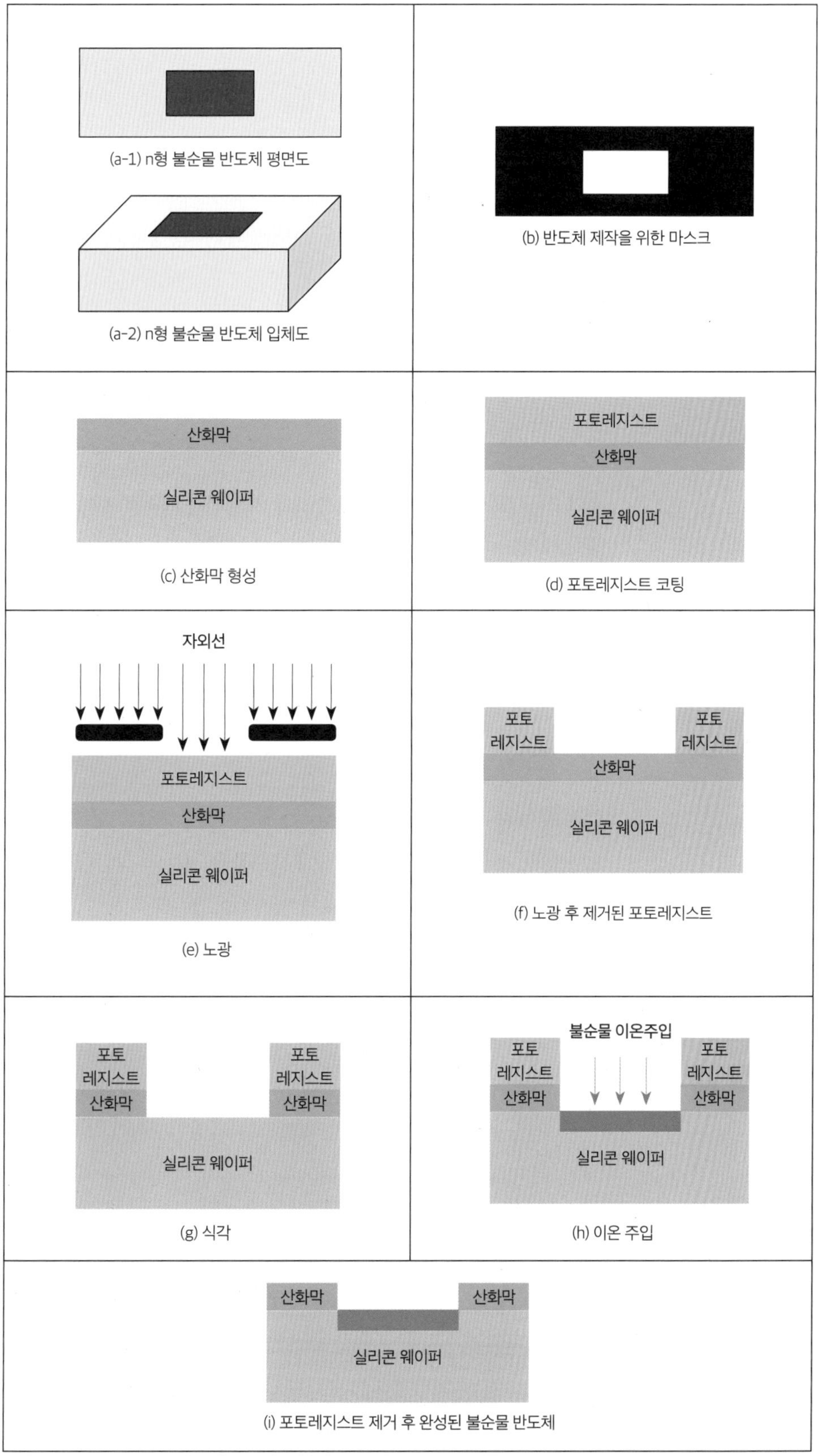

(a-1) n형 불순물 반도체 평면도
(a-2) n형 불순물 반도체 입체도
(b) 반도체 제작을 위한 마스크
(c) 산화막 형성
(d) 포토레지스트 코팅
(e) 노광
(f) 노광 후 제거된 포토레지스트
(g) 식각
(h) 이온 주입
(i) 포토레지스트 제거 후 완성된 불순물 반도체

그림 3-10
N형 불순물 반도체 제작 과정

〈그림 3-10〉은 N형 불순물 반도체를 만드는 과정입니다. (a)는 만들고자 하는 반도체의 평면도와 입체도입니다. 파란색의 직사각형 모양이 N형 불순물 반도체이며 노란색 부분은 실리콘 웨이퍼입니다. 반도체가 만들어지는 모양대로 노광 작업이 이루어지도록 반도체 패턴과 동일한 모양의 마스크(b)를 제작합니다.

마스크가 제작되면 실제 실리콘 웨이퍼에서 작업이 이루어집니다. 먼저 실리콘 웨이퍼를 준비합니다. (c)와 같이 실리콘 웨이퍼에 절연 특성을 갖는 산화막을 생성합니다. (d)와 같이 산화막 생성을 마친 웨이퍼 위에 포토레지스트(Photo Resist)를 코팅해 줍니다. 이 과정이 우리가 원하는 모양 만들기의 핵심이라고 할 수 있습니다. 포토레지스트는 빛에 반응하는 감광성 고분자 물질을 뜻하며, 이를 활용하면 빛을 받는 부분과 그렇지 않은 부분을 선택적으로 제거할 수 있습니다.

포토레지스트를 바르고 원하는 패턴 모양의 마스크를 씌운 후, (e)와 같이 에너지가 높은 자외선을 쬐어줍니다. 이때 마스크가 자외선을 통과하지 못하게 하는 가림막 역할을 합니다. 그러면 (f)처럼 패턴 부분을 통해 자외선을 받는 부분과 받지 않은 부분이 나눠집니다. 이 과정을 노광이라고 부릅니다.

자외선을 쬔 실리콘 웨이퍼는 이제 특수 용액에 들어가 현상 과정을 거칩니다. (g)와 같이 마스크에 가려져 자외선을 받지 못한 부분의 산화막은 남아있고, 자외선을 받은 부분의 산화막은 녹아 없어지게 됩니다. 이 과정은 웨이퍼 위의 산화막을 포토레지스트 모양에 맞게 깎아내는 식각 공정이라고 합니다.

식각 공정을 거친 후 웨이퍼에 (h)와 같이 이온 주입을 진행합니다. 이온 주입은 식각 과정으로 파인 부분의 실리콘 웨이퍼에 불순물을 넣는 과정입니다. 그 후 (i)와 같이 포토레지스트를 제거하면 N형 불순물 반도체가 만들어집니다.

2 인버터 제작 공정

이번에는 인버터 제작 공정에 대해 알아보도록 하겠습니다. 인버터 제작 공정은 N형 불순물 반도체를 만드는 과정에 필요했던 노광, 식각을 반복 적용하여 P형 불순물 반도체, 게이트 전극, 금속 배선을 차례차례 만드는 과정입니다. 그림을 통해 인버터 제작 공정에 대해 좀 더 자세히 알아보겠습니다.

〈그림 3-11〉는 인버터의 회로도와 레이아웃(설계한 회로를 웨이퍼에 구현하기 위해 사용되는 마스크 패턴으로 표현한 것), 웨이퍼로 제작된 인버터 단면도를 보여 주고 있습니다. (b)와 (c)에서 회색으로 표현한 것은 전기적인 연결을 위한 금속이며, 보라색 박스는 N 웰(N well : PMO를 감싸고 있는 불순물 반도체로서, PMOS가 만들어지는 영역을 만들어 줍니다), 붉은색 박스는 PMOS, 파란색 박스는 NMOS, 살구색 라인은 게이트 전극을 나

타내고 있습니다. 레이아웃 그림(b)에서 금속 위에 X로 표시된 부분은 콘택트(Contact)라는 것으로서 금속과 다른 레이어를 연결하는 역할을 합니다.

그림 3-11
인버터 회로도와 레이아웃

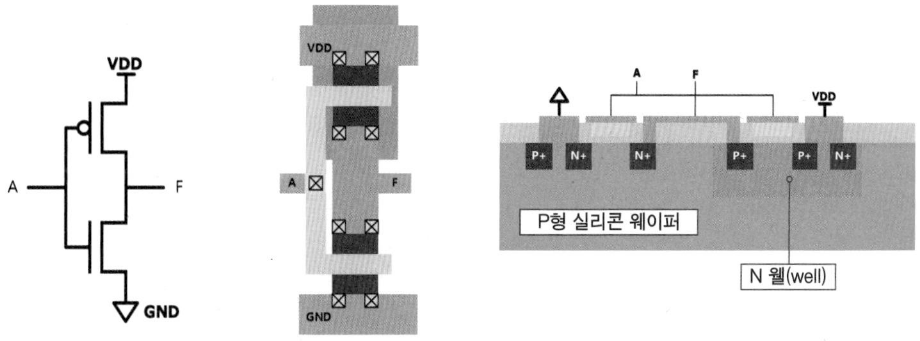

(a) 인버터 회로도 (b) 반도체 제작 후 위에서 바라본 모습 (c) 웨이퍼로 제작된 인버터의 단면도

〈그림 3-12〉은 인버터 제작 과정을 단계별로 보여주고 있습니다. 첫 번째 단계는 N 웰 생성 후 산화막을 만드는 과정입니다(a). 전체적으로 P형 불순물로 도핑된 P형 실리콘 웨이퍼에서 진행하게 되는데, PMOS가 만들어질 영역에 N형 불순물을 도핑하여 N 웰을 생성합니다. 그 위에 산화막을 만들어 필요한 부분만을 남기고 나머지 영역의 산화막은 제거합니다. (b)는 게이트 전극을 만드는 단계로서, 폴리실리콘을 전체적으로 생성합니다. (c) 단계에서 게이트 전극에 해당하는 부분의 폴리실리콘만을 남기고 나머지 불필요한 영역의 폴리실리콘은 제거합니다.

트랜지스터의 게이트를 만들었으면 소스와 드레인을 차례차례 만들게 됩니다. 소스와 드레인은 N+, P+ 도핑 영역으로 만들어집니다. 우선 N형 불순물을 도핑하기 위하여 그림 (d)와 같이 포토레지스트를 덮은 후 마스크 패턴을 이용하여 도핑이 필요한 부분의 포토레지스트를 제거합니다. 이온 주입 과정을 거친 후 남아 있는 포토레지스트를 모두 제거하면 그림 (e)와 같이 N+ 영역을 생성할 수 있습니다.
그 다음 과정은 P+ 도핑 영역 생성으로, N+ 도핑 영역 생성 과정과 동일한 과정을 다시 진행합니다(f). 그러면 (g)와 같이 P+ 영역까지 만들어진 결과물을 얻게 됩니다.

트랜지스터의 게이트, 소스, 드레인은 모두 만들어졌습니다. 이제 PMOS의 소스에는 VDD, NMOS의 소스에는 GND(Ground : 모든 회로의 동작 기준이 되는 전압으로 보통 0V를 나타냅니다)를 연결하는 배선 작업을 진행하면 마무리가 됩니다. 이러한 배선은 금속을 통하여 이루어집니다. 우선 ,전체 표면을 그림 (h)와 같이 산화막으로 덮어 줍니다. 금속과 트랜지스터의 소스 영역을 연결하기 위해 트랜지스터 소스 영역 위에 콘택트를 만들어 줍니다. 전체적으로 덮인 산화막 중에서 소스 윗부분의 산화막을 제거함으로써 콘택트 영역을 만들 수 있습니다. 콘택트 영역을 만든 후 금속을 전체적으로 덮어 줍니다(i). 그리고 불필요한 금속 영역을 제거하면 (j)와 같은 최종 결과를 얻을 수 있습니다.

그림 3-12
인버터 제작 공정

(a) P형 실리콘 웨이퍼 준비 후 PMOS가 만들어질 영역에 N웰 생성

(b) 게이트 전극 형성을 위해 폴리실리콘 생성

(c) 게이트 전극 이외의 부분 폴리실리콘 제거

(d) 마스크 패턴을 이용하여 N형 불순물 도핑 영역에 포토레지스트 제거

(e) N형 불순물 도핑 후 포토레지스트 모두 제거

(f) P형 불순물 도핑 영역에 포토레지스트 제거

(g) P형 불순물 도핑 후 포토레지스트 모두 제거

(h) 전체 표면을 산화막으로 덮음

(i) 콘택트 영역의 산화막 제거 후 금속 공정 진행

(j) 불필요한 금속 영역 제거

3 마이크로 프로세서

대표적인 반도체 칩으로 컴퓨터의 CPU에 사용되는 마이크로프로세서가 있습니다.
1971년 출시된 인텔 최초의 마이크로프로세서 인텔 4004는 트랜지스터 수 2300개, 제조 공정 10μm를 이용하였습니다. 인텔 4004는 처음에는 탁상용 전자 계산기에 사용하기 위하여 만들어졌습니다. 우연한 기회로 만들어진 마이크로프로세서가 컴퓨터 역사에 큰 기여를 한 것입니다.

여기서 제조 공정이란 트랜지스터를 얼마나 작게 만들 수 있는지를 알려주는 척도입니다. 제조 공정의 숫자가 작을수록 트랜지스터를 작게 만들 수 있습니다. 제조 공정 14nm를 이용한 i7-8700k 마이크로프로세서는 인텔 4004와 비교하여 동일한 성능의 트랜지스터가 1000분의 1 크기로 줄어들었습니다. 트랜지스터의 크기가 줄어들면서 여러 개의 반도체 칩으로 만들던 것을 하나의 반도체 칩으로 만들 수 있게 되었습니다. 예를 들어, 지금까진 GPU(Graphic Process Unit : 컴퓨터 동작을 화면으로 볼 수 있도록 해주는 반도체)는 별도의 칩으로 만들어져 메인보드에서 연결이 되었지만, 오늘날에는 CPU와 GPU를 하나의 반도체 칩으로 만들고 있습니다.

마이크로 프로세서는 이미 많이 발전했지만 자율주행차나 인공지능(AI) 등 고성능 프로세서의 계속된 수요로 인하여 앞으로도 꾸준히 발전하리라 예상됩니다.

4 메인 메모리

메인 메모리는 컴퓨터의 핵심 부품 중 하나이며, 주로 DRAM이 사용됩니다. DRAM은 1비트의 데이터를 저장하기 위해 전기를 저장할 수 있는 커패시터(혹은 컨덴서라고 합니다)와 한 개의 트랜지스터를 이용합니다.
〈그림 3-13〉은 DRAM의 구조와 동작을 보여줍니다. WORD LINE은 커패시터에 1비트 데이터를 저장하거나 읽을 때 사용합니다. WORD LINE에 1이 입력되면 Pass Transistor가 켜지면서 스위치가 연결된 상태가 됩니다. WORD LINE에 0이 입력되면 스위치가 꺼지면서 커패시터에 저장된 데이터를 유지합니다.
데이터를 저장할 때는 WORD LINE에 1을 가한 후 BIT LINE에 0이나 1을 인가하면 커패시터에 0이나 1이 저장됩니다. (b)와 같은 경우로서, 커패시터가 스위치를 통하여 1이나 0에 연결되어 1이나 0의 값을 갖게 됩니다.
데이터를 읽을 때는 WORD LINE에 1을 가한 후 BIT LINE에 1이나 0에 연결하지 않으면[전자 공학에서는 이를 플로팅(Floating)이라고 합니다] (c)와 같은 경우가 되며, 커패시터에 저장된 값이 BIT LINE에 옮겨집니다.

그림 3-13

DRAM에서 1비트 데이터를 저장하는 1트랜지스터, 1셀 구조

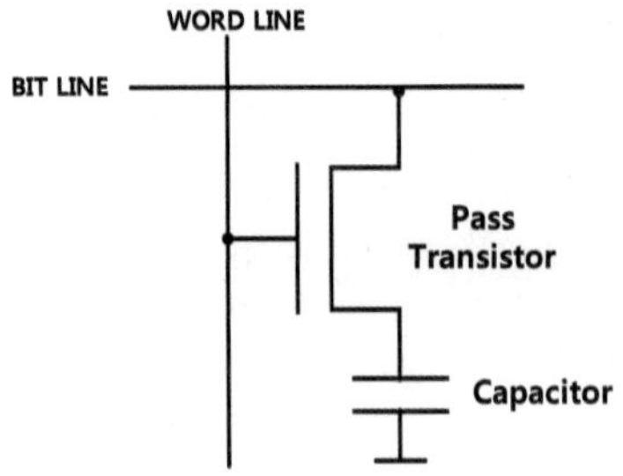

(a) 1트랜지스터, 1셀 구조

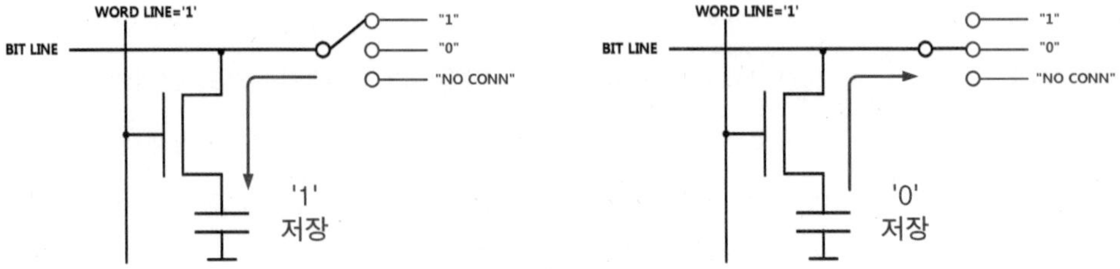

(b) 셀에 저장하는 경우

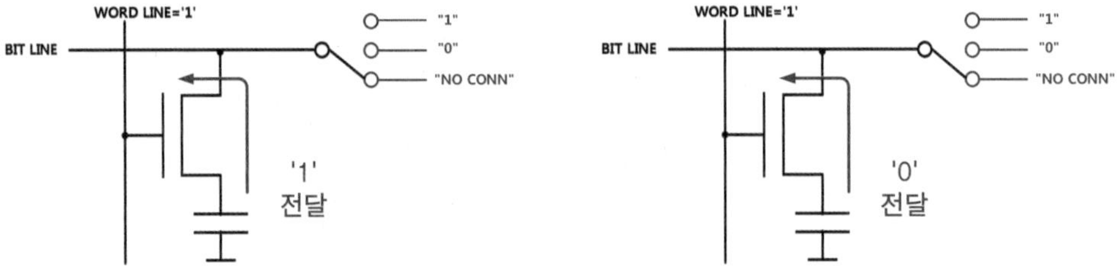

(c) 셀 값을 읽는 경우

현재 스마트폰이나 컴퓨터에 사용되는 DRAM은 16Gbit, 8Gbit, 4Gbit 등 다양한 메모리 용량이 사용됩니다. 1Gbit는 모두 10억 개의 비트를 말하는데 16Gbit DRAM 반도체는 모두 160억 개의 커패시터와 트랜지스터가 집적되어 있습니다.

DRAM 기술은 동일 면적에 더 많은 커패시터를 집적하는 방향으로 개발이 진행되고 있습니다. 지금까지 컴퓨터의 하드웨어의 기본 구성 및 제작 원리에 대해서 알아보았습니다.

[MEMO]

PART 04

프로그래밍

Programming

프로그램, 프로그래밍, 프로그래밍 언어에 대해서 알아보고, 프로그래밍 언어의 계층 구조 및 C 언어의 중요성을 살펴봅니다.
디지털 처리의 개념과 프로그래밍의 관계를 살펴봅니다.

Chapter

01 프로그래밍이란?

반도체의 비약적인 발전으로 인하여 컴퓨터의 성능은 점점 더 좋아지고 있으며, 개인이 휴대할 수 있을 정도로 크기가 작아졌습니다. 스마트폰은 소형 컴퓨터에 휴대 전화 기능을 결합한 것이고, 은행의 현금인출기나 버스 정류장의 도착 안내 단말기 역시 컴퓨터입니다.

각각 크기와 모양도 다르고 기능도 다르지만 컴퓨터이기 때문에 공통점이 있습니다. 바로 프로그램을 실행한다는 점입니다. 스마트폰에서 실행하는 게임, 현금 인출 서비스, 버스도착 정보를 보여주는 것 모두 각각의 프로그램(애플리케이션 · 앱 · 소프트웨어)이 컴퓨터에서 실행되고 있는 것입니다. 이런 프로그램은 모두 수많은 개발자들에 의해서 프로그래밍된(만들어진) 것입니다. 따라서 프로그래밍이란 컴퓨터에서 실행될 수 있는 프로그램을 만드는 일이라고 할 수 있습니다.

그렇다면 프로그래밍은 어떻게 할 수 있을까요? 무엇인가를 시작하기 전에는 기본 지식을 익히고, 기본 원리를 충분히 이해해야 합니다. 마치 운전을 하기 전에 자동차에 관한 기본 지식(용어, 조작법, 교통법규)과 함께 기본 원리(주행, 정지, 가감속, 조향)를 알고 있어야 하는 것처럼 프로그래밍을 하기 전에 반드시 배우고 이해해야 할 것들이 있습니다.

예전에는 프로그래밍을 하기 위해서 배워야 할 것이 무척 많았고 내용도 이해하기가 어려웠습니다. 하지만 기술이 발전하면서 프로그래밍을 좀 더 쉽게 할 수 있는 다양한 방법들이 개발되었습니다. 예전의 자동차는 수동 변속기를 사용해서 운전자가 주행 중에 기어와 클러치를 조작해야 했지만 오늘날 대부분의 자동차는 자동 변속기를 사용하므로 운전이 쉬워진 것과 같습니다. 프로그래밍도 비슷하게 복잡한 것들은 자동으로 처리되고 오직 핵심적인 부분만 사람이 처리하도록 진화하고 있습니다.

Chapter

02 프로그래밍 언어

1 프로그램이란?

프로그램은 일종의 작업 명령서라고 할 수 있습니다. 작업 명령서는 무엇을 어떻게 어떤 순서로 처리해야 하는지를 적은 문서인데, 이 작업 명령서대로 역할을 수행하는 것이 바로 컴퓨터입니다.

예를 들어 학생들의 수학 시험 성적으로 최고, 최저, 평균을 구하는 작업 명령서를 작성해 보겠습니다.

[수학 시험 성적 처리 작업 명령서]

1. 최저 점수는 100, 최고 점수는 0, 총합은 0으로 설정합니다.
2. 전체 학생 중 성적 처리가 되지 않은 학생 한 명을 뽑습니다.
3. 2에서 뽑은 학생의 수학 점수를 총합에 더합니다.
4. 2에서 뽑은 학생의 점수를 최저 점수와 비교해서 학생의 점수가 낮을 경우 학생의 점수가 최저 점수가 됩니다.
5. 2에서 뽑은 학생의 점수를 최고 점수와 비교해서 학생의 점수가 높을 경우 학생의 점수가 최고 점수가 됩니다.
6. 2에서 뽑은 학생은 성적 처리가 된 것으로 합니다.
7. 성적 처리가 되지 않은 학생이 남아있을 경우 2로 돌아갑니다.
8. 모든 학생이 성적 처리가 되었으므로 총합을 학생 수로 나누어서 평균을 구합니다.
9. 평균, 최저 점수, 최고 점수를 알려 줍니다.

위의 작업 명령서는 크게 어렵지 않습니다. 우리말과 글을 이해할 수 있고 기본적인 사칙연산을 할 수 있는 사람이라면 누구나 작업 명령서대로 수행해서 최고, 최저, 평균 점수를 구할 수 있을 것입니다. 그런데 우리말을 모르는 외국인에게 위의 작업 명령서를 줘도 될까요? 당연한 얘기지만 작업 명령문은 작업을 수행할 주체(사람)가 이해할 수 있는 언어와 문자로 작성되어야 합니다.

프로그램은 컴퓨터가 수행해야 할 작업 명령서입니다. 따라서 프로그램은 컴퓨터가 이해할 수 있는 언어로 작성되어야 합니다. 컴퓨터가 이해할 수 있는 언어는 무엇이 있을까요? C, C++, C#, Java, Python, JavaScript 등 여러 가지 프로그래밍 언어가 떠오를지도 모르지만, 엄밀히 말해서 컴퓨터가 이해할 수 있는 유일한 언어는 기계어밖에 없습니다.

2 기계어

컴퓨터가 이해할 수 있는 유일한 언어인 기계어를 살펴봅시다. 기계어를 설명하기 전에 먼저 언어의 특징을 간단히 알아보겠습니다. 한국어를 쓸 때는 한글, 영어를 쓸 때는 알파벳을 이용합니다. 즉, 언어를 글로 쓸 때는 각 언어에 맞는 문자를 사용하는 것이 일반적입니다. 그래서 기계어도 기계어만을 위한 문자인 비트(bit – Binary Digit)를 사용합니다. 한글이 자음과 모음을 합해서 24자, 알파벳이 26자인 것에 비해서 비트는 오직 0과 1 두 자만 사용합니다.

기계어를 0과 1로 구성된 비트로 표현하는 이유는 컴퓨터가 애초에 0과 1만을 인식할 수 있기 때문입니다. 그렇다면 우리가 프로그래밍을 하기 위해서 컴퓨터가 알아들을 수 있는 0과 1만으로 작업 명령서를 작성해야 할까요? 컴퓨터가 처음 만들어진 초창기에는 실제로 그렇게 했습니다. 펀치 카드에 구멍을 내는 것으로 비트를 표시하였고, 펀치 카드의 묶음이 바로 컴퓨터에 전달되는 프로그램이었습니다. 하지만 펀치 카드에 구멍을 잘못 낼 수도 있고, 프로그램 내용을 변경하려면 처음부터 다시 펀치 카드를 작성해야만 하는 수고도 뒤따랐습니다.

3 프로그래밍 언어

기계어로 프로그래밍을 하는 것은 정말 힘든 일이었습니다. 간단한 프로그램을 작성하는 데도 많은 시간과 고도의 집중력이 요구되었습니다. 이러한 어려움을 극복할 수 있도록 도와준 것이 바로 프로그래밍 언어입니다.

앞에서 작성한 작업 명령서를 영어로 작성한다고 가정해 봅시다. 가장 큰 문제는 무엇일까요? 바로 영어를 잘 못하는 것입니다. 그럴 때 떠오르는 방법은 무엇인가요? 저는 번역기가 떠오르네요. 먼저 익숙한 언어인 우리말과 글로 작업 명령서를 작성하고, 번역기의 도움을 받아서 작업 명령서를 영어로 번역하는 것입니다.
프로그래밍 언어의 개념도 이와 비슷합니다. 기계어는 사람이 사용하기에 너무 어렵고 효율이 떨어지기 때문에 사람이 쉽게 사용할 수 있는 프로그래밍 언어를 만들고 번역기의 도움을 받아서 기계어로 변환하는 것입니다(여기서 번역기는 컴파일러와 인터프리터라고 합니다).

프로그래밍 언어에는 어떤 것들이 있을까요? 사람이 사용하는 언어가 한국어를 비롯하여 영어, 일어, 중국어, 독어 등 다양하듯이, 프로그래밍 언어도 Assembly, C, C++, C#, Java, JavaScript, PHP 등 다양합니다. 사람의 언어가 지역과 민족을 기준으로 달라지는 것에 비해서 프로그래밍 언어는 사용 목적에 따라서 달라집니다. 간단하게 주요 언어들의 특징을 알아봅시다.

4 어셈블리어

어셈블리어는 기계어에 일대일로 대응되는 언어입니다. 0과 1로 이루어진 기계어를 사람이 알아볼 수 있는 니모닉(Mnemonic) 기호로 표현한 것으로 대략 다음과 같습니다.

기계어 : 01001000 10000011 11000100 00100000
어셈블리어 : add rsp, 20h

기계어는 보는 것 자체가 곤란하지만, 어셈블리어는 정확한 의미는 이해하기 힘들어도 영어 단어로 되어 있어서 훨씬 보기 편합니다. 실제 어셈블리어는 웬만큼 숙련된 사람이 아니면 사용하기가 무척 어렵습니다. 대신 컴퓨터에 직접 명령을 내리는 언어이기 때문에 최고의 성능이 필요한 부분에는 여전히 사용하고 있습니다.

5 C 언어

C 언어는 데니스 리치(Dennis Ritchie)가 1972년 유닉스 운영체제에서 사용하기 위해 개발한 프로그래밍 언어입니다. 당시는 어셈블리어를 주로 사용하던 시절인데, 어셈블리어는 기계어에 일대일로 대응되는 특성으로 인하여 범용성이 떨어졌습니다(영어라고 해도 미국, 영국, 호주, 인도가 각각 조금씩 다르듯이 기계어도 CPU 구조가 서로 다른 컴퓨터에

서는 호환이 되지 않습니다). 따라서 유닉스라는 범용적인 운영체제에서 사용할 수 있을 정도로 이식성도 있으면서 어셈블리어만큼 성능을 낼 수 있는 프로그래밍 언어가 필요했기에 C 언어가 탄생하게 되었습니다. 물론 C 언어가 어느 날 갑자기 만들어진 것은 아니고, 이전부터 있었던 여러 프로그래밍 언어들의 장단점을 잘 계승하거나 보완하여 탄생한 것입니다. 데니스 리치는 유닉스와 C 언어를 개발하는 데 일조하여 전산학의 노벨상으로 불리는 튜링상을 수상하였으며, 2011년에 타계하였습니다.

그림 4-1
데니스 리치
(출처 : 위키피디아)

Chapter

03 프로그래밍 실습 언어 C

1 C 언어를 알아야 하는 이유

프로그래밍 언어는 계층이 있습니다. 컴퓨터에게 일을 시키기 위해서는 작업 명령서를 만들어야 하는데, 작업 명령서의 언어는 기계어이기 때문에 기계어를 배우는 것이 마땅한 것 같지만 읽고 쓰기가 너무 어려워서 대신 어셈블리어를 이용할 수밖에 없습니다. 하지만 기계어와 일대일로 대응되는 어셈블리어 역시 CPU 의존성이 있으므로 범용적인 사용은 어려운 편입니다(CPU 의존성을 떠나서 어셈블리어 자체도 상당히 어렵습니다). 따라서 어셈블리어의 바로 상위 단계 언어인 C 언어를 이용해서 프로그래밍을 하면 사용하기 쉬우면서 컴파일러(일종의 번역기)를 이용하여 다양한 종류의 CPU에서 동작할 수 있는 기계어로 변환할 수 있습니다.

물론 이런 이유로 반드시 C 언어만 사용할 필요는 없습니다. C 언어 이외에도 다양한 프로그래밍 언어들이 있기 때문입니다. 그럼에도 프로그래밍의 전반적인 기초 개념과 컴퓨터의 구조 및 동작 원리를 제대로 배우기 위해서는 C 언어만 한 것이 없습니다. 어떤 나라와 문화를 제대로 이해하기 위해서 제일 먼저 배워야할 것이 그 문화권의 언어이듯이, 초보자가 배울 만한 난이도를 가지면서 가장 기계에 가까운 프로그래밍 언어가 C 언어이기 때문입니다. 또한 C 언어를 제대로 알고 있어야 C 언어에서 파생된 C++, C#, Java 등을 비롯하여 현존하는 대부분의 프로그래밍 언어도 쉽게 배울 수 있습니다. 왜냐하면 많은 언어가 C 언어의 문법 및 구조적인 특징에 영향을 받았기 때문입니다. 마치 동양에서는 한자, 서양에서는 라틴어를 배울 경우 각 나라의 언어를 더욱 심오하게 이해할 수 있는 것과 마찬가지라고 할 수 있습니다.

따라서 이 책은 프로그래밍 전반적인 개념을 소개할 때 다양한 프로그래밍 언어들도 소개하지만 주 실습 언어는 C 언어를 사용합니다.

Chapter

04 디지털 처리

1 비트열 bits

컴퓨터는 오직 비트(0과 1)만을 인식할 수 있습니다. 따라서 컴퓨터에게 일을 시키기 위한 작업 명령서(프로그램)도 비트로만 구성되어 있고, 프로그램이 실행되는 과정에서 입출력되는 정보 또한 비트로만 구성됩니다. 스마트폰이나 PC에 저장된 음악이나 영상도 결국엔 거대한 비트열로 이루어진 것입니다.
이 말은 컴퓨터에게 어떤 일을 처리하도록 하기 위해서는 처리할 대상을 모두 비트열로 변환해야 한다는 것을 의미합니다.

가령 컴퓨터로 두 수의 덧셈을 처리해 보겠습니다. 〈그림 4-2〉는 처리 대상을 모두 비트열로 변환하는 과정을 보여 줍니다. 숫자 5는 비트열 101, 숫자 7은 비트열 111로 변경됩니다. 그림에 표현되지는 않았으나 덧셈 연산 역시 비트열로 변환되어 컴퓨터에 전달됩니다. 컴퓨터는 입력받은 비트열들을 처리하여 1100이라는 새로운 비트열을 생성하고 1100은 사람이 이해할 수 있는 숫자 12로 변환됩니다. 무척 간단한 작업이지만 동영상을 재생하고 게임이 실행되는 복잡한 과정 역시 크게 다르지 않습니다.

그림 4-2
계산의 디지털 처리

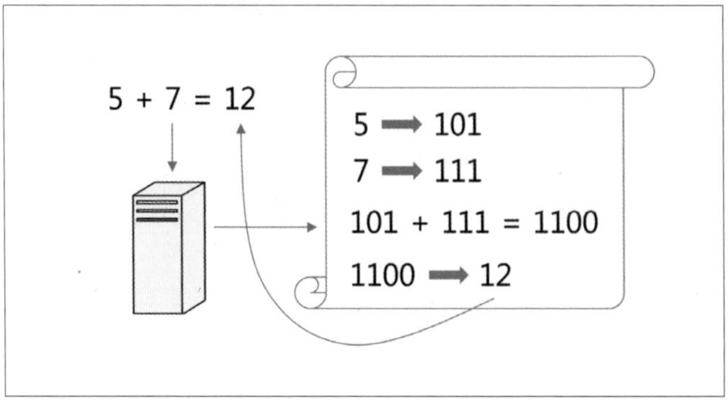

2 바이트
Byte

비트(bit) 하나는 0 또는 1을 표현할 수 있습니다. 그렇다면 비트 두 개가 있을 경우 몇 가지 상태를 표현할까요? {00, 01, 10, 11}과 같이 네 가지 상태를 표현할 수 있습니다. 이런 식으로 비트 수를 늘리면 표현할 수 있는 상태 수는 2의 비트 수 승만큼 됩니다. 즉, 비트 여덟 개가 있다면 2의 8승인 256가지 상태를 나타낼 수 있는 것이죠.

일반적으로 비트 여덟 개가 모인 것을 1바이트(Byte)라고 합니다. 컴퓨터는 비트 단위로 작업을 처리하지만 정보를 구성하는 최소 단위는 바이트가 됩니다. 약간 헛갈릴 수도 있는데, 숫자 7은 이진수로 111이지만 컴퓨터는 정보를 처리할 때 최소 단위인 바이트를 사용하기 때문에 111이 아니라 00000111로 변환됩니다(엄밀히 얘기하면 숫자 하나를 표현하기 위해서는 몇 개의 바이트가 필요합니다. 보통 프로그래밍에서 숫자 7과 같은 정수는 4바이트를 사용합니다).
비트 대신 바이트를 기본 단위로 사용하는 이유는 어느 정도 크기를 가진 단위를 기본 단위로 사용하는 편이 효율적이기 때문입니다. 우리 돈의 기본 단위는 원이지만 1원은 100전이고, 미국 돈의 기본 단위는 달러이지만 1달러는 100센트인 것에 비유할 수 있습니다.

이번에는 바이트 단위의 표기법을 살펴보겠습니다. 보통 무게의 기본 단위인 g을 기준으로 1,000배인 경우 K(Kilo)를 붙입니다. 즉 1,000g은 1kg으로 표시합니다. 바이트 역시 비슷합니다만 약간은 다른 점이 있습니다. 바이트의 경우 1,024배마다 단위 표기를 다르게 합니다. 왜 1,024배를 기준으로 할까요? 2의 10승이 1024이기 때문입니다. 컴퓨터는 비트 단위로 작업을 처리하기 때문에 이진법으로 딱 떨어지는 것이 효율적입니다.

〈표 4-1〉은 현재 IT업계에서 사용되는 데이터의 단위 표기법입니다. 요즘은 메모리의 크기가 GB 단위이고, 하드디스크는 TB 단위지만, 언젠가 PB가 일반적으로 사용되는 날도 오겠죠.

표 4-1
바이트 단위 표기

1KB(Kilo Byte)	1,024Byte
1MB(Mega Byte)	1,024KB
1GB(Giga Byte)	1,024MB
1TB(Tera Byte)	1,024GB
1PB(Peta Byte)	1,024TB

※ 반드시 1,024배를 기준으로 표기 단위가 바뀌는 것은 아닙니다. 디스크(HDD, SSD) 제작 업체는 용량이 커 보이도록 1,000배 단위로 표기를 바꾸기도 합니다.

3 디지털 처리 가능 여부

스마트폰으로 사진 및 동영상을 보거나 음악을 들을 수 있는 것은 이들이 컴퓨터가 처리할 수 있는 비트열로 변환될 수 있기 때문입니다. 이렇게 어떤 대상이 비트열로 변환될 수 있는 경우를 디지털 처리가 가능하다고 말합니다. 디지털이란 말은 Digit에서 유래하였으며, 이는 셀 수 있는 숫자를 의미합니다. 즉, 디지털이란 어떤 대상을 숫자(0과 1)로 나타내는 것입니다. 어떻게 사진, 동영상, 음악이 비트열로 변환될 수 있는지 간단히 살펴보겠습니다.

디지털에서 사진은 색을 띄는 점(화소)의 집합으로 나타냅니다. 색깔은 빛의 삼원색인 빨강, 초록, 파랑을 사용하며, 각 색의 진한 정도를 1바이트(256단계)로 나타내므로 화소 하나당 3바이트를 차지합니다. 요즘 스마트폰으로 사진을 찍을 경우 해상도(화소의 개수)는 4032 × 3024 정도입니다. 가로 화소가 4032개 있고, 세로 화소가 3024개 있으니 전체 화소 수는 12,192,768가 되며, 각 화소마다 3바이트가 필요하므로 전체 데이터 크기는 36,578,304바이트(대략 34MB)가 됩니다(데이터 압축 기술을 사용하기 때문에 실제 사진 용량은 3~4MB 정도를 차지합니다. 일반적으로 확장자가 jpg, jpeg인 사진 파일이 데이터 압축 기술을 사용한 것입니다).

음악(소리) 또한 디지털 처리가 가능합니다. 소리의 근원은 공기의 떨림인데, 떨림은 주파수, 진폭, 음색으로 나타낼 수 있으며 각 요소는 여러 가지 방법으로 비트열로 변환할 수 있습니다(소리를 디지털로 변환하는 것은 사진보다 좀 더 복잡한 과정을 거칩니다).

동영상은 연속된 사진들과 소리가 결합된 것입니다. 사진과 소리를 디지털로 변환할 수 있으니 동영상 또한 가능합니다. 따라서 영화(동영상)를 수많은 바이트로 변환하여 파일로 저장할 수도 있으며, 네트워크를 통해서 전송할 수도 있습니다.

4 디지털 처리의 한계

디지털의 시작은 어떤 대상을 컴퓨터에서 처리할 수 있도록 비트열로 변환하는 것입니다. 그러나 의외로 디지털 처리가 되는 대상은 극소수에 불과할 뿐 아니라 완벽하게 변환이 이루어지는 것도 아닙니다.
앞에서 예로 든 화소를 살펴볼까요? 빛의 삼원색인 빨강, 초록, 파랑을 각각 256단계로 나누긴 했지만 자연의 빛은 그렇게 불연속적으로 나누어져 있지 않습니다. 원한다면 256단계가 아닌 1024단계로 나눌 수도 있습니다(현재 256단계 정도로만 구분하는 이유는 단계를 더 나누어도 사람이 구분할 수 없기 때문입니다). 소리도 마찬가지입니다. 주파수, 진폭, 음색도 모두 불연속성을 가지기 때문에 디지털 처리를 위해서 의도적으로 몇 단계로 나눈 것에 불과합니다.

숫자 또한 극히 일부만 디지털 처리가 가능합니다. 1/3과 같은 무한 소수는 애초에 비트열로 표현할 수조차 없습니다. 그래서 1/3과 같은 수는 비트열로 변환 가능한 극히 적은 오차를 가지는 근사치인 0.333333343으로 대체하여 사용됩니다.

위의 경우처럼 대부분의 디지털 처리는 한계를 가지고 있습니다. 그럼에도 디지털 처리를 하는 이유는 컴퓨터로 많은 작업을 처리할 수 있고 그 결과가 유용하기 때문입니다.

5 프로그래밍 대상

디지털 처리 관점에서 프로그래밍을 정의해 봅시다. 프로그래밍이란 특정 대상을 비트열로 변환시켜서 컴퓨터에서 적절한 처리를 하고, 필요한 경우 다시 사람이 인식할 수 있는 정보로 환원하는 작업 명령서를 만드는 일이라고 할 수 있습니다. 전통적으로 프로그래밍에서 주로 다루는 대상은 보통 수와 문자입니다. 물론 요즘에는 사진, 음악, 영상 등 멀티미디어와 관련된 것들의 처리가 늘어나고 있으며, 앞으로 더욱 많은 대상들이 디지털로 처리될 것입니다.

PART 05

실습 환경 구축

Chapter 01 C 프로그래밍을 위한 도구
Chapter 02 통합 개발 환경(Integrated Development Environment)
Chapter 03 비주얼 스튜디오(Visual Studio)
Chapter 04 Visual Studio Community 2017 설치하기

C 프로그래밍에 필요한 도구들을 알아보고, 통합 개발 환경(IDE)이 무엇인지 살펴봅니다. 이 책에서는 Visual Studio Community 2017(VS2017)을 사용하므로 이를 설치하고 환경 설정을 하는 방법을 살펴봅니다.

Chapter 01 C 프로그래밍을 위한 도구

이제부터 실제로 C 언어를 사용하여 프로그래밍을 시작할 것입니다. 작업 명령서를 작성하기 위해서는 기본적으로 종이와 펜이 필요하듯이 프로그래밍을 하기 위해서도 기본적인 도구가 있어야 합니다. 지금부터 살펴보는 도구는 프로그래밍을 하는 데 있어서 가장 기본적인 도구이기 때문에 C 언어를 비롯하여 기타 언어(C++, C#, Java 등) 프로그래밍에도 필수적입니다.

1 코드 편집기

코드 에디터(Code Editor)라고 하는데, 프로그래밍 코드를 작성하고 편집할 수 있는 프로그램입니다. 코드 에디터가 좋아야 빠르고 정확하게 코드를 작성할 수 있습니다. 물론 윈도우 메모장으로도 C 언어 코드를 작성할 수 있습니다. 그러나 정말 코드만 작성할 수 있을 뿐입니다. 좋은 코드 에디터는 C 언어에 사용되는 키워드를 다양한 색상으로 표시하여 읽기 편하게 만들어 주고, 철자가 틀린 부분은 바로 알려 주기도 합니다. 게다가 모든 글자를 타이핑할 필요 없이 비슷한 글자만 쳐도 자동으로 완성되는 기능도 있습니다. 즉, 코드 에디터가 좋을수록 코드를 작성하는 사람의 눈과 손이 편안해집니다.

프로그래밍용 코드 에디터는 상당히 많고 운영체제(OS)에 따라 각각 다른 코드 에디터를 사용하기도 합니다. 가장 많은 사람들이 사용하는 운영체제인 Windows에서 인기 있는 에디터를 몇몇 소개하면 Notepad++, EditPlus, Visual Studio Code 등이 있습니다.

2 컴파일러 Compiler

모든 프로그래밍 언어는 번역기의 도움을 받아서 기계어로 변환되어야 합니다. 프로그래밍 언어의 번역 과정은 언어에 따라서 다릅니다. 작업 명령서 전체를 기계어로 단번에 번역할 수도 있고(C, C++), 작업 명령서의 명령문을 하나씩 번역하면서 작업을 수행할 수도 있습니다(JavaScript). 그 외에 작업 명령서를 가상의 기계를 위한 언어로 번역해 놓고 각 기계에 설치된 가상 머신(Virtual Machine)이 해당 언어를 기계어로 번역하는 경우도 있습니다(C#, Java).
명령문을 하나씩 번역하면서 실행하는 번역기를 '인터프리터'라고 하며, 작업 명령서 전체를 기계어나 다른 언어로 번역하는 번역기를 '컴파일러'라고 합니다. C 언어는 컴파일 방식을 사용하는 프로그래밍 언어이기 때문에 C 프로그래밍을 하기 위해서는 컴파일러라는 도구가 필요합니다.

앞에서 기계어와 어셈블리어는 CPU에 종속적이라고 했습니다. 따라서 해당 CPU에 맞는 기계어나 어셈블리어로 C 언어를 번역하는 컴파일러도 CPU에 종속적일 수밖에 없습니다. 즉, 컴파일러는 코드 에디터처럼 마음에 드는 것을 선택하기보다는 이미 정해져 있는 몇몇 제품을 사용할 수밖에 없습니다.

3 그 외의 도구

C 프로그래밍에는 에디터와 컴파일러 외에도 컴파일된 번역물을 하나로 묶어서 실제 프로그램으로 만들어 주는 링커 같은 도구가 더 필요합니다. 하지만 이 책의 목적은 프로그래밍 기초를 배우는 것이기 때문에 다른 도구들에 대해서 자세히 알 필요는 없습니다. 프로그래밍 경험이 많아지다 보면 자연스럽게 하나씩 알게 될 것이기 때문에 기초를 쌓으면서 기다리면 됩니다.

Chapter 02

통합 개발 환경 (Integrated Development Environment)

나에게 맞는 도구들을 어떻게 선택할지 고민할 필요는 없습니다. 바로 통합 개발 환경(IDE)이 있기 때문입니다. 통합 개발 환경이란 프로그래밍을 하는 데 있어서 필요한 도구들을 모아 놓은 패키지 프로그램을 말합니다. 따라서 통합 개발 환경 하나만 있으면 코드 편집부터 컴파일, 링크까지 한 번에 가능합니다. 즉, 통합 개발 환경에 C 언어 코드만 입력하면 프로그램이 알아서 만들어진다고 생각하면 됩니다.

통합 개발 환경도 역시 여러 종류가 있습니다. 대표적인 통합 개발 환경으로는 마이크로소프트사의 비주얼 스튜디오(Visual Studio)가 있으며, 오픈 소스로 제공되는 이클립스(Eclipse)도 있습니다.

Chapter 03

비주얼 스튜디오 (Visual Studio)

이 책은 프로그래밍 실습을 위하여 비주얼 스튜디오를 사용합니다. 비주얼 스튜디오는 누구나 인정하는 최고의 통합 개발 환경(IDE)이기 때문입니다. 비주얼 스튜디오는 C 언어 외에도 C++, C#, 비주얼 베이직(Visual Basic)을 비롯하여 다양한 프로그래밍 언어를 지원하고 있으며, 최신 버전은 HTML과 JavaScript를 사용하는 웹 개발과 더불어 안드로이드(Android)와 iOS 등 모바일 앱을 개발하는 것도 지원합니다. 그중에서도 특히 C 언어와 C++를 가장 잘 지원하는데, 원래 비주얼 스튜디오가 C/C++를 위하여 탄생하였고, Windows도 C/C++로 개발되었을 정도로 마이크로소프트는 C/C++를 가장 적극적으로 지원하고 발전시키는 대표적인 회사이기 때문입니다.

1 Visual Studio Community 2017

비주얼 스튜디오는 몇 년에 한 번씩 업그레이드 버전이 출시되는데, 현재 최신 버전은 Visual Studio 2017(이하 VS2017)입니다. VS2017은 용도별로 Enterprise, Professional으로 나뉘며, 유료 제품이라서 라이선스 비용을 지불해야 합니다. 그렇다면 실습을 위하여 VS2017을 구매해야 할까요? 다행히 그럴 필요는 없습니다. 마이크로소프트는 교육용으로 학생이나 개인 개발자 등에게는 Community라는 무료 제품을 공급하고 있습니다(좋은 의도로 본다면 프로그래밍을 보급하기 위한 것으로 볼 수 있고, 사업적인 시각으로 본다면 향후 시장 확대를 위한 의도라고 볼 수 있습니다). 따라서 이 책은 Visual Studio Community 2017을 이용하여 실습을 진행할 것입니다. 이제 설치를 시작해 봅시다.

Chapter 04 Visual Studio Community 2017 설치하기

이미 Visual Studio Community 2017(이하 VS2017)을 설치하였거나, 다른 제품(Enterprise, Professional)이 설치되어 있다면 이번 챕터는 건너뛰어도 상관없습니다. 만일 설치가 되어 있지 않다면 아래 설치 방법을 따를 것을 추천합니다. 최신의 VS2017 한글판을 안전하게 구해서 설치할 수 있기 때문입니다. 의외로 설치 파일을 가장하여 피싱이나 바이러스를 유포하는 사이트도 많이 있습니다.

1 다운로드

https://www.visualstudio.microsoft.com/ko 주소로 들어갑니다. 네이버에 'Visual Studio'를 검색해서 제일 처음에 나오는 주소로 들어가도 됩니다.

그림 5-1
VS2017 다운로드 페이지

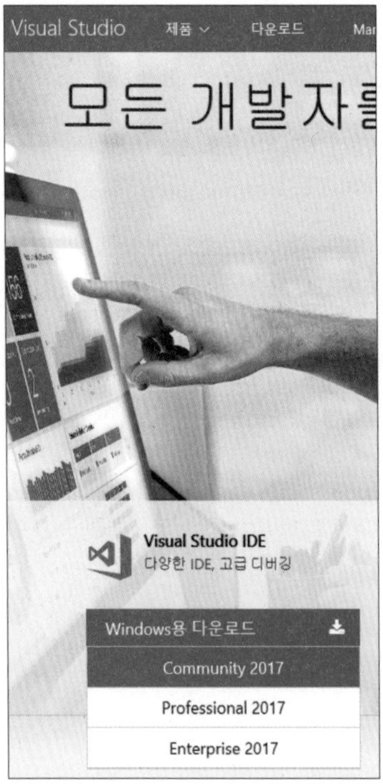

해당 주소에 들어가면 비주얼 스튜디오의 웹 사이트가 나옵니다. 그림처럼 Community 2017을 선택합니다. 파일 다운로드 창이 나오면 적당한 곳에 설치 파일을 다운로드받습니다.

<그림 5-2>는 설치 파일을 실행하면 처음 만나게 되는 화면입니다. 빨간 사각형처럼 'C++를 사용한 데스크톱 개발'은 반드시 체크해야 합니다. 그 외의 것은 C 언어 실습과는 상관이 없지만 필요하다면 설치해도 됩니다. 선택이 끝났으면 [설치]를 누릅니다.

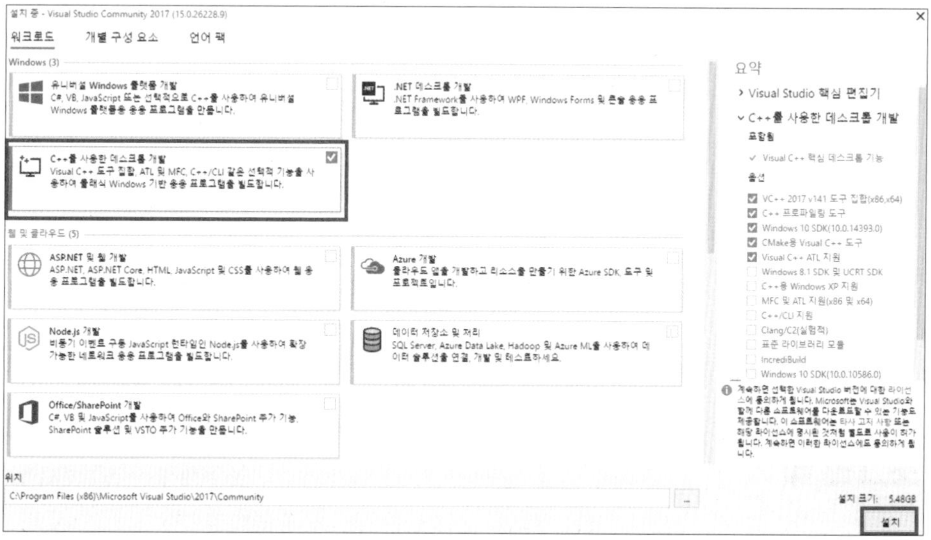

그림 5-2
설치 시작

설치가 완료되면 컴퓨터를 다시 시작할 것을 요청하는데, 가능하다면 다시 시작합니다. 설치 과정에서 의문이 드는 독자도 있을 것 같습니다. 이 책은 프로그래밍 실습으로 C 언어를 선택했는데, 설치 선택 창에서는 C++를 선택했으니까요. 마이크로소프트는 일반 사용자에게 C 언어를 독립적인 개발 언어로 제공하지 않습니다. C 언어는 C++의 부분 집합으로 생각해도 무방하며, 실제로 C++를 통해서 C 언어를 프로그래밍하는 데 아무 문제가 없기 때문에 C++를 제공하는 것입니다. C++면 C++지 왜 Visual C++(이하 VC++)인지 궁금할 수도 있는데, 'Visual C++'는 마이크로소프트의 상표명이고, VC++를 이용하여 윈도우 프로그램을 제작할 수 있기 때문입니다.

그림 5-3

설치 끝

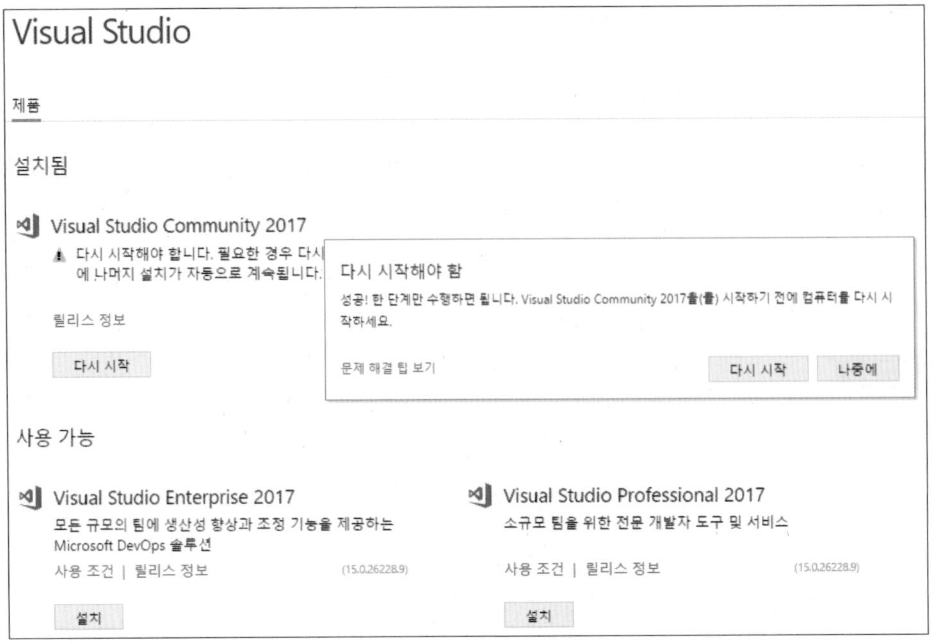

2 로그인 및 설정

설치가 끝나면 VS2017이 실행됩니다. 만일 자동으로 실행되지 않을 경우 다음 경로의 실행파일을 직접 실행합니다. Windows의 운영체제가 32bit(x86)인지 64bit(x64)인지에 따라서 설치 경로가 조금 달라지는 것에 주의하세요.

32bit(x86)

C:₩Program Files₩Microsoft Visual Studio₩2017₩Community₩Common7₩IDE₩devenv.exe

64bit(x64)

C:₩Program Files (x86)₩Microsoft Visual Studio₩2017₩Community₩Common7₩IDE₩devenv.exe

VS2017을 처음 실행하면 아래쪽에 [로그인] 버튼이 보이는데, VS2017은 마이크로소프트 계정이 있어야만 사용할 수 있습니다. 만일 마이크로소프트 계정이 없다면 이 기회에 계정을 만들고, 이미 마이크로소프트 계정이 있다면 로그인합니다.

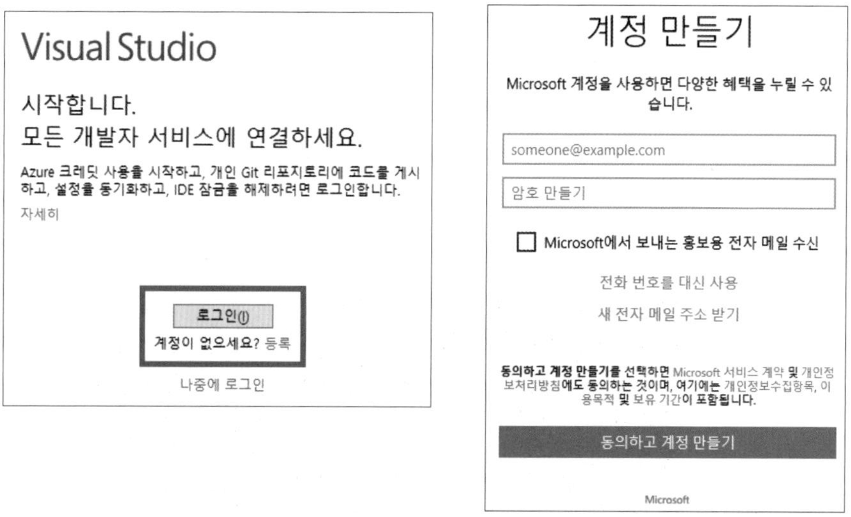

그림 5-4
VS2017 시작(좌) 마이크로소프트 계정 등록(우)

〈그림 5-4〉처럼 계정 등록 창을 통해서 마이크로소프트 계정을 만들 수 있습니다. ID는 이메일을 사용하므로 이미 사용하고 있는 메일 주소를 사용해도 되고, 마이크로소프트가 제공하는 이메일을 새로 받아서 생성할 수도 있습니다. 계정을 등록했다면 로그인 화면으로 넘어갑시다.

로그인이 끝나면 설정 화면이 나타납니다. 실습의 편의성을 위하여 빨간 사각형처럼 개발 설정을 'Visual C++'로 선택합니다. 앞에서도 언급했지만 VS2017은 C/C++를 포함하여 다양한 프로그래밍 언어를 지원하는 통합 개발 환경입니다. 각 언어별로 VS2017을 편하게 사용할 수 있는 설정이 있으므로 C/C++ 개발에 가장 적합한 설정을 선택하는 것입니다.

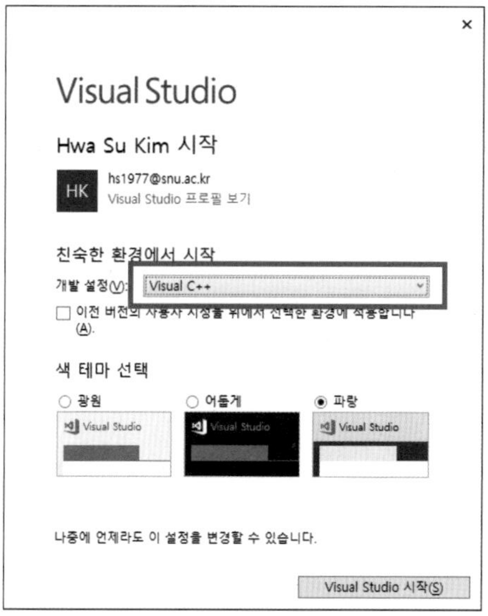

그림 5-5
VS2017 설정 화면

VS2017이 시작되면 〈그림 5-6〉처럼 빨간 사각형 안의 '솔루션 탐색기'가 보일 것입니다. 이곳은 실습 과정에서 작성한 C 언어 소스 코드를 한데 모아 보는 곳입니다.

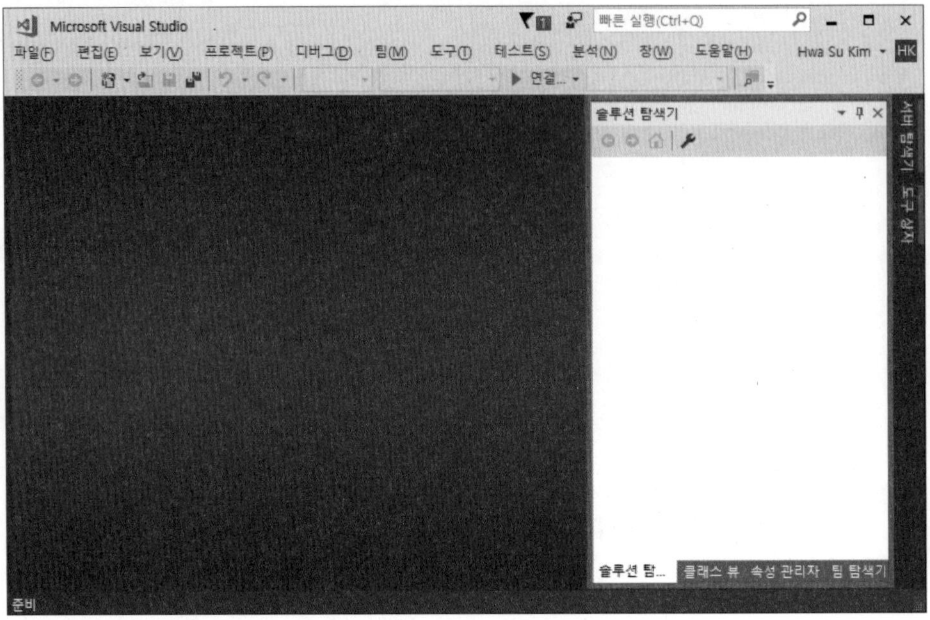

그림 5-6
VS2017 메인 화면

3 솔루션 및 프로젝트 만들기

기본적인 통합 개발 환경 설정이 끝났으니 지금부터는 실습 준비를 해 보겠습니다. VS2017을 이용하여 C 언어 실습을 하기 위해서는 몇 가지 알아야만 하는 개념이 있습니다. 바로 프로젝트와 솔루션인데, 둘 다 무엇인가를 만들기 위한 작업장(환경)을 의미합니다. 조선소에서 선박을 건조할 때 도크(Dock)가 필요한 것과 같습니다. 선박을 프로그램에 비유한다면 도크는 프로젝트에 해당합니다. 그렇다면 솔루션은 무엇일까요? 바로 조선소에 해당합니다. 조선소가 각각의 선박을 만드는 도크를 종합적으로 관리하는 것처럼 솔루션은 프로젝트들을 관리하는 역할을 합니다. 여기서 나온 프로젝트와 솔루션이란 개념은 VS2017에서 사용하는 용어이며, 다른 통합 개발 환경에서는 비슷한 개념의 다른 용어를 사용하기도 합니다.

VS2017에서 C/C++ 개발을 하기 위해서는 기본적으로 솔루션을 하나 만들어야 하고 그 안에 개별 프로그램을 위한 프로젝트를 추가하는 방식을 사용합니다. 우리는 실습을 위한 프로그램 하나를 만들 것이므로 현재 필요한 것은 프로젝트 하나를 포함한 솔루션입니다. 먼저 솔루션을 만들어 보겠습니다.

그림 5-7
솔루션 추가 1

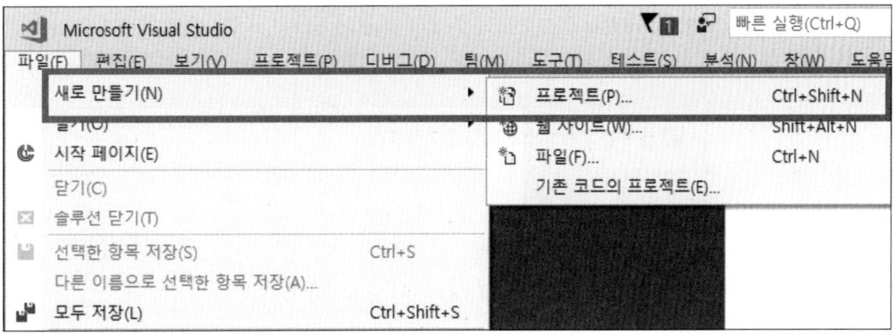

그림 5-8
솔루션 추가 2

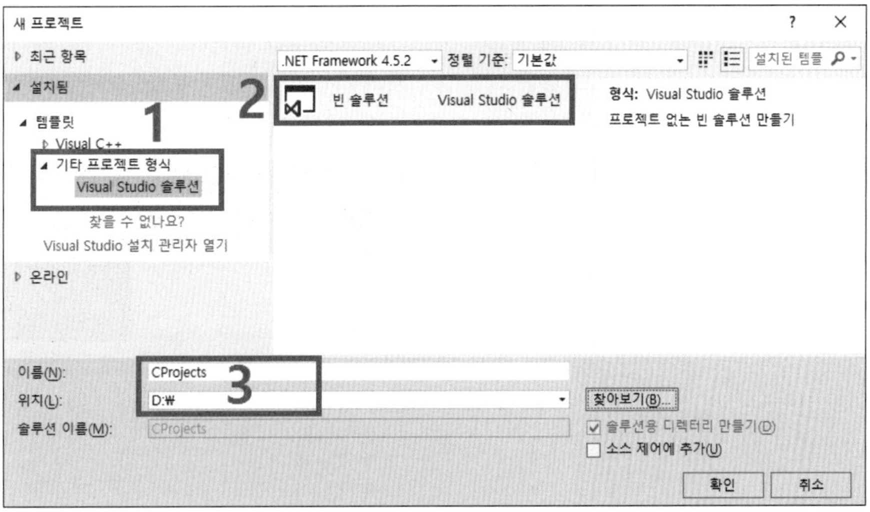

〈그림 5-7〉처럼 [파일 〉 새로 만들기 〉 프로젝트]를 선택하면 〈그림 5-8〉이 나옵니다. 마찬가지로 1, 2번 빨간 사각형처럼 [설치됨 〉 템플릿 〉 기타 프로젝트 형식 〉 Visual Studio 솔루션 〉 빈 솔루션]을 선택하고, 아래쪽 3번 빨간 사각형에는 독자가 원하는 솔루션의 이름을 넣어 솔루션 폴더가 만들어질 경로를 정합니다. 필자의 경우 솔루션 이름을 'CProjects'로 했으며, 위치는 D 드라이브를 선택했습니다. 이제 [확인]을 누릅니다.

솔루션이 추가되면 크게 두 가지의 변화가 생깁니다. 먼저 솔루션 탐색기입니다. 〈그림 5-9〉처럼 솔루션 탐색기에 [솔루션 'CProjects' (0개 프로젝트)]가 생성된 것을 볼 수 있습니다. 이번에는 윈도우 탐색기를 살펴보겠습니다. 독자가 선택한 솔루션 폴더에 가 보면 CProjects 폴더가 있고, 그 안에는 CProject.sln 파일이 있음을 확인할 수 있습니다.
(이 상태에서 VS2017을 종료하고 CProject.sln을 더블 클릭하면 언제든지 그림과 같은 상태의 VS2017이 준비됩니다)

그림 5-9

솔루션 추가 3

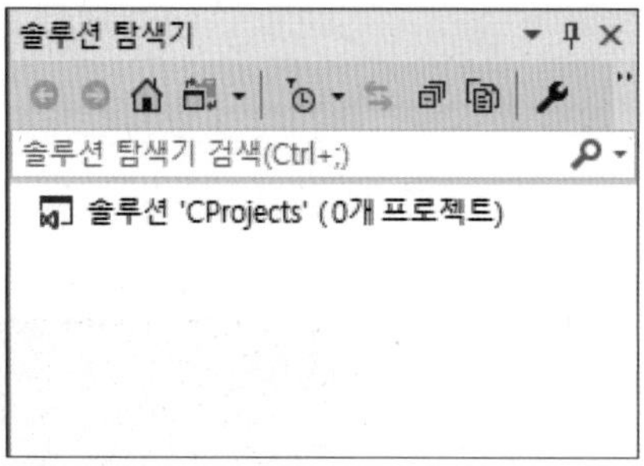

이제 솔루션을 추가했으니 C 프로그래밍 실습을 위한 프로그램에 대응되는 프로젝트를 생성해야 합니다. 〈그림 5-10〉처럼 솔루션 탐색기의 솔루션을 선택한 후 [오른쪽 클릭 〉 추가 〉 새 프로젝트]를 선택합니다.

그림 5-10

프로젝트 추가 1

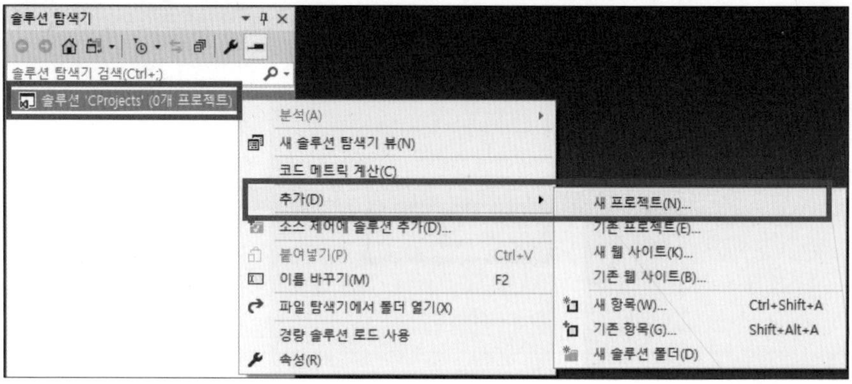

〈그림 5-11〉의 1번 빨간 사각형처럼 [Visual C++ 〉 Win32 〉 Win32 콘솔 응용 프로그램]을 선택합니다. 여기서는 프로젝트 이름을 C 프로그래밍 실습에 어울리도록 'CPractice'로 지었습니다(독자가 원하는 이름으로 지어도 상관없습니다).

그림 5-11

프로젝트 추가 2

[확인]을 누르면 <그림 5-12>가 보입니다. 이곳은 프로젝트를 위한 설정을 하는 곳입니다. 이미 '콘솔 응용 프로그램'이 선택되어 있을 것이고, 실습을 위하여 추가 옵션은 '빈 프로젝트'에 체크를 합니다. [마침]을 누르면 프로젝트가 생성됩니다.

그림 5-12
프로젝트 추가 3

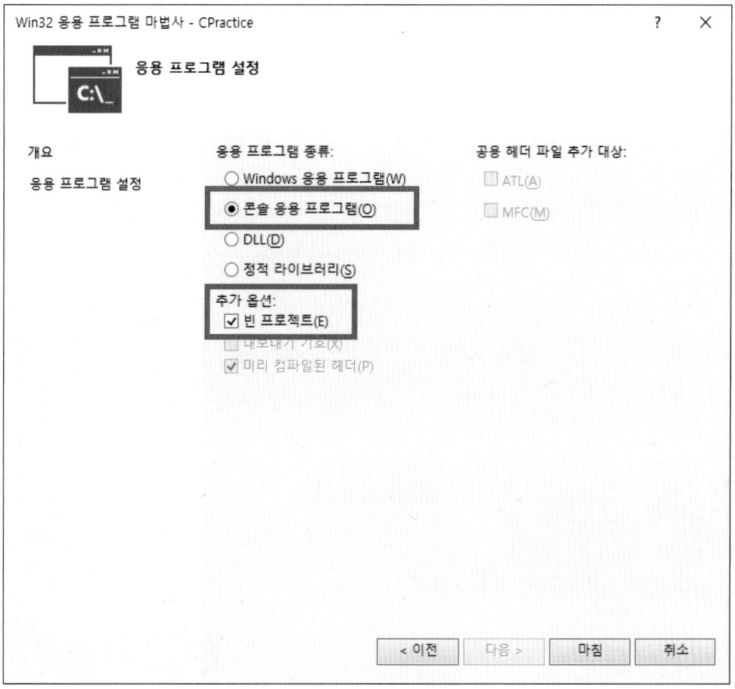

<그림 5-13>은 솔루션 밑에 프로젝트가 생성된 상태를 보여줍니다. 솔루션 탐색기를 살펴보면 솔루션 'CProjects' 밑에 'CPractice' 프로젝트가 있는 것을 확인할 수 있습니다. 윈도우 탐색기에서 독자가 선택한 솔루션 폴더에 가보면 \CProjects\CPractice가 생성되어 있을 것입니다. 해당 폴더 안에는 CPractice.vcxproj 파일이 있는데, 이것이 바로 프로젝트를 나타내는 파일입니다.

그림 5-13
프로젝트 추가 4

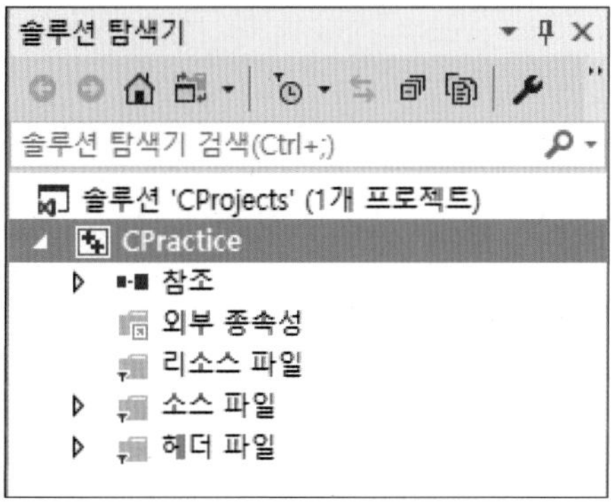

PART 06

프로그래밍 기초

프로그래밍을 처음 시작할 때 기본적으로 알아야 할 내용들을 살펴봅니다. 프로그래밍 언어가 어떻게 구성되고 작성되며, 컴퓨터는 어떻게 프로그램을 실행시키는지 확인합니다. 이 책은 C 언어로 실습을 진행하므로 C 언어의 기초적인 내용도 살펴봅니다.

Chapter

01 언어의 기본 단위 토큰(Token)

영어를 글로 쓸 때는 알파벳을 이용합니다. 각각의 알파벳이 모여서 단어를 만들고, 단어들을 조합하고 나열하여 문장을 만들고, 문장들을 이으면 한 편의 글이 만들어집니다. 따라서 영문의 최소 단위는 알파벳이라고 할 수 있습니다. 그러나 각각의 알파벳 하나는 글자일 뿐 의미를 지니는 것은 아닙니다. 'a', 'b', 'c'는 하나의 기호를 나타내는 글자일 뿐이지, 이 자체가 어떤 뜻을 나타내는 것은 아닌 것과 같습니다. 그에 비해서 알파벳의 조합인 단어는 의미를 지니고 있습니다. 가령 'g'와 'o'를 조합하여 'go'라는 단어를 만들게 되면 우리말로 '가다'라는 의미를 지닐 수도 있고, 알파고에서 사용된 GO처럼 '바둑'을 나타낼 수도 있습니다.

프로그래밍 언어도 이와 비슷합니다. 기계어의 경우 0과 1만을 사용해서 표현되는데, 0과 1의 적절한 조합이 특정한 의미를 지니는 명령어가 됩니다. 기계어를 제외한 대부분의 프로그래밍 언어는 영문과 무척 비슷합니다. 알파벳과 숫자 그리고 몇몇 문장 부호가 조합되어 프로그래밍 언어의 의미를 가지는 단어가 되는데, 이처럼 의미를 지니는 최소 단위의 단어를 프로그래밍에서는 '토큰(Token)'이라고 합니다.
즉, 토큰은 프로그래밍 언어를 해석하는 번역기(컴파일러, 인터프리터)가 인식하는 최소한의 의미를 지닌 단어라고 할 수 있습니다. 따라서 번역기가 하는 역할은 프로그래밍 코드를 토큰으로 분리하여 인식한 후에 각 토큰들이 나열된 것들을 적절히 기계어나 다른 중간 언어로 번역하는 것입니다. 토큰은 각각의 특성에 따라서 다음과 같은 범주로 분류할 수 있습니다.

1 키워드 Keyword

이미 정해진 예약어입니다. 예약어란 다른 의미로 사용될 수 없는 단어입니다. 각 언어별로 예약어는 다를 수 있습니다. C 언어를 예로 들면 int는 정수형을 나타내는 타입입니다. 따라서 int는 타입으로만 사용하며 그 외의 용도로는 사용할 수 없습니다. 그렇다면 C 언어에는 어떤 예약어가 있을까요? 주로 사용하는 예약어는 다음과 같습니다.

```
case, const, char, continue, default, do, double, else, enum,
float, for, if, int, long, return, short, signed, sizeof,
static, struct, switch, typedef, union, unsigned, void, while
```

2 식별자 Identifier

프로그래밍에서 사용하는 함수나 변수의 이름으로 사용하기 위해서 사용자가 만들어낸 단어를 식별자라고 합니다. 아직 정확하게 함수, 변수가 무엇인지 모르겠다면 수학에서 배운 함수 f(x), g(x), 변수 x, y와 비슷한 것이라고 생각하면 됩니다. f, g, x, y가 함수와 변수를 나타내는 이름이라고 할 수 있듯이 프로그래밍에서는 함수와 변수에 사용자가 직접 이름을 붙여 사용합니다.

식별자는 문자의 조합으로 만들어지지만 나름의 규칙이 있습니다. 대표적으로 앞에서 살펴본 예약어는 식별자가 될 수 없습니다. 즉, int를 함수나 변수 이름으로 사용할 수 없습니다. 그 외에 식별자를 만들 때 제약 사항은 다음과 같습니다. 대부분의 프로그래밍 언어가 비슷하기 때문에 여기서는 C 언어의 제약 사항만을 살펴봅니다.

① 알파벳, 숫자, 밑줄(_)의 조합으로 만들 수 있지만 첫 문자로 숫자가 올 수 없습니다. 즉, 'abc3'은 식별자가 될 수 있지만, '3abc'는 식별자가 될 수 없습니다.
② 대소문자를 구분합니다. 즉, 'Abc'와 'abc'는 서로 다른 식별자로 인식됩니다.

이름을 지을 때 2James처럼 숫자를 먼저 쓰지는 않습니다. 하지만 James2(제임스 2세)라고 쓸 수는 있습니다. 대소문자 구분도 마찬가지입니다. James와 james는 서로 다른 사람이라고 할 수 있습니다.

3 상수 Constant

0, 1, 3.141592 등 일반적으로 사용하는 수를 상수라고 부릅니다. 상수는 보통 10진수로 표현하지만 대부분의 프로그래밍 언어는 8진수, 16진수 등으로 상수를 표현하기도 합니다. 가령 10, 012, 0xA는 각각 10진수, 8진수, 16진수로 10을 나타냅니다. 8진수는 앞에 0을 붙이고, 16진수는 앞에 0x를 붙입니다.

4

문자
Character

a, b, c와 같은 알파벳 하나는 식별자가 아닌 이상 토큰이 될 수 없습니다만, 문자 하나를 작은따옴표(Single Quotation Marks)로 감쌀 경우 토큰이 됩니다. 즉, 'a', 'b', 'c'는 문자 그 자체를 나타내는 문자 상수로서 토큰이 됩니다. 참고로 1은 상수이지만 '1'은 문자 상수입니다.

5

문자열
String-literal

큰따옴표(Double Quotation Marks)로 묶여 있는 문자 및 숫자의 모음을 의미합니다. 알파벳을 비롯하여 숫자, 한글, 한자 등도 큰따옴표로 묶여 있으면 문자열이 됩니다. '대한민국'이라는 단어를 C 언어에서 표현하고 싶다면 큰따옴표로 묶어서 "대한민국"이라고 사용해야만 합니다. 대한민국이나 '대한민국'과 같은 표기는 C 언어에서 사용할 수 없습니다(프로그래밍 언어에 따라 큰따옴표와 작은따옴표 둘 다 사용 가능한 경우도 있습니다).

6

연산자
Operator

계산 및 연산을 표현하는 기호들을 의미합니다. 대표적으로 사칙연산 기호인 +, −, *, /가 있으며, 대입, 비교를 나타내는 =, ==도 연산자입니다. 보통 나누기의 경우 수학에서는 ÷ 기호를 많이 사용하지만 프로그래밍에서는 슬래시(/)를 사용합니다. =의 경우 수학에서는 같음을 나타내지만 프로그래밍에서는 대입을 나타냅니다. 따라서 a = 1의 경우 a가 1과 같다는 것이 아니라 a라는 변수에 1을 대입하라는 의미입니다. 프로그래밍에서 같음을 나타내는 경우는 '=='를 사용하며, 같지 않음을 나타내는 연산자는 '!='입니다.

수학과는 다르게 프로그래밍 전용으로 사용되는 연산자도 있습니다. C 언어의 경우 구조체와 포인터를 위한 연산자도 있는데, [연산자] 파트에서 자세히 설명할 것입니다.

7

문장 부호
Punctuator

단어를 나누는 쉼표(,), 문자열이나 상수를 표현하기 위한 큰(작은)따옴표(" ", ' '), 함수의 인자열을 표현하는 괄호(( )), 블록의 시작과 끝을 나타내는 중괄호({ }), 명령문의 끝을 나타내는 세미콜론(;) 등이 문장 부호입니다. 문장 부호는 스스로가 토큰이 되면서 공백이나 탭처럼 다른 토큰을 분리해 내는 기준이 됩니다. 가령 size,of라는 영문이 있을 경우 토큰은 각각 [size , of] 세 개가 됩니다. 반면 sizeof는 예약어로서 하나의 토큰이 됩니다.

일곱 가지의 토큰에 대해서 살펴보았습니다. 간단한 예문을 살펴보면서 확인해 봅시다.

```
int a = b + 1;
```

먼저 각각의 토큰을 분리해 보겠습니다. 토큰 분리의 기준은 공백이나 문장 부호가 됩니다. 위의 예문은 [int, a, =, b, +, 1, ;]과 같이 일곱 개의 토큰으로 분리됩니다. int는 예약어이고, a, b는 식별자, =, +는 연산자, 1은 상수이며, 마지막으로 세미콜론(;)은 문장 부호입니다.

이러한 토큰들을 적절히 조합하는 것이 프로그래밍이며, 그 조합으로 이루어지는 코드가 프로그램입니다.

Chapter 02 표현식(Expression)과 명령문(Statement)

단어들만 나열한다고 문장이 되지 않듯이 토큰들이 모인다고 프로그래밍 코드가 되는 것은 아닙니다. 적절한 단어들을 문법에 맞게 모아야 문장이 되고 다시 문장들이 모여서 문단이 되는 것처럼 토큰도 프로그래밍 언어의 문법에 맞게 잘 조합되어야 프로그래밍 코드가 될 수 있습니다.

프로그래밍 코드는 여러 가지 요소들로 구성되어 있는데, 가장 기본적인 요소가 바로 표현식(Expression)과 명령문(Statement)입니다.

1 표현식 Expression

표현식이란 하나의 값을 나타낼 수 있는 하나 이상의 토큰 조합을 말합니다. 즉, 아무리 많은 토큰이 복잡하게 조합되어 있어도 그것이 하나의 값으로 귀결된다면 표현식이라고 할 수 있습니다. 간단한 예를 통해서 표현식이 무엇인지 살펴봅시다. 대괄호([ ])안이 표현식입니다.

① [1], [3.141592] : 상수는 하나의 값이므로 표현식이 됩니다.

② [1 + 2], [2 * 4] : 상수와 연산자의 조합으로 하나의 값을 나타냅니다.

③ [x] : x라는 변수에 담겨 있는 값을 나타냅니다.

④ [x = 1] : 보통 대입식이라고 부르는데, 좌변에 우변이 대입된 후 좌변의 값이 대입식을 나타내는 값이 됩니다. 즉, [x = 1]은 대입 후의 x 값인 1을 나타냅니다.

⑤ [x == 1] : 변수 x의 값과 1을 같은지 비교하여 그 결과를 0(거짓), 1(참)로 나타내는 값이 됩니다.

⑥ **["대한민국"]** : "대한민국"이란 문자열 역시 값을 나타냅니다.

⑦ [Add(1, 2)] : 아직 함수를 배우지는 않았으나 일반적으로 함수는 인자를 받은 후 처리를 하여 새로운 값을 반환합니다. 아마도 Add(1, 2)는 1과 2를 인자로 받아서 두 수를 더하는 처리를 한 뒤에 그 값인 3을 반환하는 식이 될 것입니다.

다시 한번 강조하지만 표현식은 하나의 값을 나타내는 것입니다. 표현식은 보통 계산 가능하며 결과가 값으로 나오는 것을 의미합니다.

2 명령문 Statement

명령문은 컴퓨터에게 어떤 동작을 수행하라는 명령을 나타내는 토큰의 조합입니다. 명령문은 그 기능에 따라서 여러 종류로 나누어집니다. 보통 정의문, 할당문, 호출문, 제어문(조건 분기문, 반복문)이 있으며, 하나 이상의 명령문이 블록({ })에 모여서 하나의 명령문을 만드는 복합문도 있습니다. 예를 통해서 명령문을 살펴봅시다. 역시 대괄호([ ]) 안이 명령문을 나타냅니다.

① [int x;]는 정의문입니다. 정수형 x라는 변수를 정의하는 명령문입니다.

② [x = 3;]은 할당문입니다. x라는 변수에 3을 대입하라는 명령문입니다.

③ [Add(1, 2);]는 호출문입니다. 함수 Add에 인자 1, 2를 전달하여 호출하는 명령문입니다.

④ if문, for문, while문, switch문은 제어문입니다. 조건을 따져서 분기하거나 반복을 명령합니다. 제어문 역시 이후 [제어문] 파트에서 자세히 살펴볼 것입니다.

⑤ [{int a; a = 3;}]은 복합문입니다. 복합문은 블록({ })으로 감싸져 있으며 그 안에 여러 명령문이 조합됩니다. 예제의 복합문은 정의문과 할당문으로 이루어져 있습니다.

명령문이 무엇인지 대략 알 수 있을 것입니다. 눈여겨볼 점은 ①, ②, ③의 경우 표현식 끝에 세미콜론(;)을 붙여서 명령문을 만든다는 것입니다. 일반적으로 표현식 끝에다가 세미콜론(;)을 붙이면 그 자체가 하나의 명령문이 되는데, 이를 프로그래밍 용어로는 Expression Statement라고 합니다.

Chapter

03 소스(Source) 파일

프로그래밍 언어의 가장 기본 요소인 토큰들이 모여서 표현식과 명령문을 만듭니다. 표현식은 명령문을 구성하는 데 사용되기도 합니다. 프로그램 코드란 명령문들이 순서대로 나열되어 있는 것을 말합니다. 이번에는 프로그램 코드가 기록되는 파일에 대해서 살펴보겠습니다.

1 소스 파일의 종류

앞서 프로그램이란 컴퓨터에게 일을 시키기 위한 '작업 명령서'라고 했습니다. 따라서 프로그래밍이란 작업 명령서를 작성하는 것을 의미하며, 작업 명령서는 각각의 프로그래밍 언어로 쓰여집니다.

초창기는 프로그램이 펀치 카드와 같은 종이에 쓰여진 적도 있으나, 현재는 프로그래밍 언어에 따라서 정해진 확장자의 파일에 코드를 기록합니다. C 언어의 경우 주로 확장자가 'c, h'이고, C++는 'cpp, h', C#은 'cs, xaml' 등을 사용합니다. 이 책의 실습 프로그래밍 언어는 C이기 때문에 C 언어에 사용되는 소스 파일을 살펴보겠습니다.

2 C 언어 파일

C 언어가 주로 사용하는 소스 파일의 확장자는 c와 h입니다. 보통 확장자가 c인 파일을 C 소스 파일이라고 부르고, 확장자가 h인 파일은 C 헤더 파일이라고 합니다.

대부분의 코드는 C 소스 파일에 작성됩니다. 즉, 프로그램의 핵심 코드가 담기는 파일이라고 할 수 있습니다. 그렇다면 헤더 파일은 무엇일까요? 쉽게 비유를 하자면 용어 사전입니다.

가령 우리가 전문적인 경제 기사를 읽는다고 가정해 봅시다. 아마도 관련 분야 종사자가 아니면 몇몇 경제 용어들은 잘 이해가 되지 않을 것입니다. 그런데 친절하게 기사 머리 부분에 '해당 기사에 사용된 용어들은 〈경제용어사전〉을 참고하세요'라고 쓰여 있다면 시간은 걸리더라도 사전을 통해서 모르는 단어의 의미를 이해하면서 기사를 읽을 수 있을 겁니다.

여기서 경제 기사가 바로 C 소스 파일이 되는 것이고, 〈경제용어사전〉은 헤더 파일이 되는 것입니다. 그리고 기사 머리 부분에 〈경제용어사전〉을 참고하라는 것처럼 C 소스 파일 머리 부분에는 #include 구문을 사용하여 어떤 헤더 파일을 참조해야 하는지를 나타냅니다. 글로만 보면 이해가 잘 안 될 수 있으니 실습을 통해서 소스 파일과 헤더 파일을 확인해 보겠습니다.

3 소스 파일 (*.c)

VS2017을 실행한 뒤에 메뉴에서 [파일 > 열기 > 프로젝트/솔루션]을 선택한 뒤에 이미 생성하였던 CProject.sln을 선택합니다. 더 간단하게는 [파일 > 최근에 사용한 프로젝트 및 솔루션]에 이미 추가된 것을 선택해도 됩니다(윈도우 탐색기의 해당 위치에서 CProjects.sln을 더블 클릭해도 VS2017이 실행됩니다).

〈그림 6-1〉은 CProjects.sln 파일이 열리고 난 후의 솔루션 탐색기입니다. 기존에 만들어 두었던 CPractice 프로젝트 밑으로 폴더 여러 개가 보이는데, 그 중에서 [소스 파일] 폴더에서 우클릭을 한 뒤에 [추가 > 새 항목]을 선택합니다.

그림 6-1

소스 파일 추가

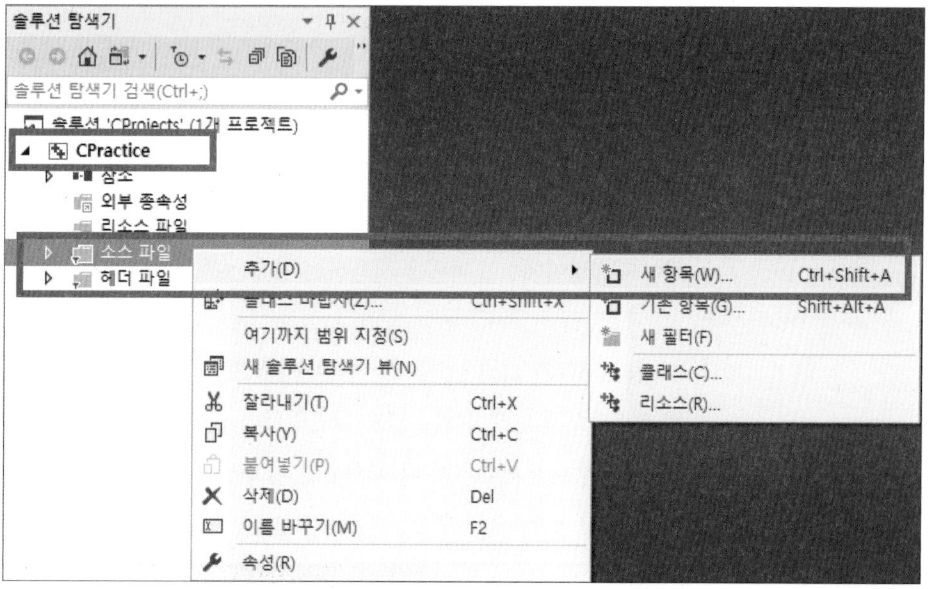

우리가 추가할 파일은 Main.c 파일입니다. 〈그림 6-2〉의 아래쪽 빨간 사각형처럼 이름 칸에 직접 'Main.c'를 입력합니다. 위치 입력란에는 자동으로 CPractice 프로젝트의 경로가 표시되어 있습니다.

그림 6-2
Main.c 추가 1

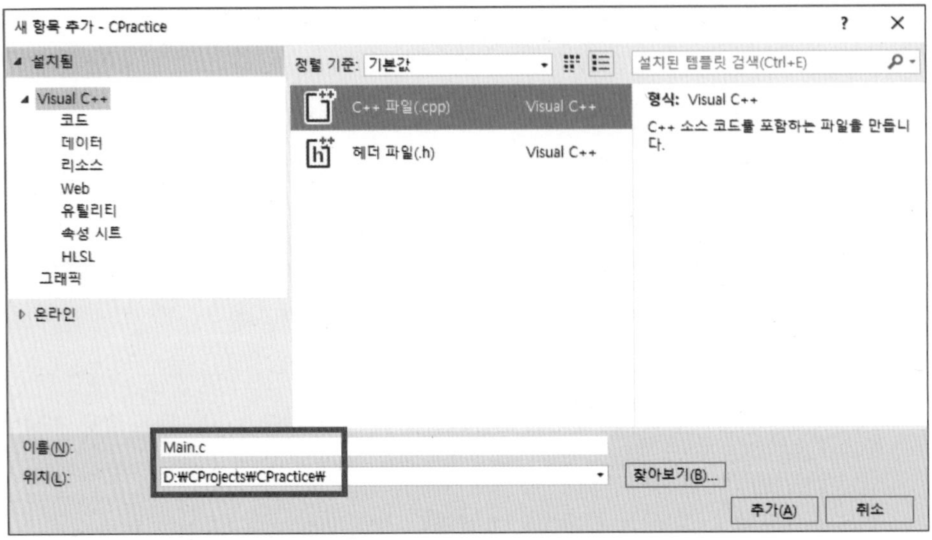

VS2017은 C++의 소스 파일 확장자인 cpp는 쉽게 추가할 수 있지만 C 언어의 확장자인 c는 그렇지 않습니다. 왜냐하면 C++ 소스 코드로도 충분히 C 프로그래밍을 할 수 있기 때문입니다. 따라서 순수 C 소스 파일을 작성하기 위해서는 수동으로 'Main.c'와 같이 확장자를 직접 입력하는 수밖에 없습니다. 물론 'Main.cpp'와 같이 C++ 소스 파일에다 C 코드를 작성해서 프로그래밍을 하는 것도 대부분은 잘 호환되기 때문에 크게 상관없습니다. 그럼에도 확장자가 c인 파일을 사용하는 이유는 C 언어와 C++가 약간은 다르기 때문입니다.

〈그림 6-3〉은 Main.c를 추가한 뒤의 VS2017 화면입니다. Main.c가 추가되면 사각형 1의 솔루션 탐색기에는 [소스 파일] 폴더 밑에 Main.c가 추가되어 있고, 사각형 2에는 Main.c의 소스 에디터가 나타납니다. 이곳에 실제 C 코드를 입력할 것입니다.

그림 6-3
Main.c 추가 2

[소스 6-1] 첫 예제 - Main.c

```
1 #include <stdio.h>
2
3 int main()
4 {
5   printf(“Welcome to C Programming!\r\n”);
6   return 0;
7 }
```

※ 5행의 '\'는 키보드의 '₩' 키입니다.

아직 아무 것도 모르겠지만 〈소스 6-1〉의 코드를 무작정 따라서 입력해 보시기 바랍니다. 단, 철자가 틀리지 않도록 주의합니다. 사람은 글자 한두 개 틀려도 대충 의미를 파악하면서 넘어갈 수 있지만 컴퓨터는 무척 고지식해서 단 한 글자라도 틀리면 해석하지 못합니다. 특히 명령문 끝에는 반드시 세미콜론(;)을 붙인다는 것을 잘 기억하세요. 우리말의 문장 끝에 마침표가 쓰이듯이 C 언어에서 대부분의 명령문은 세미콜론으로 끝나야 합니다.

입력을 완료하였으면 실제로 실행해 봅시다. 실행하는 방법은 메뉴에서 [디버그 〉 디버그하지 않고 시작]을 누르는 것입니다. 단축키는 Ctrl + F5입니다. '빌드하시겠습니까?'라고 물으면 '예'를 누르세요. 코드가 완벽하게 입력되었다면 다음과 같은 콘솔 창이 뜨면서 결과가 출력됩니다.

그림 6-4
첫 예제 출력

만일 철자가 틀려서 printf를 print라고 입력했을 경우는 어떻게 될까요? 코드의 printf를 print로 바꾼 뒤에 실행(Ctrl + F5)해 봅시다. VS2017의 출력 창에 다음과 비슷한 에러가 나타날 겁니다.

```
1>Main.obj: error LNK2019: print 외부 기호에서 확인하지 못했습니다.
1>fatal error LNK1120: 1개의 확인할 수 없는 외부 참조입니다.
```

VS2017은 제대로 된 코드가 입력되지 않으면 무엇이 잘못되었는지 파악해서 알려주는 기능이 있습니다. 물론 처음 프로그래밍에 입문하는 사람들은 에러를 봐도 뭐가 잘못되었는지 알기 어려운 점이 있지만 경험이 늘어날수록 쉽게 에러를 수정할 수 있게 될 것입니다.

4 헤더 파일 (*.h)

C 소스 파일(*.c)에 컴퓨터가 처리해야 할 명령문들을 작성해 보았습니다. 앞으로도 이런 식으로 소스 파일을 추가하면서 프로그래밍 실습을 진행할 것입니다. 그렇다면 헤더 파일은 어디 있는 것일까요? 이미 처음으로 작성한 Main.c에는 헤더 파일이 언급되어 있습니다. 〈소스 6-1〉의 1행을 볼까요?

```
#include <stdio.h>
```

위의 문장에서 stdio.h가 바로 헤더 파일입니다. 헤더 파일은 개발자가 직접 작성하기도 하지만, 이미 만들어져서 기본으로 제공되기도 합니다. 여러분이 경제 기사를 쓴다고 해서 해당 기사에 사용되는 용어들을 해설해 주는 〈경제용어사전〉까지 작성하지는 않는 것과 같습니다. 〈경제용어사전〉은 이미 다른 사람이 작성하여 시중에 나와 있는 것을 사용하고, 여러분은 독자들이 어떤 사전을 참조하면 되는지만 표시해 주면 됩니다. 그런 역할을 하는 C 언어의 구문이 바로 #include입니다. 즉, 위의 문장은 컴퓨터가 Main.c 파일을 읽을 때 stdio.h라는 헤더 파일을 참조하라는 의미입니다. 그렇다면 왜 Main.c가 stdio.h를 참조해야 할까요? 컴퓨터도 Main.c 파일을 읽다가 모르는 것이 있기 때문입니다. 실제로 1행을 삭제한 뒤에 다시 실행해보면 에러가 나면서 제대로 실행되지 않는 것을 확인할 수 있습니다. 경제 기사를 읽다가 모르는 용어가 나오면 그 부분을 이해할 수 없어서 막히는 것과 마찬가지입니다. 사람이야 막히는 부분이 있으면 다른 부분을 읽으면서 문맥으로 대충 파악하기도 하지만, 컴퓨터에게 그런 것을 바랄 수 없습니다. 컴퓨터는 한 번 막히면 더 이상 읽기를 포기합니다. 그렇다면 컴퓨터는 #include 〈stdio.h〉가 없을 경우 Main.c에서 어떤 부분을 모르는 것일까요? 바로 5행의 printf입니다. 이 단어는 콘솔 창에 문자열을 출력하라는 C 명령어입니다. 그런데도 컴퓨터는 printf를 모른다니 이해하기 어렵죠? 컴퓨터는 단순해서 printf라는 단어를 만나면 이것이 명령어인지 단순 문자열인지 구분하지 못합니다. 그러나 stdio.h를 참조할 경우 컴퓨터는 printf가 콘솔 창에 문자열을 출력하는 C 명령어라는 것을 알게 됩니다. 왜냐하면 stdio.h에서 printf가 컴퓨터가 수행하는 명령어라는 것을 설명해 주고 있기 때문입니다.

〈경제용어사전〉이 수많은 경제 용어들을 설명하는 것처럼 stdio.h에는 printf 이외에도 많은 C 명령어들이 설명되어 있습니다. 따라서 앞으로 작성될 대부분의 소스 파일들은 #include 〈stdio.h〉를 포함할 것입니다. 참고로 왜 〈stdio.h〉처럼 꺽쇠괄호〈 〉를 이용해서 stdio.h를 감쌌는지 궁금할 수 있습니다. 보통 stdio.h처럼 미리 만들어져서 기본으로 제공되는 헤더 파일을 표준 헤더라고 하는데, VS2017이 설치될 때 특정한 경로에 모아져 있습니다. 이때 꺽쇠괄호를 이용할 경우 해당 경로를 검색하라는 의미가 됩니다. 물론 이런 규칙이 절대적인 것은 아니기 때문에 〈stdio.h〉 대신에 "stdio.h"를 사용해도 별 문제 없이 실행됩니다. 즉, VS2017이 알아서 표준 헤더 경로를 기본으로 검색하게 되어 있습니다. 관습적으로 표준 헤더는 〈stdio.h〉처럼 꺽쇠괄호를 사용하고, 개발자가 직접 작성한 헤더는 "MyHeader.h"처럼 큰따옴표로 묶어서 사용합니다.

C 언어를 기술하는 파일에는 크게 소스 파일인 *.c와 헤더 파일인 *.h가 있습니다. 이런 구조는 C++에서도 마찬가지인데 소스 파일인 *.cpp와 헤더 파일인 *.h가 있습니다. 그러나 모든 프로그래밍 언어가 이런 구조로 되어있는 것은 아니고, 헤더 파일 개념이 없는 언어도 있습니다. Java의 경우 소스 파일이 *.java이며, 헤더 파일이 없는 대신 import 명령을 통해서 클래스를 직접 참조합니다(Java는 프로그래밍 기초를 충분히 익힌 후에 한 번 공부해 보세요).

Chapter

04 함수와 프로그램의 시작

1 함수 Function

'함수'하면 수학에서 배웠던 내용이 떠오를 겁니다. 프로그래밍의 함수도 수학의 함수와 무척 유사합니다. 차이가 있다면 수학의 함수는 일반적으로 y = f(x)처럼 변수 x와 변수 y 사이의 대응을 표현하는 것이 주였다면 프로그래밍의 함수는 전달된 인자들을 처리하여 결과값을 반환하는 것을 목적으로 합니다. 가령 두 정수의 덧셈을 하는 덧셈기를 함수로 표현해 봅시다.

[소스 6-2] 함수 형식

```
1 int Sum(int a, int b)
2 {                    // 함수 본체의 시작
3   int c = a + b;     // 함수 내용
4   return c;          // 함수 내용
5 }                    // 함수 본체의 끝
```

〈소스 6-2〉는 C 언어에서 사용되는 함수의 형식을 보여 줍니다.

① 1행의 Sum은 식별자로서 함수의 이름입니다. 식별자이기 때문에 규칙에 맞게 자유롭게 정할 수 있습니다.

② 함수의 이름 바로 앞에는 함수 결과값의 타입이 표시됩니다. 함수가 반환하는 값의 타입을 나타내는데, 보통 반환 타입이라고 부릅니다. 여기서 int는 정수형을 나타냅니다.

③ 함수의 이름 뒤에는 괄호가 붙게 되고, 괄호 안에는 전달되는 인자(Argument)를 받는 변수인 매개변수(Parameter)들이 표시됩니다. 각 매개변수에 대해서 타입과 이름을 써 줍니다. 여기서는 매개변수 a, b의 타입이 모두 int입니다. 즉, 정수형 값을 전달받는다는 의미입니다.

④ 함수의 본체는 블록으로 이루어집니다. 블록은 2행, 5행처럼 중괄호(Brace)를 통해서

표현되는데, 중괄호는 각각 블록의 시작과 끝을 나타냅니다. 함수가 전달받은 인자를 어떻게 처리하여 반환할 것인지가 바로 함수의 본체, 즉 블록 안에 쓰여집니다.

⑤ 4행에 return 키워드가 보입니다. return 바로 뒤에는 반환될 값을 써 줍니다. 따라서 a + b 값이 반환됩니다. return은 반환값 없이 단독으로 사용될 수도 있습니다.

위의 함수를 호출하는 방법은 보통 다음과 같습니다.

```
int Result = Sum(1, 2);
```

여기서 1, 2가 Sum 함수에 전달되는 인자이며, 매개변수 a, b가 각각 1, 2를 받게 됩니다. Sum 함수 안에서 a + b 값이 계산되어 return에 의해 반환되며, 그 결과가 Result 변수에 대입됩니다.

아직 함수에 대해서 알아야 할 것이 많이 있습니다. [함수] 파트에서 자세히 살펴볼 것인데, 먼저 대략적인 함수의 형식을 눈에 익히라는 의미에서 소개하였습니다. 그렇다면 왜 여기서 함수를 소개했을까요? 바로 프로그램 시작 함수를 설명하기 위해서입니다.

2 프로그램 시작 함수

작업 명령서라는 관점에서 집 청소를 하는 프로그램을 만들어 봅시다. 집 청소 프로그램은 네 개의 부 명령서로 이루어집니다. 가령 [방 청소], [거실 청소], [부엌 청소], [화장실 청소] 네 개의 부 명령서가 모여서 집을 청소하는 작업 명령서가 되는 것입니다. 각각의 명령서에는 공간의 특성에 맞는 명령문들이 나열되어 있습니다. 이것을 누군가에게 준 뒤에 실행하라고 하면 아마도 네 개의 부 명령서를 상황에 맞게 순서를 정한 뒤에 청소를 시작할 것입니다.

그러나 이것을 컴퓨터에게 실행시킬 경우 청소를 진행할 수 없습니다. 컴퓨터는 네 개의 부 명령서 중에서 어떤 것을 먼저 실행해야 할지 선택하지 못하기 때문입니다. 즉, 어떤 순서대로 부 명령서를 선택하여 실행할 것인지도 명령문을 통해서 알려 주어야 합니다. 따라서 프로그램(작업 명령서)에는 최초에 컴퓨터가 실행해야 할 시작 명령문의 위치가 정해져 있습니다. 바로 시작 지점(Entry Point)입니다.
컴퓨터는 모든 프로그램을 실행할 때 프로그램에 정의된 시작 지점부터 명령문을 순서대로 수행해 나갑니다. 일반적으로 프로그램의 시작 지점은 특수한 이름을 가진 함수가 되며 이것을 시작 함수(Entry Function)라고 부릅니다. 전통적으로 시작 함수의 이름은 main, Main 등이 사용됩니다.

프로그램이 시작된다는 것은 최초에 main 함수가 호출(실행)되었다는 것과 같습니다. 즉, 특정 프로그램을 시작하기 위하여 더블 클릭을 하거나 Enter 키를 누를 경우 컴퓨터는 해당 프로그램의 main이라는 함수를 찾아서 호출합니다. main 함수가 모두 수행되고 반환(return)하게 될 때가 바로 프로그램이 종료하는 순간인 것이지요.

컴퓨터가 프로그램을 시작하기 위하여 main 함수를 호출한다는 것은 이미 약속되어 있는 것입니다. 따라서 Start라는 함수를 만들고 컴퓨터가 프로그램을 시작할 때 제일 처음 Start를 호출해 달라고 요청할 수는 없습니다. 만일 프로그램 시작 시 Start 함수를 호출하고 싶다면 main 함수 안에서 Start 함수를 호출하는 명령문을 쓰면 됩니다.

main은 C 언어의 시작 함수 이름입니다. 실제 main의 형식을 살펴보면 다음과 같습니다.

[소스 6-3] Main 형식

```
int main()
{
}

int main(int argc, char** argv)
{
}

void main()
{
}
```

〈소스 6-3〉과 같이 main 함수의 형식은 한 가지만 있는 것이 아닙니다. 보통 표준 C에서는 첫 번째와 두 번째 형식을 사용하고, 비록 표준 형식은 아니지만 VC++에서는 세 번째 형식도 사용할 수 있습니다. 중요한 것은 main은 형식에 상관없이 프로그램에 오직 하나만 존재해야 한다는 점입니다.

첫 번째, 세 번째 main은 공통적으로 인자가 없습니다. 반면 두 번째 main은 인자가 두 개입니다. 함수에 전달되는 인자들의 타입 순서를 인자열이라고 하는데, 앞의 두 경우처럼 인자가 하나도 없는 인자열도 있습니다. 세 번째 main은 조금 다른 점이 있습니다. 반환 타입이 int가 아니라 void입니다. void는 '빈 공간'이란 의미처럼 반환값이 없다는 것을 나타냅니다.

이번에는 다른 프로그래밍 언어의 시작 함수 형식을 살펴보겠습니다

```
public static void main(String [] args)
{
        ...
}

static void Main()
{
        ...
}
```

첫 번째는 Java의 시작 함수 main이고, 두 번째는 C#의 시작 함수 Main입니다. 프로그래밍 언어에 따라서 시작 함수의 이름과 형식은 약간씩 다릅니다. 중요한 점은 프로그램에 최초의 시작 지점이 있다는 것입니다.

Chapter 05 표준 입출력

대부분의 프로그램은 입력을 받은 후 디지털 처리를 하여 출력을 하는 형식으로 이루어진 작업 명령서입니다. 따라서 프로그래밍 실습을 하기 위해서는 기본적으로 사용자로부터 입력을 받고 결과를 확인할 수 있는 출력 기능을 알고 있어야 합니다.

특별한 입출력 장치가 지정되지 않았을 때 기본으로 사용되는 입출력을 표준 입출력이라고 하는데, 보통 키보드로 입력을 받고 단말기(모니터)로 출력하는 것을 의미합니다. 특히 프로그래밍에서는 시스템 콘솔을 기준으로 일어나는 입출력을 표준 입출력이라고 합니다. Windows에서 [시작/실행] 혹은 [Windows 검색]에서 cmd를 입력 후 실행하면 '명령 프롬프트'가 뜹니다. 바로 이 명령 프롬프트가 텍스트 기반으로 입출력을 수행하는 시스템 콘솔입니다.

프로그래밍 언어들은 각각 콘솔에서 텍스트 기반으로 입출력을 할 수 있는 기능(함수)을 제공합니다. 여기서는 C 언어 기준으로 콘솔에서 간단한 입출력을 수행하는 함수와 사용법을 알아보겠습니다.

1 출력

콘솔에 문자열을 출력하려면 printf 함수를 사용합니다. printf는 다음과 같습니다.

```
int printf(const char* format [, argument]..);
```

const char*는 타입을 나타냅니다. 첫 번째 인자를 받는 매개변수 format은 서식 문자열이라고 하는데, 여러 서식을 지정할 수 있으며, 이어서 입력되는 인자들을 서식에 맞게 문자열로 만들어 주는 역할을 합니다. printf는 서식에 의해서 만들어진 문자를 콘솔에 출력해 줍니다. 실제로 확인해 봅시다.

[소스 6-4] printf

```
1: #include <stdio.h>
2:
3: int main()
4: {
5:   printf("Welcome to %d %s\r\n", 2018, "C++");
6:   return 0;
7: }
```

[출력결과]

```
Welcome to 2018 C++
```

〈소스 6-4〉는 printf를 사용하여 콘솔에 출력하는 것을 보여 줍니다. 잠깐 복습을 해 볼까요? printf가 함수라는 것을 컴퓨터가 알 수 있도록 1행에서 stdio.h를 참조합니다. 컴퓨터는 프로그램을 실행하면 처음 3행의 main 함수를 호출합니다. main 안에서는 5행의 printf 함수를 호출하고 있습니다. printf로 전달되는 인자는 모두 몇 개일까요? 인자는 콤마(,)를 구분자로 넘겨지므로 여기서는 "Welcome to %d %s\r\n", 2018, "C++" 세 개의 인자가 전달됩니다.

첫 번째 인자가 바로 서식 문자열입니다. 즉, "Welcome to %d %s\r\n"이 서식 문자열인데, 여기서 %d, %s와 같이 %로 시작하는 문자를 형식 지정이라고 하고, 두 번째 이후 인자들로 차례차례 대체됩니다. %d는 숫자를 나타내고, %s는 문자열을 의미하므로 뒤이어서 전달되는 인자인 2018은 숫자로서 %d를 대체하고, "C++"는 문자열로서 %s를 대체합니다. 또 하나 이상한 문자들이 있습니다. 바로 \r\n 입니다. \r은 Carriage Return, \n은 Line Feed를 나타내며 출력되지는 않지만 출력 형식을 제어하는 문자입니다. 보통 두 개가 함께 쓰여서 개행(줄 바꿈)을 하는 문자열이라고 알고 넘어가면 됩니다.

프로그램을 실행(Ctrl + F5)해 보면 콘솔 화면에 문자열이 출력되는 것을 확인할 수 있습니다.

2 입력

이번에는 콘솔로부터 키보드 입력을 받아서 프로그램에 전달하는 연습을 해 봅시다. 입력을 받으려면 scanf 함수를 사용합니다. scanf는 다음과 같습니다.

```
int scanf(const char* format [, argument]..);
```

printf와 무척 비슷합니다. 첫 번째 인자로는 서식 문자열을 받고, 서식 문자열에서 %로 시작하는 형식 지정 순서에 따라 뒤이어서 입력되는 인자에 입력값을 받습니다.

[소스 6-5] scanf

```
01 #define _CRT_SECURE_NO_WARNINGS
02 #include <stdio.h>
03
04 int main()
05 {
06     int age;
07     char name[32] = {0};
08
09     printf("이름을 입력하세요.\r\n");
10     scanf("%s", name);
11
12     printf("나이를 입력하세요.\r\n");
13     scanf("%d", &age);
14
15     printf("%s님은 %d세 입니다.\r\n", name, age);
16     return 0;
17 }
```

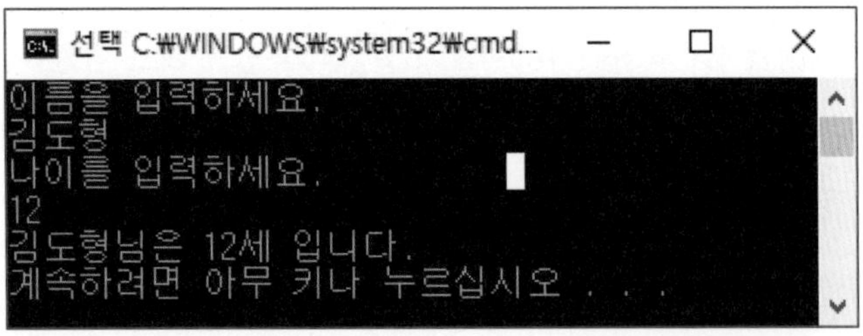

그림 6-5
표준 입출력

〈소스 6-5〉와 〈그림 6-5〉는 scanf를 통해서 프로그램이 콘솔의 키보드 입력을 받는 것을 보여 줍니다. 먼저 1행을 봅시다. 알 수 없는 문자열이 정의된 것 같은데요. scanf는 더 이상 사용이 권고되지 않는 함수 중의 하나입니다. 보통 scanf_s를 권장하는데, 초보자가 쉽게 사용하기에는 scanf가 더 편합니다. 1행은 권고되지 않는 함수를 사용할 것이니 컴파일 오류를 내지 말라는 의미입니다.

다음으로 9행을 봅시다. 이전에 배운 printf를 통해서 콘솔에 이름을 입력하라고 출력됩니다. 10행에서 바로 scanf가 호출되는데, scanf가 호출되면 콘솔은 사용자의 입력이 있을 때까지 기다립니다. 즉, 입력이 없는 한 10행에서 프로그램 실행이 멈춰 있는 것입니다. 10행을 자세히 보면 서식 문자열로 "%s"가 사용되었습니다. 이것은 콘솔에서 문자열을 입력받겠다는 의미입니다. 이름을 입력하고 Enter 키를 누르면 입력된 이름이 바로 두 번째 인자인 name 변수에 저장됩니다. name은 7행에서 볼 수 있는데, 아직 문자 타입과 배열을 배우기 전이므로 지금은 문자열을 담는 그릇이라고만 알고 있으면 됩니다. 12행을 거쳐서 다시 13행에서 scanf가 호출됩니다. 역시 프로그램은 대기(기다림) 상태가 되며 서식 문자열이 "%d"이므로 콘솔에서 숫자를 입력받겠다는 의미입니다. 적당한 숫자를 입력하고 Enter 키를 누르면 입력된 숫자가 두 번째 인자인 age 변수에 저장됩니다. 역시 age는 6행에서 볼 수 있는데 정수를 담는 그릇이라고 알고 있으면 됩니다.
15행은 입력된 name, age를 다시 콘솔에 출력합니다. %s, %d의 순서에 주의하세요. 순서가 엇갈릴 경우 프로그램이 오동작하게 됩니다. 즉, printf의 첫 번째 인자인 서식 문자열의 형식 지정(%s, %d) 순서와 이어지는 인자(name, age)들의 순서가 일치해야 합니다.

눈치가 빠른 독자라면 scanf에서 입력된 문자열과 숫자를 받는 변수의 형태가 조금 다르다는 것을 알았을 것입니다. 문자열을 입력받는 변수인 name은 그대로 쓴 반면, 숫자를 입력받는 변수인 age는 앞에 &를 붙여서 &age로 인자를 넘기고 있습니다. 역시 아직 배우지 않았지만 포인터를 의미합니다. scanf는 입력된 값을 받을 변수의 포인터를 인자로 요구하는데, 문자열을 담는 변수인 name은 그 자체가 포인터이기도 하기 때문입니다. 자세한 내용은 포인터를 배울 때 살펴보겠습니다.

3 다른 언어의 표준 입출력

앞에서는 C 언어의 표준 입출력으로 가장 많이 사용되는 printf와 scanf를 살펴보았습니다. C 언어와 마찬가지로 다른 프로그래밍 언어도 각각의 언어 특성에 맞는 표준 입출력 기능을 제공하고 있습니다. C++의 경우 C 언어를 계승하는 관계로 printf, scanf를 사용할 수 있을 뿐 아니라 별도로 표준 입출력 스트림인 cin, cout을 통해서 더 쉽게 표준 입출력을 수행할 수 있습니다. Java 역시 표준 입출력 스트림인 System.in, System.out을 사용합니다.

어떤 프로그래밍 언어를 배워도 가장 처음에는 표준 입출력을 배우게 됩니다. 실제로 입력과 출력을 통해서 실습을 할 수 있기 때문입니다. 그래서 처음 프로그래밍을 시작할 때는 시작 함수인 main과 표준 출력을 이용하여 'Hello World!'라는 문장을 출력합니다.

Chapter

06 주석(Comments)

미국 사람이 읽을 수 있도록 작업 명령서를 영어로 작성한다고 가정해 봅시다. 어려운 영어로 썼으니 작성자 본인도 내용을 잊어버릴 수 있습니다. 따라서 빨간색 펜으로 군데군데 한글 메모를 추가했다면 미국 사람은 작업 명령서의 검은색 펜으로 쓰여진 영어만을 읽어서 수행하면 됩니다. 애초에 한글은 이해도 못하니 신경도 쓰지 않을 것입니다. 이렇게 프로그램 실행에 전혀 영향을 끼치지 않는 구문을 주석이라고 합니다.

주석은 주로 코드에 설명을 붙이거나 코드를 임시로 무효 처리하기 위하여 사용됩니다. 번역기(컴파일러, 인터프리터)는 주석을 무시하고 번역하기 때문에 번역 과정에 전혀 영향을 끼치지 못합니다. 번역기가 제대로 주석을 파악할 수 있도록 주석 역시 형식이 정해져 있습니다.
C 언어를 비롯한 대부분의 프로그래밍 언어는 두 가지 형식의 주석을 제공합니다. 첫째는 여러 줄 주석으로 ‘/*’과 ‘*/’ 사이의 모든 문자들을 나타냅니다. 줄 바꿈 문자까지 포함하기 때문에 여러 줄의 주석도 가능합니다. 두 번째는 한 줄 주석으로 ‘//’로 시작한 이후 줄 바꿈 문자까지의 모든 문자들을 나타냅니다.
가끔 프로그래밍 언어 중에 특이한 주석 형식도 있습니다. 대표적으로 HTML의 경우 ‘〈!--’과 ‘--〉’ 사이의 모든 문자들이 주석으로 처리됩니다.
C 언어에서 주석이 어떻게 사용되는지 살펴봅시다.

[소스 6-6] 주석 1

```
1 #include <stdio.h>
2
3 int main()  // 이것은 한 줄 주석입니다.
4 {
5   /* 이렇게 코드를 무효 처리하는 효과도 있습니다.
6   printf(“Welcome to C Programming!\r\n”);
7   */
8   return 0;
9 }
```

〈소스 6-6〉의 3행에서 한 줄 주석을 확인할 수 있습니다. 한 줄 주석은 보통 코드를 쉽게 이해할 수 있도록 설명하는 용도로 사용합니다.

5~7행에는 여러 줄 주석이 사용되었습니다. 따라서 5~7행 사이의 코드는 모두 무효 처리가 됩니다. 이렇게 여러 줄 주석은 특정 코드를 감싸 무효화시키는 역할로도 사용됩니다.

[소스 6-7] 주석 2

```
1 #include <stdio.h>
2
3 int main()
4 {
5   printf(“Second Program!\r\n”);
6   ret/*comment*/urn 0;
7 }
```

주의할 점이 하나 있는데 주석이 컴파일러에 의해서 무시된다고 해서 의미를 가지는 토큰 중간에 사용할 수 있는 것은 아닙니다. 컴파일러는 주석을 단일 공백 문자로 처리함으로써 무시하고 있기 때문에 토큰 중간에 주석이 사용될 경우 기존 토큰이 의미를 잃게 됩니다.

〈소스 6-7〉의 6행에서 예약어인 return 중간의 주석 /*comment*/는 하나의 공백 문자로 변환되기 때문에 실제로는 return이 아니라 ret urn이 되어서 컴파일러가 이해할 수 없는 단어가 되므로 에러가 발생하게 됩니다.

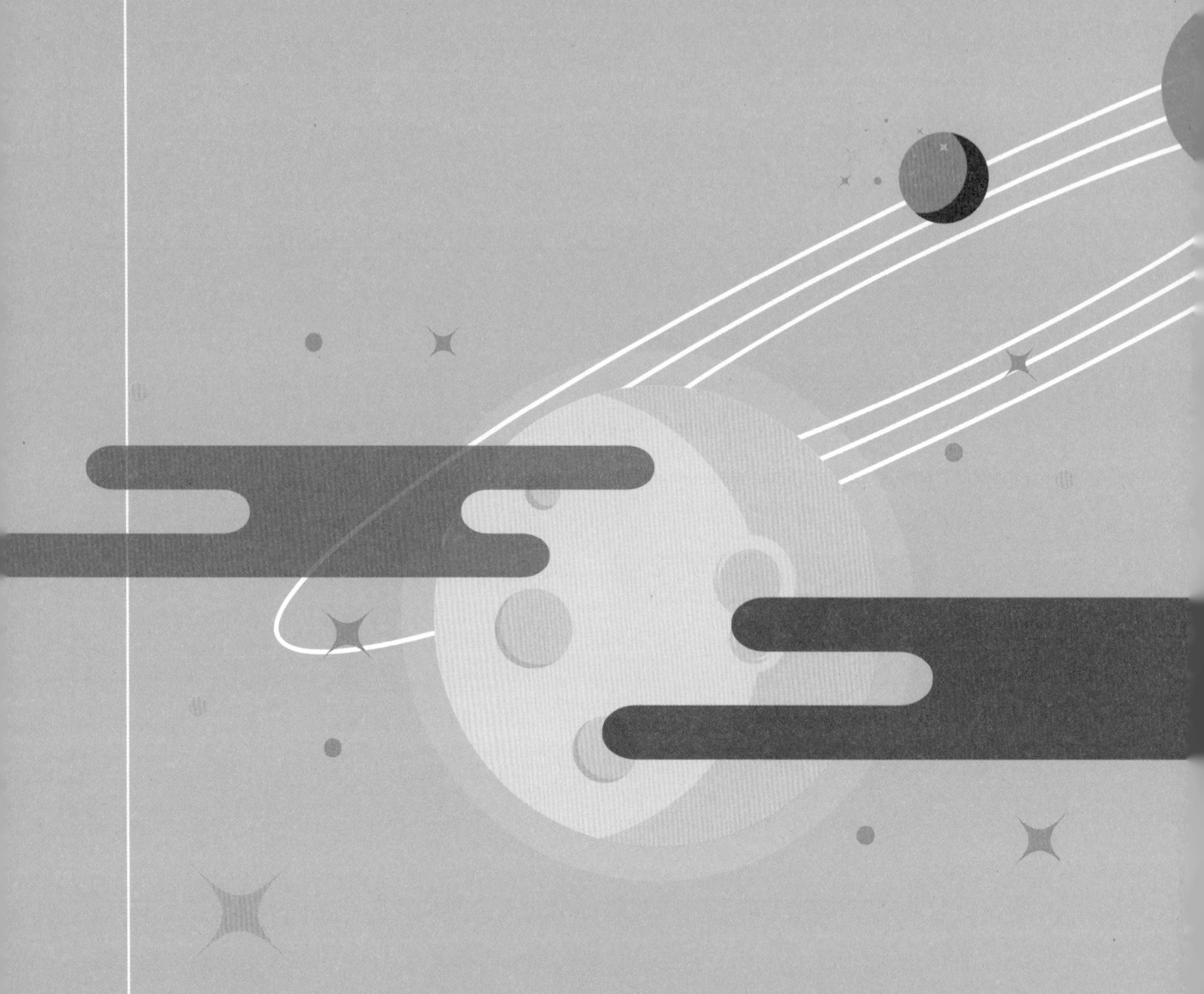

PART 07

변수와 상수

프로그램의 실행을 가상 메모리의 관점에서 살펴봅니다. 메모리를 쉽고 편하게 이용하기 위하여 도입한 변수라는 개념을 살펴보고, 변수의 종류와 특징에 대해서도 알아봅니다. 그 외 변수와 대비되는 상수를 소개하며 상수의 표기법에 대해서 알아봅니다.

Chapter

01 기억장치

컴퓨터에는 디지털 정보들이 많이 보관되어 있습니다. 프로그램부터 사진, 동영상을 비롯하여 디지털 처리를 할 수 있는 많은 것들이 디지털 형식으로 컴퓨터에 저장됩니다. 디지털 형식이란 0과 1이 모인 것입니다. 즉, 컴퓨터는 수많은 0과 1로 이루어진 데이터들을 저장할 수 있는 전용 기억장치가 필요합니다.

기억장치는 주기억장치와 보조기억장치로 나누어지는데, 나누는 기준은 기억장치를 누가 어떤 용도로 사용하는지 여부에 달려 있습니다. 일반적으로 CPU가 프로그램을 실행하기 위하여 일시적으로 사용하는 기억장치를 주기억장치라고 하며, 문서, 사진, 동영상 등의 파일들을 저장하는 HDD(Hard Disk Drive)나 SSD(Solid State Disk)를 보조기억장치라고 합니다.

간단히 말해서 삼성전자나 SK하이닉스에서 생산하는 DRAM 메모리가 바로 CPU가 사용하는 주기억장치이고, 시게이트, 삼성전자 등이 생산하는 하드디스크나 SSD가 바로 보조기억장치가 됩니다.

주기억장치는 오직 컴퓨터가 켜져서 프로그램이 실행되는 동안에만 데이터를 저장하면 되므로 전원이 꺼질 때 데이터가 없어져도 상관없습니다. 임시로 사용되는 기억 장치이기 때문입니다. 그러나 보조기억장치의 경우 컴퓨터의 전원에 상관없이 사용자의 파일을 영구적으로 보관해야만 합니다. 컴퓨터가 꺼졌다고 그동안 저장해둔 사진이나 동영상이 사라지면 안 되겠죠?

또 다른 특성을 살펴보겠습니다. 주기억장치는 CPU가 끊임없이 데이터를 읽고, 쓰기를 반복하기 때문에 동작속도가 굉장히 빨라야 합니다. 반면 보조기억장치는 데이터의 접근 빈도가 상대적으로 적기 때문에 속도가 큰 문제가 되지 않습니다. 이런 이유 때문에 보통 데이터가 유지되진 않지만(휘발성) 속도가 빠른 DRAM을 주기억장치로 사용하며, 속도는 느리지만 데이터가 유지되는(영속성) 하드디스크나 플래시메모리를 사용한 SSD가 보조기억장치로 사용됩니다.

이번 장에서는 기억장치 중에서도 주기억장치를 위주로 살펴보겠습니다. 컴퓨터가 프로그램을 실행하는 과정에서 주기억장치가 차지하는 비중이 너무나도 높기 때문입니다. 프로그램이 실행되는 과정은 CPU와 주기억장치 사이의 데이터 이동이 거의 전부라고 봐도 큰 무리가 없습니다.

보통 주기억장치를 간단히 메모리라고 부릅니다. 앞으로 이 책에서도 주기억장치 대신 메모리라는 단어를 사용하도록 하겠습니다.

1 가상 메모리

이전 파트에서는 비트와 바이트에 대해서 살펴보았습니다. 비트는 컴퓨터의 처리 단위이지만 바이트는 정보(데이터)의 처리 단위입니다. 따라서 일반적으로 데이터의 크기를 표현할 때는 바이트를 기준으로 표시하며 1,024배씩 기준 단위가 달라지는 것을 확인할 수 있었습니다.

이 책의 독자들은 자신의 컴퓨터 사양 정도는 대략적으로 알고 있을 것입니다. CPU가 i5나 i7이라거나 DRAM은 몇 기가바이트 인지 등등. 필자가 사용하는 PC의 DRAM은 4GB입니다. 그렇다면 만일 프로그램을 2개 띄우면 각각 메모리를 2GB씩 사용하는 것일까요? 윈도우즈의 작업관리자를 한번 살펴봅시다(작업관리자는 Ctrl + Alt + Delete 키를 눌러서 선택할 수 있습니다).
작업관리자는 현재 실행되고 있는 프로그램들의 상태를 보여 줍니다. 상당히 많은 수의 프로그램이 실행되고 있는 것을 볼 수 있을 겁니다. 그렇다면 이 프로그램들은 모두 공평하게 메모리를 나눠 가질까요?
프로그램이 사용하는 메모리 크기는 컴퓨터에 장착된 물리적인 DRAM의 크기에 영향을 받지 않습니다. 32비트 컴퓨터라면 프로그램 하나당 4GB의 메모리가 주어지고, 64비트 컴퓨터라면 거의 무한대의 메모리가 주어집니다. 이게 무슨 말도 안 되는 소리일까 생각할 수도 있는데, 그 비밀은 바로 가상 메모리에 있습니다. 실제로는 존재하지 않는데 존재하는 것처럼 해 주는 가상 메모리를 만들어서 각각의 프로그램에게 충분한 메모리 공간을 할당해 주는 것입니다(가상 메모리에 대해서 궁금한 독자는 컴퓨터 구조에 관한 글이나 책을 읽어 보길 추천합니다).
컴퓨터가 프로그램을 실행시키면 각 프로그램은 자신이 사용할 메모리를 부여 받는데, 32

비트 x86 시스템은 프로그램당 4GB의 가상 메모리를 부여하고, 64비트 x64 시스템의 경우 Windows는 대략 8TB의 가상 메모리를 부여합니다.

2 가상 메모리 주소

프로그램이 실행되면 시스템에 따라서 4GB 혹은 8TB의 메모리가 부여됩니다. 할당받은 가상 메모리는 바이트들이 선처럼 늘어져 있다고 생각할 수 있습니다.

그림 7-1

x86 프로세스의 가상 메모리

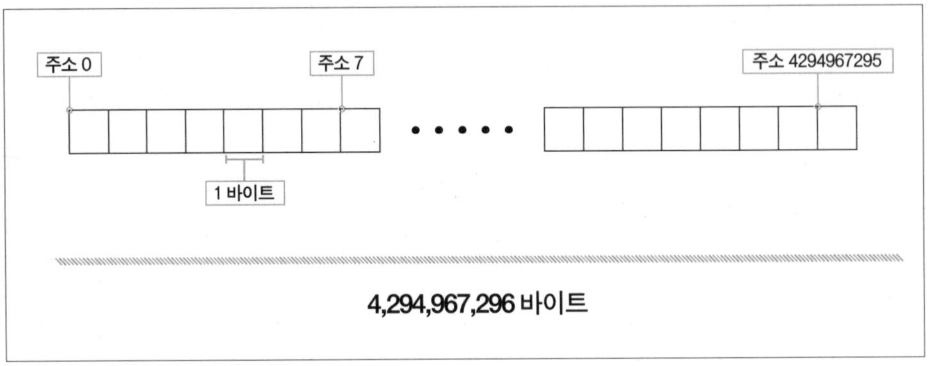

〈그림 7-1〉은 x86 시스템의 프로그램 하나에 주어지는 가상 메모리의 구조입니다. x86 프로그램은 4GB의 가상 메모리를 할당받으므로 1바이트가 4 × 1024 × 1024 × 1024인 4,294,967,296개가 늘어져 있는 것과 같습니다. 각각의 바이트는 구별될 수 있도록 주소(번지)를 부여하는데, 첫 번째 바이트의 주소는 0이고, 8번째 바이트의 주소는 7이 됩니다. 따라서 4GB 메모리의 마지막 바이트 주소는 4,294,967,295가 됩니다.

메모리의 각 바이트마다 주소를 부여한 것은 프로그램이 주소를 통해서 각각의 바이트에 값을 읽거나 쓸 수 있게 하기 위해서입니다.

3 프로그램의 실행 과정

프로그램의 실행 과정은 CPU와 메모리 사이의 데이터 이동이라고 했는데, 왜 그런지 간단한 예를 통해서 살펴보겠습니다.

엄마가 초등학교 1학년 딸에게 덧셈 연습을 시키고 있습니다. 엄마가 숫자 열 개를 불러주면 딸은 열 개의 숫자를 모두 더한 값을 말합니다(딸은 주산이나 암산을 배운 적이 없다고 가정합니다).

엄마가 숫자를 하나씩 부를 때마다 딸은 종이에 숫자를 받아 적습니다. 불러 주는 숫자의 개수가 적으면 바로 암산도 가능하겠으나 열 개를 외우기는 버거울 것입니다. 엄마가 숫자를 모두 불러 주면 덧셈을 시작합니다. 첫 번째 숫자와 두 번째 숫자를 더해서 종이에 적고, 그 결과에 다시 세 번째 숫자를 더해서 종이에 적습니다. 이런 과정을 끝까지 반복하면 덧셈이 완료됩니다.

덧셈이 완료되면 더 이상 숫자들을 적었던 종이는 필요하지 않습니다. 즉, 버려도 아무 상관이 없습니다. 사실 컴퓨터가 하는 일도 사람과 별반 다르지 않습니다.

딸아이는 학교에서 배운 방법을 통해 머리 속에서 숫자 두 개를 더할 수 있습니다. 이것은 컴퓨터의 CPU가 하는 일과 같고, 숫자들을 기억하기 위해서 기록하는 종이는 컴퓨터의 메모리에 그대로 대응됩니다. 계산이 끝난 후 종이에 적힌 숫자가 불필요하듯이, 주기억장치인 메모리도 계산이 끝나면 임시적으로 계산하기 위해서 저장했던 데이터는 없어져도 상관이 없는 것입니다.

4 계산기 – C 프로그램

실제로 두 수를 입력받은 후 더한 결과를 출력하는 프로그램을 살펴봅시다. 아직 정확한 문법은 모를 수 있지만 대략 어떻게 프로그램이 실행되는지 이해하는 데 도움이 될 겁니다.

[소스 7-1] 덧셈 계산기

```
#define _CRT_SECURE_NO_WARNINGS
#include <stdio.h>

int main()
{
  int arg1, arg2;

  printf("First Number: ");
  scanf("%d", &arg1);

  printf("Second Number: ");
  scanf("%d", &arg2);

  printf("Sum Result: %d\r\n", arg1 + arg2);
  return 0;
}
```

[출력결과]

```
First Number: 1
Second Number: 2
Sum Result: 3
```

〈소스 7-1〉은 두 수를 입력하고 Enter 키를 누르면 두 수의 합을 출력하는 프로그램입니다.

6행의 int arg1, arg2;가 나타내는 의미는 두 개의 정수를 저장할 수 있도록 메모리 영역을 두 개 확보하라는 것입니다. 그리고 각각의 영역을 arg1, arg2로 이름 붙입니다. 사람의 경우로 따진다면 엄마가 불러주는 숫자를 적기 위해서 종이 두 장을 마련해서 각 장마다 이름을 붙이는 것과 같습니다.
이미 앞에서 배웠듯이 9, 12행에서는 scanf를 사용하여 사용자가 키보드로 입력할 경우 입력값을 이미 마련해 놓은 메모리 영역인 arg1, arg2에 저장합니다. 사람의 경우로 따진다면 엄마가 숫자를 부를 때마다 종이에 적는 것입니다.
14행에서는 arg1 + arg2를 출력합니다. 여기서 arg1 + arg2는 보기에는 꽤 쉬워 보이지만, 컴퓨터 처리에 있어서는 상당히 복잡한 단계를 거칩니다. arg1, arg2를 위해 마련된 메모리 영역에 저장된 값들을 각각 읽어오고, 임시로 메모리 영역을 만든 후 두 값을 더한 결과를 저장하고, 결과가 저장된 임시 메모리 영역을 다시 읽은 후 printf에 인자로 전달합니다. printf는 전달된 결과값을 출력하는 것입니다.

위의 과정으로 컴퓨터가 프로그램을 실행하는 것은 데이터를 메모리 영역에 읽고 쓰면서 적절하게 연산하는 것임을 확인할 수 있습니다. 그 과정에서 특정한 메모리 영역에는 나름의 이름을 붙여 줘서 해당 영역을 쉽게 읽고 쓰도록 준비하는 것도 살펴볼 수 있습니다. 만일 메모리 영역에 이름을 붙여 주지 않는다면 메모리 영역의 주소를 사용해야 하는데, 사람이 코드를 작성할 때 메모리 주소를 직접 사용하게 되면 어려운 점이 많기 때문에 대부분의 프로그래밍에서는 메모리 주소를 직접 사용하기보다는 이름을 붙이고 이를 통해서 CPU와 메모리 사이의 데이터 이동을 처리하는 것입니다.
이와 같이 이름을 붙인 특정한 메모리 영역을 프로그래밍에서는 변수라고 부릅니다. 변수가 왜 중요한지 느낌이 오지 않나요?

Chapter

02 변수

이름이 붙은 메모리 영역을 변수라고 했습니다. 이름의 의미를 한번 생각해 봅시다. 이름이 왜 필요할까요? 사람의 경우 이름으로 사물을 구분하거나 부를 수 있습니다. 마찬가지로 메모리 영역에 이름을 붙인 이유는 이름을 통해서 해당 메모리 영역을 사용하기(읽고, 쓰기) 위해서입니다.

해당 메모리 영역에 어떤 값을 쓸 수 있다면 값에 따라서 메모리 영역이 가진 값이 변할 수 있습니다. 즉, 값이 변경될 수 있다는 의미에서 변수라고 합니다. 마치 물병에 물만 담는 것이 아니라 경우에 따라서 음료수나 한약을 담을 수 있는 것과 같습니다. 이처럼 변수는 무엇을 담을 수 있는 그릇과 같습니다.

이와 대비되는 개념이 바로 상수입니다. 변수가 다양한 값들을 나타낼 수 있는 것과 반대로 상수는 오직 고정된 값을 나타냅니다. 따라서 상수는 메모리 영역을 차지하는 것과 큰 관련이 없으며, 메모리 영역을 차지한다고 해도 해당 영역의 값이 바뀌어서는 안 되기 때문에 이름이 있더라도 불변의 속성(const)을 지니거나 이름 자체가 없는 경우가 대부분입니다. 상수도 알아야 할 것이 꽤 있는데, 변수를 모두 설명한 뒤에 자세히 살펴보겠습니다.

1 변수명

변수의 이름에 대해서는 토큰의 하나인 식별자에서 이미 알아보았습니다. 기억이 나지 않는다면 다시 복습해 주세요. 식별자를 만드는 규칙은 강제적입니다. 규칙을 지키지 않는다면 프로그램 코드를 기계어로 번역(컴파일)할 수가 없습니다. 변수 이름 규칙 중에는 강제적이진 않지만 권고되는 규칙도 있습니다. 즉, 따르지 않아도 괜찮지만 여러모로 규칙을 따를 때 좋은 점이 많은 것입니다. 이를테면 다음과 같습니다.

① 변수 이름은 이름만 보고도 어떤 것을 저장하는지 알기 쉽게 작성하는 것이 좋습니다. 사람 이름을 저장하는 변수라면 Name, name이 적당하지 person, human 등은 그리 어울리지 않는 것과 같습니다.

② 변수 이름의 길이에는 특별한 제한이 없지만 너무 길거나 짧은 것은 가독성 측면에서 문제가 될 수 있습니다. 정확한 의미를 전달할 수 있는 수준에서 여러 단어를 조합하여 변수명의 길이를 선택하는 것이 좋습니다.

2 변수의 종류

보통 가정에서 마시는 생수병은 용량이 2L인 페트병입니다. 일반적으로 물이 담겨있지만 경우에 따라서는 쌀이나 강아지 사료를 담아 놓기도 합니다. 이처럼 현실 세계에서는 그릇에 다양한 것을 담을 수 있습니다만 프로그래밍은 현실과 다릅니다.

프로그래밍 언어에 따라서 엄격하게 생수병에는 물만 담도록 강제하는 것도 있으며, 생수병에 이것저것 다 담을 수 있도록 허용하는 것도 있습니다. 전자가 C, C++, C#, Java와 같은 언어이고, 후자가 JavaScript 같은 언어입니다. 겉으로만 봐서는 후자가 훨씬 효용성이 커서 좋을 것처럼 보이지만 꼭 그런 것은 아닙니다. 예전 농촌에서는 음료수병에 농약을 담아 놓았다가 어린이들이 음료수로 착각하고 음독 사고를 일으킨 경우가 많았습니다. 만일 농약을 전용 용기에만 담아 두었다면 사고가 많이 줄어들었을 겁니다.

프로그래밍 언어도 마찬가지입니다. 전자와 같이 변수에 담을 수 있는 값의 종류를 엄격하게 지정하는 것을 '정적 타입 지정'이라고 하며, 후자와 같이 변수에 어떤 종류의 값이든 담을 수 있도록 허용하는 것을 '동적 타입 지정'이라고 하는데, 각각은 장단점이 있기 때문에 어느 것이 좋고 나쁜가를 따지는 것은 여러 프로그래밍 언어를 배운 뒤에 해도 늦지 않습니다.

이 책에서는 정적 타입 지정을 기준으로 변수를 설명할 것입니다. 정적 타입 지정이 동적 타입 지정보다 먼저 나온 개념이며, 사실 동적 타입 지정도 내부적으로는 정적 타입 지정 방식을 이용해서 구현되기 때문입니다. 즉, 프로그래밍의 기초를 제대로 이해하려면 정적 타입 지정 방식을 먼저 이해하는 것이 순서에 맞습니다. 여기서는 C 언어 기준으로 변수의 종류를 설명합니다.

3 정적 타입 지정

정적 타입 지정 프로그래밍 언어는 변수의 종류를 변수에 저장되는 값의 특성에 따라서 분류합니다. 크게 분류하면 숫자, 문자, 문자열로 나눌 수 있는데, 각각의 특성도 세부적으로 분류됩니다. 가령 숫자의 경우 정수형과 실수형으로 나뉘고, 문자와 문자열의 경우 아스키 코드와 유니코드로 나뉩니다.

따라서 정수 3과 원주율 3.141592는 서로 다른 종류의 변수에 저장되어야 합니다. 또한 알파벳 하나를 저장할 수 있는 변수에는 한글이나 한자를 저장할 수 없습니다.
변수는 저장할 수 있는 값의 특성에 따라서 그 종류가 나뉩니다. 종류에 따라서 변수의 크기가 결정되기도 하는데, 가령 알파벳 하나를 저장하는 문자 변수의 크기는 1바이트이지만 한글이나 한자 하나를 저장하는 문자 변수의 크기는 2바이트입니다. 마찬가지로 원주율 3.141592를 담을 수 있는 변수는 4바이트 혹은 8바이트를 차지할 수 있습니다.

방금 얘기한 변수의 종류와 크기 값의 특성에 대해서는 [타입] 파트에서 자세히 알아볼 것입니다. 여기서 알아야 할 것은 변수에 저장하는 값은 특성에 따라서 분류될 수 있으며, 분류에 맞춰서 변수의 종류와 크기가 결정된다는 사실입니다.

이번에는 실제 C 언어에서 사용하는 변수의 종류인 char에 대해서 알아보겠습니다. C 프로그래밍 초창기에 주로 사용되는 문자들은 알파벳, 숫자, 문장 부호들이었습니다. 알파벳은 대소문자를 합해서 52자가 있고, 숫자는 0~9까지 열 자, 그 외 문장 부호들을 합해도 총 128개가 되지 않습니다. 따라서 이런 문자들은 256가지 상태를 나타낼 수 있는 1바이트로 충분히 표현할 수 있습니다. 위와 같은 문자를 저장하는 변수의 형식을 char라고 하며 다음과 같이 사용합니다.

[소스 7-2] char 변수

```
1 void main()
2 {
3   char c1 = 'A';
4   char c2 = 'a';
5   char c3 = '1';
6   char c4 = '$';
7 }
```

〈소스 7-2〉의 3~6행은 다음과 같이 해석할 수 있습니다.

① 메모리의 1바이트 영역을 정한 후 c1이라고 부르고, 그 안에 'A'를 쓴다.
② 메모리의 1바이트 영역을 정한 후 c2라고 부르고, 그 안에 'a'를 쓴다.
③ 메모리의 1바이트 영역을 정한 후 c3라고 부르고, 그 안에 '1'을 쓴다.
④ 메모리의 1바이트 영역을 정한 후 c4라고 부르고, 그 안에 '$'를 쓴다.

1바이트에 어떻게 'A', 'a', '1', '$'와 같은 문자를 쓸 수 있는지 궁금할 수 있는데, 1바이트는 8비트이므로 각 비트의 상태(0 혹은 1)에 따라서 다음과 같이 256가지 상태를 표현할 수 있습니다.

```
[00000000], [00000001], [00000010], ... , [11111101], [11111110], [11111111]
```

각 상태마다 문자들을 대응시키는데, 예를 들면 'A'는 [01000001], 'a'는 [01100001], '1'은 [00110001], '$'는 [00100100]로 대응시키는 것입니다. 이렇게 대응되는 규칙은 마음대로 정한 것이 아니라 이미 전 세계에서 오래전에 합의한 것입니다. 이런 약속을 표준 규칙이라고 하며, 표준 규칙에 의해서 만들어진 문자 대응표를 아스키 코드표라고 부릅니다. 인터넷 검색창에 '아스키 표'라고 입력하면 쉽게 확인할 수 있습니다.

4 변수 사용

앞의 예제에서 살펴본 것처럼 변수를 사용하는 방법은 쉬운 편입니다. C 언어에서 변수를 사용하는 여러 가지 방법을 살펴봅시다(C 언어라고 하지만 사실 대부분의 언어에서 변수 사용법은 비슷합니다).

[소스 7-3] 변수 사용

```
01 void main()
02 {
03   int a = 1;
04
05   int b;
06   b = 2;
07
08   int c1, c2;
09
10   int d1 = 3, d2;
11 }
```

〈소스 7-3〉은 여러 가지 방식의 변수 사용법을 보여 줍니다. 먼저 3행의 int 타입에 대해서 간단하게 살펴보겠습니다. int는 정수를 저장하는 타입입니다. int 변수의 크기는 4바이트(32비트)로 이루어져 있습니다. 따라서 int 변수가 나타낼 수 있는 정수의 개수는 2의 32승인 4,294,967,296개인데, 음수와 양수를 표현해야 하므로 −2,147,483,648 ~

2,147,483,647까지 나타낼 수 있습니다. 따라서 범위 밖의 정수는 int 변수에 저장할 수 없습니다.

3행은 정수를 저장할 수 있는 4바이트 메모리 영역을 마련하고 a라는 이름을 붙입니다. 동시에 해당 영역에는 1을 저장합니다. 5행도 마찬가지로 정수를 저장할 수 있는 4바이트 메모리 영역을 마련하고 b라고 이름을 붙였습니다. 다만 a와 다른 점은 영역만 준비해 두고 그곳에 어떤 값을 저장하지는 않은 상태입니다. 그 후 6행에서는 이미 마련된 b라는 이름의 메모리 영역에 2를 저장합니다. 8행은 두 개의 정수 변수를 마련하는 것입니다. 콤마를 사용하면 여러 개의 같은 타입 변수를 마련할 수 있습니다. 10행은 콤마를 이용해서 같은 정수형의 여러 변수를 마련하면서 일부 변수에만 값을 저장하는 것을 보여 줍니다.

이처럼 변수를 마련하고 값을 저장하는 방법은 꽤 다양하므로, 편한 대로 사용하면 됩니다. 예제가 C 언어라고 C 언어에만 한정된 것은 아닙니다. 앞에서도 말했듯이 C 언어는 거의 모든 프로그래밍 언어의 근간이므로 C 언어의 규칙은 대부분의 프로그래밍 언어에서 쓰인다고 생각하면 됩니다. 물론 아닌 것도 있긴 합니다.

이번에는 실수할 수 있는 변수 사용법을 살펴보겠습니다. 즉, 이렇게 사용해선 안 된다는 것을 강조하기 위한 예제입니다.

[소스 7-4] 변수 사용 2

```
1 void main()
2 {
3   int a = 1;
4   int A = 2;
5   char a = 'A'; // Error
6 }
```

〈소스 7-4〉를 빌드하면 5행에서 컴파일 에러가 발생하며, 에러 메시지로 'a'가 재정의되었다고 알려 줍니다. 서로 다른 메모리 영역을 나타내는 두 변수의 이름이 같으면 안 됩니다. 학급에서 이름이 같은 학생이 있을 경우 김철수 A, 김철수 B처럼 구분하듯이 프로그래밍에서도 같은 이름을 허용하지 않습니다.

변수의 이름이 같으면 나중에 a 변수를 사용해야 할 때 어떤 변수의 것인지 결정할 수가 없기 때문입니다. 물론 사람의 경우 문맥을 이해하면서 정수형 a와 문자형 a가 다르다는 것을 알 수 있겠으나 컴퓨터에게는 문맥을 파악할 수 있는 능력이 아직 없습니다. 앞에서 이미 배웠지만 3행, 4행은 아무 문제가 없습니다. 변수의 이름이 되는 식별자는 대소문자를 철저히 구분하기 때문입니다.

5 동적 타입 지정

이번에는 동적 타입 지정 언어인 JavaScript의 문법을 간단히 살펴보겠습니다.

[소스 7-5] JavaScript var

```
1 var a;     // undefined
2 a = null; // object
3 a = {};   // object
4 a = 3;    // number
5 a = 3.14; // number
6 a = 'Hi'; // string
7 a = true; // boolean
```

〈소스 7-5〉는 JavaScript 코드의 일부입니다. 1행의 var는 타입을 나타냅니다. 이 타입은 만능 타입이라 어떤 종류의 값이든지 저장할 수 있습니다. JavaScript의 경우 값의 종류 또한 undefined, object, number, string, boolean 등으로 다양합니다.

프로그래밍 언어는 다양하게 존재합니다. 특정 언어에서 배운 내용만이 절대적이고 우월하다는 생각은 갖지 마시길 바랍니다.

Chapter

03 상수

앞에서 간단히 설명했듯이 상수는 변수와는 반대의 개념이며 고정 불변의 값을 말합니다. 숫자, 문자, 문자열이 대표적인 상수입니다.

[소스 7-6] 상수

```
1 void main()
2 {
3   int a = 1;
4   char c = 'A';
5   char* str = "우리나라";
6 }
```

〈소스 7-6〉은 상수를 포함하고 있습니다. 3행의 1과 4행의 'A', 5행의 "우리나라"가 모두 상수입니다. 특히 5행의 "우리나라"와 같은 문자열 상수는 가상 메모리의 어딘가 메모리 영역을 실제로 차지하고 있습니다. 하지만 해당 메모리 영역이 어디인지는 알 필요가 없기에 이름도 없으며 접근하는 방법도 막혀 있습니다. 문자열 상수가 저장된 메모리 영역은 컴파일러(번역기)에 의해서 변역될 때만 메모리 주소로 변경되어 직접 사용됩니다.

1 상수의 표기

상수를 표기할 때 문자는 작은따옴표로 묶고, 문자열은 큰따옴표로 묶습니다. 그렇다면 숫자 상수는 어떻게 표기할까요? 숫자가 표기하기 제일 쉬울 것 같지만 의외로 여러 방식이 사용됩니다.

2 정수 상수

일반적으로 사람은 10진법을 이용하여 정수를 표기합니다. 10진법이 편리하긴 하지만 처음부터 10진법만 사용한 것은 아닙니다. 역사를 살펴보면 8진법, 12진법, 16진법 등 여러 가지가 사용되었습니다. 12진법은 정말 생소할 수 있는데, 시계나 달력만 봐도 12진법의 흔적을 느낄 수 있습니다. 이처럼 수를 표기하는 방식이 다양하므로 수를 표기할 때는 표기의 기준이 되는 진법을 고려해야만 합니다.

컴퓨터는 0과 1만을 인식할 수 있기 때문에 자연스럽게 2진법을 사용합니다. 따라서 프로그래밍을 할 때도 2진법을 사용하면 유리할 것이라는 생각이 들지만 2진법은 10진법과 비교할 때 같은 숫자를 표현하려면 길이가 훨씬 길어지고, 0과 1만 사용해서 헛갈리는 문제도 있기 때문에 사람이 사용하기에는 어렵습니다. 따라서 보통 코드에는 10진법을 사용하고, 컴파일러가 알아서 2진법으로 변환해 줍니다.

그러나 프로그래밍 언어에서 비트 단위로 연산을 수행할 경우에는 10진법보다 2진법을 사용하는 것이 더 편한 것도 사실입니다. 따라서 대부분의 프로그래밍 언어는 10진법을 비롯하여 2진법, 8진법, 10진법, 16진법으로 상수를 표기할 수 있도록 지원하고 있습니다. 여기서 가장 핵심인 2진법은 최근까지도 지원되지 않았으나 언어의 스펙이 발전하면서 추가되었습니다. 2진법은 16진법으로 충분히 대체할 수 있기에 초기 지원에서 빠진 면이 있는데, 구형 컴파일러를 사용하거나 버전이 낮은 프로그래밍 언어의 경우 2진법 표기를 지원하지 않는 경우도 있습니다.

1) 10진법

기본 표기가 10진법입니다. 따라서 아라비아 숫자(0, 1, 2, 3, 4, 5, 6, 7, 8, 9)를 사용한 일반적인 표기는 10진법으로 여겨집니다.

2) 8진법

아라비아 숫자(0, 1, 2, 3, 4, 5, 6, 7)만을 사용하며, 0으로 시작하는 수는 8진법으로 여겨집니다. 011이란 수는 0으로 시작하므로 8진법이며 10진법으로 환산하면 $1 \times 8 + 1 = 9$가 됩니다.

[소스 7-7] 8진법 상수

```
1 void main()
2 {
3   int a = 018;   // Error
4 }
```

<소스 7-7>은 8진법 상수 사용을 보여 줍니다. 그런데 3행에서 에러가 발생합니다. C 언어가 8진법을 지원하지 않는 것일까요? 에러 이유는 간단합니다. 0으로 시작했으니 8진법이긴 한데 8진법에서는 숫자 0 ~ 7까지만 사용할 수 있기 때문입니다. 즉, 숫자 8은 불용 문자(쓰지 않는 문자)로 취급되기 때문에 에러가 나는 것입니다.

필자는 오랫동안 프로그래밍을 해왔으나 8진법이 사용된 코드는 거의 본 적이 없습니다. 대부분 정수 표기는 10진법이나 16진법을 사용합니다. 처음부터 8진법보다는 차라리 2진법을 지원하는 편이 더 좋지 않았을까 하는 생각도 듭니다.

3) 16진법

아라비아 숫자(0, 1, 2, 3, 4, 5, 6, 7, 8, 9)와 더불어 알파벳(A, B, C, D, E, F)이 사용됩니다. 알파벳은 대소문자를 가리지 않습니다. 16진법은 반드시 0x 혹은 0X로 시작되어야 합니다(숫자 0입니다. 알파벳 O가 아닙니다). 0x11은 16진법이므로 10진법으로 환산하면 16 × 1 + 1 = 17이 됩니다.

프로그래밍 코드에는 16진법 표기가 꽤 많이 등장합니다. 왜 그럴까요? 바로 2진법과 그대로 대응할 수 있기 때문입니다. 10진법 209를 2진법과 16진법으로 표기해 보겠습니다. 초등학교에서 배웠듯이 209는 2진법으로 [1101,0001]로 표기할 수 있습니다. 하지만 2진법 표기는 너무 길기도 하고 초기에는 지원되지 않았기 때문에 사용할 수 없었습니다. 따라서 보통은 [1101,0001]을 16진법으로 변환한 뒤에 사용합니다. 16진법 변환이 어려울 것이라고 생각하지만 사실 그렇게 어려운 것은 아닙니다. 그림을 보면서 대응 관계를 살펴보겠습니다.

<그림 7-2>는 2진법을 16진법으로 변환하는 방법을 보여 줍니다. 2진법의 숫자 4개를 묶어서 16진법 하나의 숫자로 변환하면 됩니다. 그림 왼쪽의 표는 2진법 숫자 4개가 나타낼 수 있는 16가지 비트열의 경우와 해당 상태에 대응하는 16진법 숫자를 보여 줍니다.

이제 표를 이용하여 [1101,0001]을 변환해 봅시다. 낮은 숫자부터 변환해야 하기 때문에 [0001]은 1로 바뀌고, [1101]은 D로 바뀝니다. 따라서 최종 변환된 결과는 0xD1이 됩니다. 초보자들에게 2진법에서 16진법 변환이 그렇게 쉬운 것은 아니긴 합니다만 프로그래밍에 익숙해지다 보면 자기도 모르게 16진법의 편안함을 느낄 것입니다.

그림 7-2
2진법에서 16진법 변환

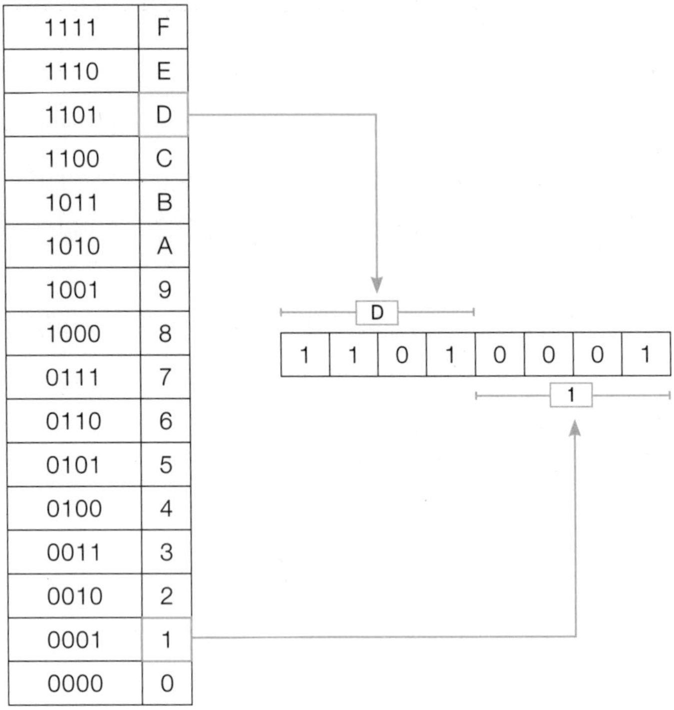

4) 2진법

2진법 표기가 프로그래밍 언어에서 지원된 것은 그리 오래되지 않았습니다. 아무리 16진법이 2진법에 쉽게 대응될 수 있다고 해도 변환을 거쳐야 하는 과정이 부담스러운 것도 사실입니다. 2진법은 아라비아 숫자(0, 1)을 사용하며 반드시 0b 혹은 0B로 시작되어야 합니다. 0b1111은 2진법이므로 10진법으로 환산하면 8 × 1 + 4 × 1 + 2 × 1 + 1 = 15가 됩니다.

3 실수 상수

프로그래밍 언어 대부분은 정수와 실수의 타입(변수 종류)을 엄격하게 나누고 있습니다. 물론 실수에 정수가 포함된다는 것은 기본 상식이지만, 정수 타입, 실수 타입을 각각 제공하고 있습니다. 의문이 생기지 않나요? 실수는 정수를 포함하므로 실수 타입만 있으면 되는 것 아닐까 생각할 수 있는데, 그 이유는 [타입] 파트에서 자세히 살펴볼 것이니 일단 넘어가겠습니다.

정수와 실수를 다른 종류로 취급하므로 상수 역시 표기할 때 정수형과 실수형 표기로 나누어집니다. 5와 5.0은 사람에게는 같은 수로 보이지만 컴퓨터에게는 엄연히 다른 종류의 상수가 됩니다. 일반적으로 상수에 소수점이 포함되어 있으면 실수 상수로 취급됩니다.

실수 상수를 표기하는 방법 중에는 부동소수점 표기법이 있습니다. 가끔 계산기로 장난치면 볼 수 있는 형식인데, 12.25를 1.225e1, 0.1을 1e-1처럼 표기하는 것을 말합니다.

4 변수의 상수화

지금까지 배운 변수는 저장되는 값이 변할 수 있었습니다. 그러나 프로그래밍 언어의 요구에 의해서 어떤 변수는 값을 더 이상 변경시키지 못하게 만들 수도 있습니다. 주로 const라는 한정자를 이용하는데, 변수의 타입 앞에 함께 쓰여서 변수를 상수화시킵니다. 즉, 변수가 더 이상 변수가 아니게 만드는 것입니다. C 언어를 비롯하여 많은 프로그래밍 언어가 변수의 상수화를 지원하고 있습니다.

[소스 7-8] const

```
1 void main()
2 {
3   const int a;     // Error
4   const int b = 1;  // OK
5 }
```

〈소스 7-8〉의 3행과 4행에서 각각 변수 a, b에 const를 사용하고 있습니다. 그런데 3행에서 에러가 발생했습니다. 이유는 const 변수를 초기화(값 대입)하지 않았기 때문입니다. const가 한정되면 변수는 상수로서 취급되기 때문에 그 이후에는 절대로 값이 변할 수 없습니다. 즉 대입이 불가능해지는 것입니다. 아무것도 들어있지 않은 그릇에 어떤 것도 넣지 못하게 한다면 그 그릇은 더 이상 쓸모가 없기 때문에 에러가 발생합니다. 따라서 const를 변수에 사용할 때는 4행과 같이 변수를 만드는 즉시 초기화(값 대입)를 수행해야 합니다.

PART 08

타입

Type

프로그래밍에서 데이터 처리를 위해 필수적인 개념인 타입에 대해서 알아봅니다. 타입의 좁은 의미와 넓은 의미를 살펴보고, 프로그래밍 언어들이 수와 문자를 처리하기 위하여 기본으로 제공하는 타입들을 살펴봅니다.

Chapter

01 타입(Type)

컴퓨터는 처리할 대상을 비트열로 변환한 후에 디지털 처리를 하는 기계입니다. 디지털 처리 과정을 기술한 것이 바로 프로그램이며 프로그램을 작성하는 작업이 바로 프로그래밍입니다. 따라서 어떤 대상이 비트열로 어떻게 변환되는지를 이해하는 것은 프로그래밍에 있어서 첫걸음과 같습니다.

어떤 대상을 비트열로 변환하는 것은 생각만큼 쉽지 않습니다. 예를 들어 수와 문자를 비트열로 변환시켜 봅시다. 먼저 수와 문자가 비트열로 대응될 수 있는 규칙부터 정해야 합니다. 규칙을 정하기 위해서 세심하게 신경 써야 할 것들이 몇 가지 있습니다. 수는 무한히 많으므로 모든 수를 비트열로 변환하는 것은 불가능한 일입니다. 따라서 수의 경우 비트열로 대응할 수 있도록 범위를 한정해야 합니다. 범위가 한정되면 정확히 몇 개의 수를 표현할 것인지를 결정하고 그것에 맞추어서 비트열의 크기(비트 수)를 결정합니다. 마지막으로 각 수와 비트열을 대응시킬 합리적인 규칙도 만들어야 합니다.
문자도 마찬가지입니다. 대응시킬 문자 집합을 확정하고 문자 수에 맞추어서 비트열의 크기를 결정한 뒤에 각 문자마다 비트열을 대응시키는 코드표를 작성합니다.

다행스럽게도 우리는 위의 과정을 전혀 신경 쓸 필요가 없습니다. 이미 다 정해져 있기 때문입니다. 수와 문자를 비롯하여 다양한 대상들이 이미 표준화된 규칙에 의해서 비트열로 변환될 수 있습니다.

1 기본 타입

이제 타입(Type)에 대해서 알아보겠습니다. 타입은 좁은 의미에서 공통의 속성을 가진 대상의 집합을 특정한 대응 규칙에 의해서 비트 집합으로 표현하는 체계를 말합니다.

프로그래밍 언어들은 대부분 기본 타입(Primitive Type)을 제공하여 수와 문자를 쉽게 처리할 수 있도록 지원하고 있습니다. C 언어의 경우 수를 다루는 타입으로 int, short, long, __int64, float, double 등이 있고, 문자를 다루는 타입으로는 char, wchar_t 등을 제공합니다. 이들을 C 언어 타입으로 소개했지만 이전에 말했듯이 C 언어는 거의 대부분의 프로그래밍 언어의 기본이 되므로 다른 프로그래밍 언어 역시 비슷한 명칭으로 같은 타입들을 제공하고 있습니다. 즉, C 언어 기본 타입이 곧 프로그래밍에 있어서 기초 타입이라고 생각하고 배우면 됩니다.

2 집합 타입

앞에서 좁은 의미에서의 타입을 설명했으니 이번에는 타입의 넓은 의미에 대해서 살펴보겠습니다. 넓은 의미에 포함되는 개념 중 하나가 바로 집합 타입입니다. 연필을 하나의 타입이라고 생각해 봅시다. 연필은 12개들이 한 다스로 헤아립니다. 이때 연필 한 다스를 집합 개념의 타입으로 생각할 수 있습니다. 또 연필, 지우개, 자, 필통까지 하나로 합쳐서 문구 세트로 판매할 수도 있습니다. 이때의 문구 세트도 집합 개념의 타입이 됩니다. 약간 응용을 해 보면 문구 세트를 12개 모아서 문구 세트 한 다스를 새로운 집합 타입으로 만들 수도 있습니다.

프로그래밍 언어는 여러 가지 형태의 집합 타입을 제공하고 있습니다. 대표적으로 배열, 구조체(Struct), 클래스(Class) 등이 있는데, 배열은 같은 타입을 일렬로 모아 놓은 집합 타입이고, 구조체나 클래스는 하나 이상의 타입을 모아 놓은 집합 타입입니다.

3 기능 타입

타입의 넓은 의미에 포함되는 또 다른 개념이 바로 기능 타입입니다. 이는 특정한 기능을 수행하기 위해서 만들어진 타입을 의미하며 주로 클래스가 그 역할을 담당합니다. 클래스에는 멤버 함수가 존재하는데, 이를 통해서 멤버 데이터들을 관리하거나 특정한 기능을 수행할 수 있습니다.

C 언어에는 클래스란 개념이 없습니다. C 언어에 클래스가 도입되면서 C++가 된 것이기도 합니다. 그렇다고 클래스가 C++ 전용의 타입은 아닙니다. 거의 대부분의 언어들이 클래스를 지원하고 있기 때문입니다.

4 사용자 정의 타입

필요하다면 나만의 타입을 정의할 수도 있습니다. 내가 정의하고 내가 만든 프로그램에서만 사용한다면 어떻게 정의하든 아무런 상관이 없습니다. 만약 잘 알려지면 국제적인 표준이 될지도 모릅니다.

필자가 간단하게 만들어 본 것은 사람의 성별과 나이를 1바이트로 표현하는 이른바 성별나이 타입입니다. 1바이트는 8비트로 구성되어 있으므로 최상위 비트는 성별 비트, 나머지 7비트는 나이를 나타내는 비트로 사용합니다. 최상위 비트가 0이면 남성, 1이면 여성이고 나머지 7비트로 표현 가능한 개수는 128개이므로 0세부터 127세까지 대응시킬 수 있습니다. 가령 9세 여성인 김나인 어린이의 성별과 나이를 1바이트로 표현하면 [1000,1001]이 됩니다.

정리하면 타입이란 어떤 대상을 비트열로 대응시키는 체계를 나타내기도 하지만 비트열들을 구조적으로 모은 자료 구조를 나타내는 것일 수도 있습니다. 지금부터는 각각의 타입에 대해서 상세하게 알아보겠습니다.

Chapter
02 정수 타입

인류의 진화와 함께 사용한 수의 범위가 점점 넓어졌습니다. 최초에는 1, 2, 3과 같은 자연수만을 다루었지만 곧 0을 포함시키게 되었고, 0보다 작은 수를 포함하는 정수 체계를 사용하게 되었습니다. 그리 오래 지나지 않아서 수 체계는 유리수와 무리수를 포함하는 실수로 확장됩니다.

보통 프로그래밍 언어는 인간이 최초에 사용했던 수 체계를 그대로 기본 타입으로 제공하는데, 이것이 바로 정수 타입입니다. 정수 타입은 두 가지로 나누어집니다. 첫 번째가 0과 자연수를 나타내는 타입이고, 두 번째가 0, 자연수, 음의 정수를 모두 나타내는 타입입니다. 각각을 '부호 없는 정수 타입'과 '부호 있는 정수 타입'이라고 합니다. 간단히 정리하면 부호 없는 정수 타입은 {0, 1, 2, 3, …}이고, 부호 있는 정수 타입은 {…, −3, −2, −1, 0, 1, 2, 3, …}입니다. 여기서 의문이 생깁니다. 부호 있는 정수 타입이 부호 없는 정수 타입을 포함하므로 하나만 사용하면 될 것 같기 때문입니다. 왜 굳이 둘로 나누어 놓은 것일까요? 바로 타입의 크기 때문입니다. 1바이트는 256가지 상태를 나타낼 수 있습니다. 이 상태를 부호 없는 정수에 대응시킬 경우 {0, 1, …, 255}를 나타낼 수 있습니다. 반면 부호 있는 정수에 대응시킬 경우는 {−128, −127, …, −1, 0, 1, …, 127}을 나타낼 수 있습니다. 즉, 같은 크기의 바이트로 나타낼 수 있는 수의 범위가 달라지기 때문에 굳이 부호 없는 정수 타입과 부호 있는 정수 타입을 나누어서 사용하는 것입니다.

1 부호 없는 정수 Unsinged Type

0, 1, 2, 3, …과 같이 0을 포함한 자연수를 부호 없는 정수(Unsigned Type)라고 합니다. 부호가 항상 양이기 때문에 unsigned로 표시합니다(+ 기호는 생략하는 것과 같습니다). 부호 없는 정수 타입으로 unsinged short, unsigned int, unsigned long, unsigned __int64 등이 있으며, 이 타입들은 크기만 다를 뿐 각 숫자가 비트열로 대응되는 규칙은 모두 일정합니다. 타입들의 비트열 크기(비트 수)가 다르기 때문에 각 타입이 표현할 수 있

는 최대 숫자의 크기 역시 각각 달라지게 됩니다.

여기서는 숫자와 비트열이 대응되는 규칙을 설명하기 위하여 간단하게 4비트만을 사용합니다. 4비트는 2의 4승으로 16가지 상태를 나타낼 수 있으며 부호 없는 정수를 대응할 경우 0부터 15까지 표현할 수 있습니다.
〈그림 8-1〉은 부호 없는 정수 0~15가 4비트의 집합으로 어떻게 대응되는지를 보여 줍니다. 가장 중요한 점이라면 모든 비트가 0인 상태가 바로 숫자 0과 대응된다는 것입니다. 사실상 초등학교에서 배웠던 2진법을 그대로 따르고 있음을 알 수 있습니다.

그림 8-1
unsigned type - 4비트 표현

F	1111
E	1110
D	1101
C	1100
B	1011
A	1010
9	1001
8	1000
7	0111
6	0110
5	0101
4	0100
3	0011
2	0010
1	0001
0	0000

그림에서는 지면 관계상 4비트만을 사용했지만, 타입에 따라서 크기가 달라집니다. unsigned short의 경우 2바이트(16비트), unsigned int의 경우 4바이트(32비트), unsigned __int64의 경우 8바이트(64비트)를 사용해서 숫자를 대응시킵니다. 당연히 타입 크기가 클수록 많은 숫자를 대응시킬 수 있습니다. 대응 범위는 다음과 같습니다.

표 8-1
타입별 크기 및 표현 범위

타입	크기	범위
unsigned short	2바이트	0~65,535
unsigned int	4바이트	0~4,294,967,295
unsigned __int64	8바이트	0~18,446,744,073,709,551,615

〈표 8-1〉에서 볼 수 있듯이 unsinged int의 경우 대략 42억까지 사용할 수 있습니다. 그러나 이 세상에는 42억을 넘는 숫자를 쉽게 찾을 수 있습니다. 지구 인구만 해도 70억 명이 넘고, 우리나라 1년 예산만 해도 400조 원 가까이 됩니다. 즉, unsigned int로는 처리할 수 없는 지표들이 많이 있습니다. 따라서 8바이트 크기의 unsigned __int64가 도입되었는데 말로 표현하기도 어려운 큰 수를 나타낼 수 있습니다.

여기서 다시 의문이 들 수 있습니다. unsigned __int64만 사용하면 굉장히 큰 수를 표현할 수 있으니 나머지 타입(unsigned short, unsigned int)은 불필요한 것이 아닐까 라는 것입니다. 그런 의견도 충분이 타당성이 있긴 합니다만 컴퓨터에서 메모리는 무척 귀한 편입니다. 즉, 학교의 학생 수를 저장하는 변수는 2바이트의 unsigned short면 충분하지 굳이 8바이트의 unsigned __int64를 사용하면서 6바이트를 낭비할 필요는 없는 것입니다.

2 부호 있는 정수 Singed Type

부호 없는 정수 타입을 이해하는 것은 별로 어렵지 않습니다. 그러나 부호 있는 정수 타입은 약간 어렵습니다. 음의 정수를 이진법으로 나타내기 때문입니다. 초등학교에서 음의 정수를 이진법으로 표현하는 방법을 배운 적은 없는 것 같지만 그렇게 어려운 것도 아닙니다. 가령 −3을 2진법으로 표현한다면 −11로 표현하면 그만이기 때문입니다. 문제는 2진법 −11은 사람만 사용하는 표기법이고 컴퓨터는 사용하지 않는 방식이라는 점입니다. 컴퓨터는 −11의 음수 부호(−)를 위하여 비트 하나를 사용합니다. 보통 부호(+, −)를 나타내기 위하여 최상위의 1비트를 사용하는 것이죠. 이것을 부호 비트라고 합니다. 그러나 위와 같이 부호 비트를 이용해서 음수를 표현하는 방식은 큰 문제점을 가지고 있습니다. 과연 어떤 문제가 있는지 알아볼까요?

처음에는 최상위(가장 왼쪽 끝) 비트를 부호 비트로 사용하기로 했습니다. 즉, 4비트로 정수를 표현하면 다음과 같습니다.

그림 8-2

signed type - 4비트 표현

7	0111
6	0110
5	0101
4	0100
3	0011
2	0010
1	0001
0	0000
-0	1000
-1	1001
-2	1010
-3	1011
-4	1100
-5	1101
-6	1110
-7	1111

〈그림 8-2〉처럼 최상위 비트를 부호 비트로 사용할 경우 부호 있는 정수 −7~7까지를 대응할 수 있습니다. 괜찮은 방식 같아 보이지만 단점이 있습니다. 바로 0이 두 개의 비트열(0000, 1000)로 대응된다는 것입니다(물론 이것을 큰 장점이라고 지지하는 학자도 있긴 했지만 학계에서 받아들여진 것은 아닙니다). 그로 인해서 기존에는 16개의 수를 대응시킬 수 있었지만, 15개밖에 표현할 수 없는 문제가 생겼습니다(0000과 1000은 결국 0으로 같습니다). 더 큰 문제는 컴퓨터 CPU 안의 누산기를 설계하기가 어렵다는 점입니다. 누산기란 덧셈, 뺄셈과 같은 사칙연산을 처리하는 가산회로와 레지스터(일종의 메모리)로 이루어진 CPU의 전자 회로인데, 음수를 대상으로 더하기를 처리하기 위해서는 꽤 복잡한 논리회로를 구현해야만 하는 것이죠. 가령 4 + (−3)을 처리할 경우 (0100, 1011)을 입력 받아서 0001을 출력하는 논리 회로를 작성해야만 하는 것입니다(만들 수는 있지만 회로가 복잡해집니다).

이와 같은 단점으로 인하여 단지 최상위 비트만 부호 비트로 사용하는 대응법은 채택될 수 없었고 새로운 방식이 도입되었는데, 그것이 바로 2의 보수(2's Complement)법입니다.

3 2의 보수
2's Complement

'2의 보수'라는 말에서 '1의 보수'도 있을 것이라고 생각할 수 있는데, 당연히 1의 보수도 있습니다. 먼저 1의 보수를 살펴보겠습니다. 어떤 이진수에서 각 비트를 반전시킨 것을 1의 보수라고 합니다. 즉, 4비트로 표현한 3이라는 숫자는 0011이 되는데, 이것의 1의 보수는 1100인 것입니다.
그렇다면 2의 보수란 무엇일까요? 바로 1의 보수에 1을 더한 것입니다. 따라서 3의 2의 보수는 0011 → 1100 + 1 → 1101입니다.

2의 보수법은 무엇일까요? 바로 2의 보수를 부호가 반대인 수로 사용하기 위한 대응 방법입니다. 예를 들어서 3은 이진수로 0011이고, 3의 2의 보수는 앞서 보았듯이 1101입니다. 여기서 나온 1101을 부호가 반대인 −3으로 대응시키는 것이 핵심입니다. 당연히 반대도 성립합니다. 1101이 −3이므로 −3의 2의 보수는 1101 → 0010 + 1 → 0011이 되어서 부호가 반대인 3이 됩니다.

부호가 반대인 수를 표현하기 위해서 2의 보수를 사용하는 이유가 궁금할 것입니다. 2의 보수를 사용하면 무엇이 좋아지는 것일까요? 앞에서 얘기했던 단점들이 사라지게 됩니다. 즉, 0이 두 개의 비트열로 대응되지 않아서 4비트로 16개의 수를 표현할 수 있습니다. 게다가 누산기를 만드는 것이 간단해집니다. 어떻게 2의 보수법이 그런 결과를 가져올 수 있는지 살펴보겠습니다.

제가 국민학생(지금의 초등학생)이던 시절에는 8비트 컴퓨터가 유행했는데, 게임을 하기 위해서는 게임이 저장된 카세트 테이프를 데이터 레코더에 넣고 한참을 읽어야 했습니다. 용량이 적은 것은 몇 분만 읽으면 되지만, 좀 큰 것은 몇십 분 정도 읽었던 기억이 납니다 (게임 한번 하기 참 어려웠던 시절입니다). 데이터 레코드에는 어느 정도 테이프를 읽었는지를 표시해 주는 장치가 있었는데, 모양이 마치 여행용 캐리어 가방의 비밀번호를 입력하는 잠금 장치와 비슷했습니다. 숫자 세 개로 표시되는데 처음에는 000부터 시작해서 999까지 진행된 뒤에 다시 000으로 돌아가는 방식입니다. 자동차의 총 주행거리 표시도 같은 방식인데, 설마 주행거리가 999,999km를 넘어서는 자동차는 없겠지만 만일 있다면 최대치를 넘어서는 순간 다시 000,000km로 돌아갈 것입니다. 이 이야기를 꺼낸 이유는 2의 보수법이 바로 이와 같은 방식이기 때문입니다.

4비트로 표현되는 2진수는 0000에서 시작하여 1111로 진행한 뒤에 다시 0000으로 돌아갑니다. 2의 보수법은 0000을 0으로 대응시키고, 순서대로 다음 숫자인 0001을 1로, 반대로 0000의 이전 숫자인 1111을 −1로 대응시키는 방식입니다. 따라서 2의 보수법으로 표현된 대응표를 살펴보면 0과 −1이 가장 중심에 나타나게 됩니다. 그러므로 4비트로 표현되는 2의 보수법은 −8 ~ 7까지 나타낼 수 있습니다. 눈여겨볼 점은 2의 보수법으로 인하여 음수의 경우 최상위 비트가 항상 1이 되므로 자연스럽게 부호 비트가 된다는 점입니다. 즉, 최상위 비트만 조사해도 양수인지 음수인지 판단할 수가 있게 되는 것입니다.

그림 8-3

2의 보수법 - 4비트 표현

	...
	1001
	1000
7	0111
6	0110
5	0101
4	0100
3	0011
2	0010
1	0001
0	0000
-1	1111
-2	1110
-3	1101
-4	1100
-5	1011
-6	1010
-7	1001
-8	1000
	0111
	0110
	...

2의 보수법 범위

〈그림 8−3〉의 대응에서 외워 두면 좋은 것이 몇 가지 있습니다. 가장 작은 수는 부호 비트가 1이면서 나머지 비트는 모두 0인 것이고, −1은 모든 비트가 1이라는 사실입니다. 반대로 가장 큰 수는 부호 비트가 0이면서 나머지 비트는 모두 1인 것이죠. 프로그래밍에서 비트 연산을 하는 일이 많은데 이것을 외우면 의외로 유용합니다.

앞에서 누산기 설계가 쉬워진다고 했는데 실제로 그런지 살펴볼까요? 4 + (-3)을 2의 보수법으로 계산하면 단순한 덧셈 회로에 의해서 0100 + 1101 = (1)0001이 될 것이고, 왼쪽의 넘치는 1비트를 버리면 0001이 되어서 1이 나오게 됩니다. 즉, 각 비트의 덧셈 처리만 하는 회로만으로 뺄셈(음수의 덧셈)도 처리할 수 있는 것입니다.

2의 보수법은 이런 장점으로 인하여 부호 있는 정수를 비트열로 대응시키는 표준 방식이 되었고, C 언어뿐 아니라 모든 프로그래밍 언어의 부호 있는 정수 타입 표현 방식으로 자리잡게 됩니다.

4 정수 타입 크기

부호가 없는 정수 타입을 나타낼 때는 앞에 unsigned 키워드가 붙습니다. 그래서 unsigned short, unsigned int, unsigned long, unsigned __int64 등으로 표기합니다. 반대로 부호가 있는 타입은 부호를 강조하기 위하여 signed 키워드를 붙일 수도 있지만 대부분의 코드에서는 생략한 채로 short, int, long, __int64 등으로 표기합니다.

short, int, long, __int64의 차이는 무엇일까요? 이름에서 알 수 있듯이 상대적인 크기를 나타냅니다. short보다는 int가 조금 클 것 같고, int보다는 long이 더 클 것 같습니다. 하지만 아쉽게도 꼭 그런 것은 아닙니다. 타입의 크기는 시스템에 따라서 달라지기 때문입니다. 무슨 의미인가 하면 어떤 시스템에서는 int와 long이 모두 4바이트이지만, 다른 시스템에서는 int와 long 모두 8바이트인 경우도 있습니다. 이렇게 시스템마다 호환성이 떨어지는 것은 C/C++의 문제점 중 하나라고 할 수 있습니다. 이런 문제 때문에 최신 언어들은 타입에 따른 크기가 명확하게 고정되어 있습니다.
타입 크기가 시스템에 따라서 상대적이라고 해서 그냥 모르고 넘어갈 수는 없습니다. 따라서 가장 대표적인 시스템의 타입 크기를 살펴보겠습니다. Windows나 Linux 계열에서 short는 2바이트, int는 4바이트, __int64(long long)는 8바이트입니다. 참고로 Linux 계열은 __int64 대신 long long이란 표기를 사용합니다.
시스템에 따라서 가장 문제가 되는 타입은 바로 long입니다. 32비트 Windows, Linux 시스템에서 long은 4바이트로 두 시스템에서 크기가 같지만, 64비트의 경우 Windows는 여전히 4바이트이지만, Linux에서는 8바이트로 크기가 달라집니다. 따라서 C/C++에서 long 타입을 사용할 경우 서로 다른 시스템 간 코드 이식에 문제가 될 수 있습니다. 그러므로 정수형 타입으로는 가급적 long을 사용하지 않는 것이 좋습니다.

Chapter

03 부동소수점 타입

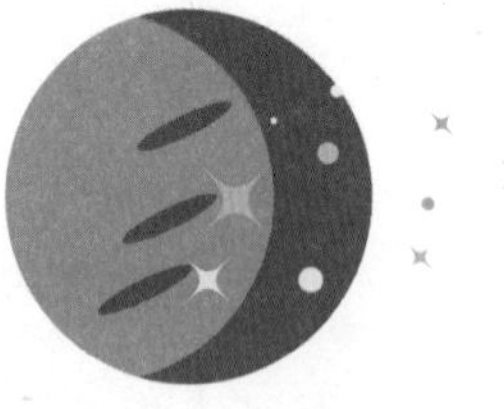

수에는 정수만 있는 것이 아니라 분수로 표현되는 유리수와 $\sqrt{2}$와 같은 무리수도 있습니다. 유리수와 무리수를 합쳐서 실수라고 부르는데 실수를 표현하기 위한 타입이 바로 부동소수점입니다. 이미 앞에서 살펴본 것처럼 모든 실수를 컴퓨터로 표현할 수 있는 것은 아닙니다. 특정한 크기의 비트열로 표현할 수 있는 상태의 수는 유한하지만, 어떤 구간을 잡아도 그 안에 포함된 실수는 무한하게 존재하기 때문입니다. 부동소수점은 실수를 표현하기 위한 타입이지만 정확하게 실수를 표현할 수 없기 때문에 가장 가까운 수를 대신 사용합니다.

1 고정소수점과 부동소수점

'부동소수점(浮動小數點數)'이란 단어의 뜻을 살펴봅시다. 부동소수점의 부동(浮動)은 움직이지 않는다[不動]는 뜻이 아니라 둥둥 떠다닌다는 의미입니다. 즉, 실수를 표현할 때 소수점의 위치를 고정하지 않는 것을 말합니다. 왜 소수점을 고정하지 않는 것일까요? 부동소수점과 대응되는 개념인 고정소수점을 살펴보면 그 이유를 알 수 있습니다. 가령 123.456을 1바이트 변수에 저장한다고 생각해 보겠습니다. 고정소수점은 정수 부분 123과 소수 부분 456으로 나눌 수 있기 때문에 각각을 비트열로 변환해서 저장해야 합니다.
1바이트는 8비트이므로 첫 비트는 부호, 4비트는 정수 부분, 3비트는 소수 부분을 저장한다고 가정해 보겠습니다. 이럴 경우 정수 부분은 0~15까지만 가능하므로 1바이트 고정소수점이 나타낼 수 있는 수의 범위는 -16~16이 됩니다.

이제 부동소수점에 대해서 살펴보겠습니다. 부동소수점은 소수점을 적당한 위치로 옮겨서 특정한 포맷으로 만드는 것부터 시작합니다. 즉, 123.456을 표현할 때는 먼저 포맷을 0.123456×10^{3}처럼 바꿉니다. 이때 123456은 유효숫자가 되고, 3은 소수점의 위치가 됩니다. 따라서 부동소수점을 저장할 때는 123456과 3만 저장하면 되는 것입니다.
고정소수점과 마찬가지로 부동소수점을 1바이트에 저장해 보겠습니다. 역시 첫 비트는 부호용이고 4비트를 유효숫자, 3비트를 소수점 위치를 저장하는 데 쓴다고 해 보겠습니다.

유효숫자는 0~15이지만 소수점의 위치는 3비트이므로 여덟 가지 상태를 나타낼 수 있고 이를 −3~4에 대응시킨다면 그 범위는 $-16 \times 10^4 \sim 16 \times 10^4$까지 가능해집니다.
부동소수점을 사용하게 되면 고정소수점보다 더욱 넓은 범위의 실수를 유연하게 저장할 수 있기 때문에 프로그래밍에서 실수를 표현할 때는 부동소수점 타입을 주로 사용하는 것입니다. 사실 계산기만 봐도 왜 부동소수점을 사용하는지를 알 수 있습니다. 계산기가 표현할 수 한계(칸)를 넘어설 경우 E(e)가 나오면서 지수 표기법이 나오는 것을 확인할 수 있는데, 여기서 E(e)가 바로 부동소수점 즉, 소수점의 위치를 표시하겠다는 의미인 것입니다.

한 가지 더 주의할 점도 있습니다. 123.456을 부동소수점으로 표현할 경우 0.123456×10^3이 되며 여기서 유효숫자인 123456을 표현할 수 있는 유효숫자의 범위는 0~15이므로 유효숫자의 끝 4자리인 3456은 버리고 결국 12만 남는다는 점입니다. 즉, 부동소수점으로 표현하면 0.12×10^3이 되는 것입니다. 이 때문에 위에서 부동소수점은 실수를 정확하게 표현하는 것이 아니라 가장 가까운 수를 대신 사용한다고 말한 것입니다.

2 부동소수점과 2진법

지금부터 C 언어를 비롯하여 대부분의 프로그래밍 언어가 실수를 표현하기 위하여 기본으로 제공하고 있는 부동소수점 타입의 구조를 살펴보겠습니다.

정수는 '2의 보수법'을 통해서 정수 타입으로 표현됩니다. 그렇다면 1보다 작은 소수는 어떤 변환 방식을 사용해서 부동소수점 타입으로 표현하는 것일까요? 그 전에 실수를 2진법으로 표현하는 방법부터 알아야만 합니다.

10진법으로 표현되는 −9.6875를 2진법으로 나타내 보겠습니다. 먼저 대상이 되는 실수를 부호, 정수, 소수로 나누어야 합니다. 부호는 음수이고, 정수 9는 2진수로 1001이 되는 것을 알 수 있습니다. 소수 부분이 문제인데, 초등학교에서 배운 방식의 반대로 생각하면 됩니다. 정수 부분을 2진수로 변환할 때는 2로 나누어서 나머지를 구했는데, 소수 부분의 경우 2를 곱해서 정수 부분을 취하면 됩니다. 0.6875를 2진수로 변환하는 절차는 다음과 같습니다.

그림 8-4

소수 부분 2진법 변환

2	0.6875
	1.375
2	0.375 …1
2	0.75 …0
	1.5
2	0.5 …1
	1.0
	0.0 …1

〈그림 8-4〉와 같이 소수 부분에 2를 곱하면서 진행합니다. 만일 2를 곱한 결과가 1을 넘을 경우 1을 뺍니다. 각 단계에서 정수 부분(1 또는 0)을 2진수로 얻어냅니다. 위의 경우 최종 결과가 0.0이 나와서 멈추었지만, 보통 대부분의 실수는 무한히 순환하면서 반복됩니다. 즉, 적당한 개수의 유효숫자만을 얻어낼 수 있는 것입니다. 결국 −9.6875를 2진법으로 표현하면 −1001.1011이 된다는 것을 알 수 있습니다.

3 부동소수점 구조

앞에서 예로 들었던 −9.6875를 부동소수점 타입으로 변환하면서 부동소수점의 구조를 파악해 봅시다. −9.6875는 2진법으로 −1001.1011로 표현되고, 이를 부동소수점으로 저장하려면 먼저 정규화 과정을 거쳐야 합니다. 정규화란 2진법으로 표현된 숫자의 정수부가 1이 되도록 적절하게 소수점 위치를 조정하는 것을 말합니다. −1001.1011을 정규화할 경우 -1.0011011×2^3이 됩니다

실수를 2진법으로 변환하고 정규화하면 부동소수점 변환의 기본은 마친 셈입니다. 지금부터 기억해야 할 것은 '부호, 지수, 유효숫자'입니다. 앞서 −1001.1011을 정규화한 결과인 -1.0011011×2^3를 살펴보면, 먼저 부호가 −이므로 음수입니다. 곱셈의 앞부분인 −1.0011011에서 소수 부분인 0011011이 유효숫자이고, 곱셈의 뒷부분인 2^3이 지수부이며, 2^3에서 3을 지수라고 합니다. 유효숫자에서 앞의 정수부 1을 제외한 이유는 정규화 과정을 거치면 정수부가 항상 1이 되므로 저장할 필요가 없기 때문입니다.
정리하면 다음과 같습니다.

그림 8-5
실수 부동소수점 변환

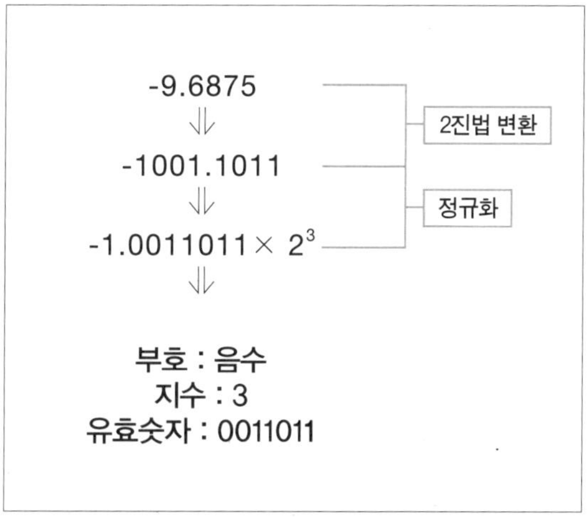

〈그림 8-5〉는 실수를 부동소수점으로 변환하기 위한 기본적인 과정을 보여 줍니다. 핵심은 실수로부터 '부호, 지수, 유효숫자'를 구하는 것입니다. 이제 남은 작업은 이미 약속된 부동소수점 타입의 구조에 맞게 '부호, 지수, 유효숫자'를 각각 비트열로 잘 배치하는 것입니다.

C/C++, Java를 비롯하여 많은 프로그래밍 언어는 부동소수점 타입으로 float(32비트), double(64비트)을 제공합니다. 부동소수점 형식은 정해진 비트(32비트 / 64비트)를 적절히 분배하여 '부호, 지수, 유효숫자'를 할당하는 규칙입니다. 일반적으로 가장 많이 사용되는 표준은 IEEE754입니다.

표 8-2
부동소수점 타입 구조

	부호(비트)	지수(비트)	유효숫자(비트)	총합(비트)
float	1	8	23	32
double	1	11	52	64

〈표 8-2〉는 IEEE754가 규정한 float와 double의 구조입니다. 부호는 공통적으로 1비트를 차지하는데, 양수면 0, 음수면 1이 됩니다. float와 double의 다른 부분은 지수와 유효숫자에 할당된 비트 수인데, double에 할당된 비트 수가 더 많습니다. 그래서 double이 float보다 정밀도가 좋으며 표현 범위도 훨씬 넓어지는 것입니다.
정밀도가 높다는 의미는 실수를 표현하는 데 있어서 오차가 적다는 것입니다. 앞에서 부동소수점 타입은 모든 실수를 완벽하게 표현할 수 없기 때문에 표현이 가능한 가장 가까운 수를 대신 사용한다고 했습니다. 당연히 오차가 생기게 되는데, 정밀도가 높을수록 오차가 줄어든다는 의미입니다.

표현 범위가 넓다는 것은 지수의 비트 수가 늘어나기 때문에 더 큰 수를 표현할 수 있다는 말입니다. 따라서 실수를 표현하기 위해서는 가능하다면 double을 사용해야 합니다. 그러나 여기서는 부동소수점의 구조를 알아보는 것이 목적이므로 편의상 float를 기준으로 설명합니다.

그림 8-6

실수의 부동소수점 형식

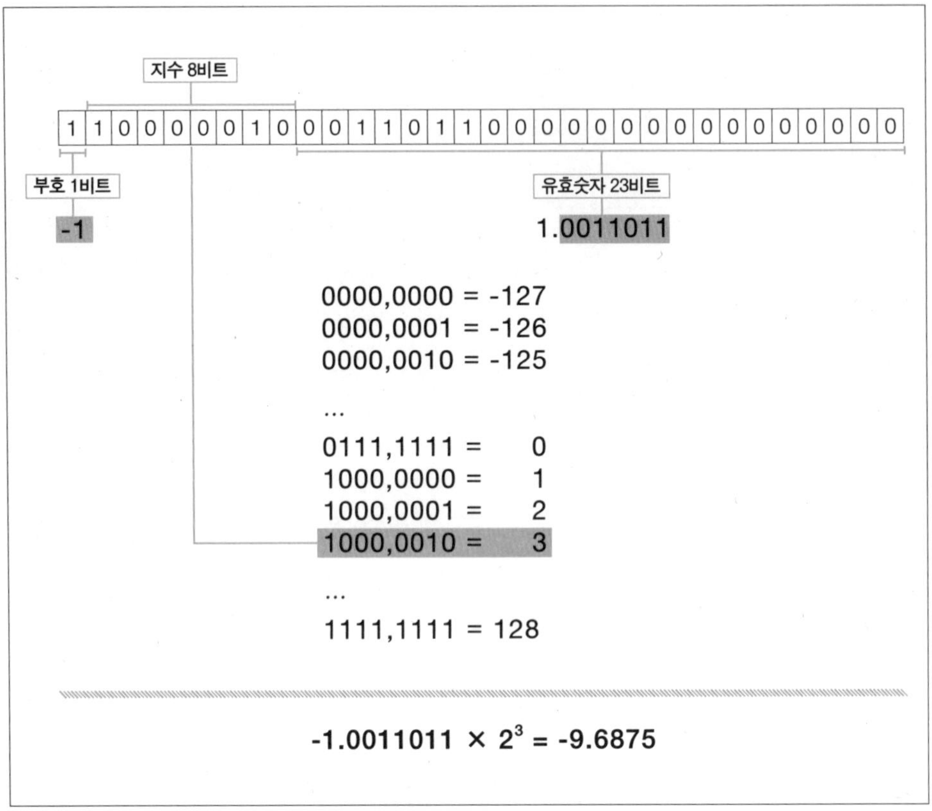

〈그림 8-6〉은 실수 −9.6875가 float로 어떻게 표현되는지를 보여 줍니다. −9.6875는 부호가 음수이므로 맨 앞의 비트는 1로 채울 것이고, 유효숫자인 0011011은 float의 유효숫자 23비트에 그대로 옮겨집니다.

지수가 조금 이해하기 어려울 수 있는데, float에서 지수부는 8비트이므로 2의 8승인 256개의 지수를 나타낼 수 있으며, 지수의 범위는 −127~128입니다.

그림에서 볼 수 있듯이 지수부는 [0000,0000]~[1111,1111]까지 그대로 −127~128로 대응시킵니다. 따라서 −9.6875의 지수는 3이며, 이는 −127을 기준으로 131번째이므로 131을 지수 8비트로 변환하면 [1000,0010]이 됩니다.

부동소수점 타입의 구조를 살펴보았는데 정수 타입에 비해서 상당히 복잡하다는 것을 알 수 있습니다. 최대한 간단하게 소개하기 위해서 어려운 부분의 설명은 과감히 생략하였습니다. 좀 더 깊게 부동소수점 타입에 대해서 알기를 원한다면 필자가 쓴 〈Fundamental C++ 프로그래밍 원리〉 혹은 IEEE754에 관련된 전문 서적을 참조하시기 바랍니다.

4 부동소수점의 표현 한계

맨 처음 가졌던 의문에 대해서 다시 생각해 봅시다. 처음 타입을 소개할 때 '정수는 실수에 포함되므로 실수를 표현하는 부동소수점만 사용하면 되지 않을까?'라는 의문을 품었는데, 실제로 그런 의문에 답한 언어도 있습니다. 바로 JavaScript인데, 숫자를 표현할 때 내부적으로 부동소수점만 사용합니다. 따라서 JavaScript에서는 0이 +0과 −0 둘 다 존재합니다. 앞에서 살펴본 부동소수점 구조에 따르면 지수와 유효숫자가 모두 0일 경우 부호에 따라서 +0, −0이 가능합니다.

JavaScript처럼 다른 언어도 부동소수점만 사용하면 되지 않을까요? 절대 그럴 수가 없습니다. 결정적인 이유는 부동소수점 타입이 정수 타입을 온전히 포함하지 못하기 때문입니다.

상식적으로 생각해 봅시다. float는 4바이트고, int 역시 4바이트입니다. 4바이트가 나타낼 수 있는 상태의 수는 4,294,967,296개입니다. 각각의 상태를 특정한 수에 대응시킬 때 int는 오직 정수만을 대응시키지만 float의 경우 정수가 아닌 실수도 대응시킵니다. 결국 int가 표현할 수 있는 정수 중 일부는 float로 표현할 수 없는 것입니다. 그렇다면 float가 아닌 double을 사용하면 되지 않을까 생각할 수 있지만, double과 __int64는 같은 8바이트이기 때문에 역시 똑같은 문제가 발생하게 됩니다(또한 실제로 double을 사용한다고 해서 int가 표현할 수 있는 모든 정수가 대응되는 것도 아닙니다). 간단한 예제를 통해서 정말 그런지 확인해 보겠습니다.

[소스 8-1] float - 4의 배수만 표현

```
#include <stdio.h>

void main()
{
  float f1 = 33554432;    // (1)
  printf("%f\r\n", f1);

  float f2 = 33554433;    // (2)
  printf("%f\r\n", f2);

```

```
    float f3 = 33554434;    // (3)
    printf("%f\r\n", f3);

    float f4 = 33554435;    // (4)
    printf("%f\r\n", f4);

    float f5 = 33554436;    // (5)
    printf("%f\r\n", f5);
}
```

[출력결과]

```
33554432.000000    // (1)
33554432.000000    // (2)
33554432.000000    // (3)
33554436.000000    // (4)
33554436.000000    // (5)
```

〈소스 8-1〉은 부동소수점을 출력하기 위하여 printf에서 %f라는 형식 지정을 사용합니다. float 변수 f1~f5에는 각각 33,554,432부터 33,554,436을 대입합니다. 그러나 결과에서 알 수 있듯이 f1~f3은 모두 33,554,432를, f4~f5는 33,554,436을 출력합니다. 정확한 정수를 구별하지 못하는 이유는 부동소수점 구조에 의해서 오차가 발생하기 때문입니다.
일반적으로 부동소수점에서 지수가 커질수록 오차 또한 급격하게 커집니다. 보통 부동소수점으로 표현 가능한 이웃된 숫자 사이의 격차는 2의 제곱만큼 커지게 됩니다.

왜 부동소수점 타입은 이런 구조로 설계된 것일까요? 바로 인간이 그와 유사한 방식으로 수를 세기 때문입니다. 나이를 따져 볼까요? 갓 태어난 아기의 나이를 따질 때는 태어난 지 며칠 지났다고 표현합니다만 서너 살까지는 몇 개월 지났다고 얘기합니다. 그러나 어느 정도 나이가 차면 연 단위로 나이를 말합니다. 나이의 대상이 사람이 아닐 경우는 더욱 극명하게 드러납니다. 암석의 경우 최소 십만 년~백만 년 단위로 얘기하지 정확히 몇 년 지났다고 하지 않습니다. 우주의 나이는 기본 단위가 수억 년입니다. 현재 우주의 나이를 150억 년~200억 년 정도 되었다고 말합니다.

5 부동소수점 사용 시 주의점

우주의 나이를 계산할 때 빅뱅 이후 정확하게 몇 년 따지는 것이 무의미하듯이, 부동소수점 타입을 이용해서 큰 숫자에 대해 정밀하게 계산하는 것은 무척 위험한 일입니다. 따라서 정수 단위로 큰 수를 정확하게 다루어야 한다면 64비트 정수 타입인 __int64(Linux에서는 long long)를 사용해야 합니다.

[소스 8-2] float와 __int64 비교

```
01 #include <stdio.h>
02
03 void main()
04 {
05   float f = 33554432 + 3;
06   printf("%f\r\n", f);     // (1)
07
08   long long ll = 33554432 + 3;
09   printf("%lld\r\n", ll);     // (2)
10 }
```

[출력결과]

```
33554436.000000
33554435
```

〈소스 8-2〉의 5~6행을 살펴봅시다. 분명히 변수 f에 33,554,435를 대입했음에도 불구하고 출력 시에는 1이 더 큰 33,554,436이 출력됩니다. 출력의 문제가 아니라 f에 정수가 대입되는 순간에 이미 33,554,436이 선택된 것뿐입니다. 반면 8~9행의 long long 타입 변수 ll은 아무 문제 없이 입출력이 이루어집니다. 다시 한번 강조하지만 정수의 계산은 정수 타입 변수를 이용해야 합니다.

만일 부동소수점으로만 계산해야 한다면 계산 과정의 오차를 줄이기 위해서 float보다는 정밀도가 훨씬 큰 double을 사용해야 합니다. 물론 double을 사용한다고 해서 문제가 완전히 사라지는 것은 아니겠지만 오차를 훨씬 작은 수준으로 줄일 수 있습니다.

6 부동소수점 부가 정보

부동소수점은 아주 작은 수와 아주 큰 수를 표현하기 위하여 설계되었습니다. 그러나 이것이 전부인 것은 아닙니다. IEEE754 부동소수점은 좀 더 특별한 수를 표현할 수 있도록 추가적인 규정이 마련되어 있습니다. 바로 무한(Infinity)과 NaN(Not a Number)입니다. 무한이야 개념적으로 알고 있을 것이고, NaN은 미정의 결과 혹은 값이 없는 상태를 나타냅니다. 해당 내용은 이 책의 범위를 넘어서기 때문에 특별히 추가적인 설명을 하지는 않겠습니다. 단지 부동소수점 타입은 특수한 숫자도 표현할 수 있다는 사실만 기억하면 충분합니다.

Chapter

04 문자 타입

대부분의 프로그래밍 언어는 문자 하나를 나타낼 수 있는 문자 타입을 기본으로 제공합니다. C 언어를 비롯하여 많은 프로그래밍 언어가 제공하는 대표적인 문자 타입은 1바이트 크기의 char가 있는데 아쉽게도 알파벳 기준으로 만들어진 타입입니다(Java의 char는 2바이트이며 유니코드를 지원합니다). 즉, 한글이나 한자를 char 변수에 저장할 수가 없습니다. 그렇다고 낙담할 필요는 없습니다. 왜냐하면 대부분의 프로그래밍 언어가 전세계 문자를 나타낼 수 있는 유니코드를 지원하기 때문입니다. 실제 C 언어에서는 한글 및 한자를 저장할 수 있는 유니코드 기반의 2바이트 wchar_t도 제공하고 있습니다. 여기서는 각 문자 타입의 특징을 살펴보면서 유니코드도 알아보겠습니다.

1 기본 문자 타입 char

C 언어의 char는 아스키(ASCII) 인코딩을 사용하여 각각의 문자를 1바이트(8비트)에 대응시킵니다. 아스키에서 다루는 문자는 알파벳 대소문자와 숫자, 특수문자, 제어문자 등으로 이루어져 있습니다. 아스키 문자의 개수는 128개라 1바이트중 7비트만 사용하며, 맨 왼쪽 비트는 0으로 설정되어 있습니다.

〈그림 8-7〉은 아스키(ASCII) 코드표입니다. 32번부터 실제 출력 가능한 문자들이 보입니다. 32번의 SP는 공백(Space)을 의미합니다. 간단하게 아스키 코드를 모두 출력하는 예제를 살펴보겠습니다.

그림 8-7

아스키(ASCII) 코드표

10진수	ASCII	10진수	ASCII	10진수	ASCII	10진수	ASCII
0	NULL	32	SP	64	@	96	.
1	SOH	33	!	65	A	97	a
2	STX	34	“	66	B	98	b
3	ETX	35	#	67	C	99	c
4	EOT	36	$	68	D	100	d
5	ENQ	37	%	69	E	101	e
6	ACK	38	&	70	F	102	f
7	BEL	39	‘	71	G	103	g
8	BS	40	(	72	H	104	h
9	HT	41	)	73	I	105	i
10	LF	42	*	74	J	106	j
11	VT	43	+	75	K	107	k
12	FF	44	‘	76	L	108	l
13	CR	45	–	77	M	109	m
14	SO	46	,	78	N	110	n
15	SI	47	/	79	O	111	o
16	DLE	48	0	80	P	112	p
17	DC1	49	1	81	Q	113	q
18	SC2	50	2	82	R	114	r
19	SC3	51	3	83	S	115	s
20	SC4	52	4	84	T	116	t
21	NAK	53	5	85	U	117	u
22	SYN	54	6	86	V	118	v
23	ETB	55	7	87	W	119	w
24	CAN	56	8	88	X	120	x
25	EM	57	9	89	Y	121	y
26	SUB	58	:	90	Z	122	z
27	ESC	59	;	91	[	123	{
28	FS	60	〈	92	₩	124	|
29	GS	61	=	93	]	125	}
30	RS	62	〉	94	^	126	~
31	US	63	?	95	_	127	DEL

[소스 8-3] char – ASCII 출력

```
01 #include <stdio.h>
02
03 void main()
04 {
05   for(int i = 0; i < 128; i++)
06   {
07     char a = i;
08     printf(“%c”, a);
09   }
10
11   printf(“\r\n”);
12 }
```

〈소스 8-3〉은 아스키 코드 0번부터 127번까지 해당하는 문자를 출력하는 예제입니다. 소스 중에는 처음 보는 구문도 있을 수 있으니 몇 가지 먼저 설명하겠습니다.

5행은 반복문을 나타냅니다. 나중에 제어문에 대해서 자세히 배우겠지만 간단하게 설명하면 변수 i를 0부터 127까지 1씩 증가시키면서 6~9행 블록{ ~ } 안의 내용을 반복하라는 의미입니다. 즉, 반복 횟수는 128번이 됩니다.

7행은 char 타입 변수 a를 마련하고 변수 i에 담긴 값을 대입하라는 의미입니다. 이렇게 char 타입 변수 a에 숫자를 대입할 경우 a는 해당 숫자가 나타내는 아스키 코드 문자를 나타내게 됩니다.

8행의 printf에서 새로운 형식 지정 %c가 보입니다. 사실 char 타입은 int 타입처럼 부호 있는 정수 타입이며, 크기가 1바이트라서 −127 ~ 128의 정수를 표현할 뿐입니다. 따라서 char 타입 변수 사이의 수치 계산도 가능합니다. char가 문자 타입으로 사용될 때는 실제로 문자가 출력될 때입니다. char 타입 변수의 값을 문자로 출력하라는 지시를 내리는 것이 바로 형식 지정 %c인 것입니다.

char는 기본적으로 아스키 문자 타입이지만 본질적으로 부호 있는 정수 타입이기 때문에 수학 연산도 가능합니다.

[소스 8-4] char - 1바이트 정수 타입

```
1 #include <stdio.h>
2
3 void main()
4 {
5   char c1 = ‘A’;
6   char c2 = c1 + 1;
7   printf(“%c\r\n”, c2);
8 }
```

[출력결과]

```
B
```

〈소스 8-4〉는 char가 정수 타입으로 사용되는 것을 보여 줍니다. 5행에서 char 타입 변수 c1에는 문자 ‘A’에 해당하는 아스키 코드 65가 대입되며, c2에는 c1에 1을 더한 값인 66이 대입됩니다. 이것은 char가 정수 타입으로 동작하는 것을 나타내며, c2의 문자를 출력하기 위하여 형식 지정 %c를 사용할 경우 ‘B’가 출력되는 것을 확인할 수 있습니다.

여기서 주의해야 할 점이 있는데 문자 하나를 표현할 때는 ‘A’처럼 작은따옴표를 사용해야 한다는 것입니다. 만일 작은따옴표로 감싸지 않을 경우 컴퓨터는 A가 문자인지 새로운 변수인지 알 수가 없기 때문에 에러를 발생시킵니다.

2 유니코드

이 세상에는 많은 문자들이 있습니다. 알파벳을 비롯하여 한글과 한자 그리고 일본, 베트남 등 각 국가에서 전통적으로 사용하는 문자는 다양합니다. 그러나 한글이나 한자를 모두 표현하기 위해서 1바이트는 턱없이 부족한 크기입니다. 그래서 초기에는 각각의 문자를 표현하기 위하여 char를 묶어서 사용했는데, 맨 왼쪽 비트가 1일 경우 char 두 개를 묶어서 한 문자로 표현하는 것이었습니다. 아스키 코드는 가장 왼쪽 비트를 0으로 놓기 때문에 이 방법은 아스키 코드와 구분될 수 있었고 각각의 문자를 표현할 수 있어서 널리 퍼지게 되었습니다. 그러나 문제가 없는 것은 아니었습니다. char 두 개를 한 문자와 대응시키는 방법을 코드 페이지라고 부르는데, 각 문화권에 따라서 코드 페이지가 개별적으로 존재했기 때문에 char 두 개가 나타내는 문자가 코드 페이지에 따라서 각각 다른 문자로 해석되는 경우가 발생한 것입니다. 이것은 언어별 호환성에 상당한 제약을 주는 것이었고, 여러 언어를 표현할 수 있는 국제적인 프로그램을 제작하는 데 어려움을 주기도 했습니다. 그리하여 이 세상 모든 문자를 단일 코드로 통합하려는 움직임이 나타나게 되었으며 그 결과 유니코드가 탄생합니다.

유니코드는 이 세상 모든 문자에 코드를 부여한 것입니다. 여기서 코드는 고유한 번호를 의미하며 결국 유니코드는 각각의 문자에 중복되지 않는 고유한 번호를 부여한 것입니다. 유니코드에 대해서 궁금한 독자는 유니코드 사이트에 들어가서 각각의 문자에 부여된 코드를 확인할 수 있습니다. 우리 한글이 상당히 많은 코드를 부여 받았는데, 한글은 자모가 조합되어 나타날 수 있는 가지 수가 많기 때문입니다.

유니코드는 아스키 코드와 상당히 유사합니다. 아스키 코드가 알파벳과 숫자 그 외 특수 문자들에게 번호를 부여했다면, 유니코드는 이 세상의 모든 문자들에게 번호를 부여한 것입니다. 다른 점도 있습니다. 아스키 코드는 문자를 저장할 경우 문자에 대응되는 번호를 2진수로 변환한 비트열을 그대로 사용하지만, 유니코드는 문자에 대응되는 번호를 독자적인 대응 규칙으로 비트열로 변환하여 저장한다는 점입니다. 게다가 독자적인 대응 규칙도 한 가지가 아니라 여러 가지가 있는 것에도 주의해야 합니다. 유니코드가 문자를 비트열로 변환하는 방식을 UTF(Unicode Transformation Format)-N이라고 하는데, N에 따라서 UTF-8, UTF-16, UTF-32로 구분합니다.

3 UTF - N
Unicode Transformation Format

UTF-N의 정확한 의미는 N 비트의 배수로 한 문자를 표현한다는 것입니다. 가령 UTF-8의 경우 8비트(1바이트)로 한 문자를 나타낼 수도 있으나, 경우에 따라서 16비트(2바이트)로 한 문자를 나타내고, 그것도 부족하면 24비트(3바이트)로 한 문자를 나타내겠다는 것입니다. UTF-8을 만든 이유는 알파벳에 유리하기 때문입니다. UTF-8에서 알파벳은 아스키와 동일하게 1바이트를 차지하지만 한글의 경우 한 글자가 3바이트를 차지하게 됩니다.
마찬가지로 UTF-16의 경우 16비트(2바이트)의 배수로 한 문자를 나타내겠다는 것입니다. 따라서 알파벳이나 한글, 한자 모두 한 글자가 2바이트를 차지하지만, 2바이트로 대응할 수 없는 문자의 경우 32비트(4바이트)를 사용하여 대응시킨다는 의미입니다. 그러나 대부분의 문자는 2바이트로 표현 가능하므로 극히 일부 고어나 옛 문자(지금은 사용되지 않는 문자) 등이 4바이트를 차지합니다.
마지막으로 UTF-32는 32비트(4바이트)로 한 문자를 나타내겠다는 것인데, 한 글자당 4바이트를 차지하므로 큰 용량을 필요로 합니다. 따라서 실제 프로젝트에서 많이 사용되는 것은 아닙니다.

UTF-8과 UTF-16은 각각 장단점이 있습니다. UTF-8에서 알파벳은 아스키와 그대로 호환되기 때문에 기존에 만들어진 프로그램과 호환성을 유지하기가 쉽습니다. 게다가 여전히 알파벳은 1바이트만 차지하기 때문에 메모리 절약 측면이나 통신 속도 향상에 유리한 편입니다.

반면 UTF-8에서 한글은 한 글자당 3바이트를 차지하므로 UTF-16에 비해서는 효율이 좋지 못합니다. 그뿐 아니라 UTF-8은 글자의 수를 셀 경우(가령 알파벳과 한글이 섞여 있을 경우) 각 글자마다 바이트 크기가 다르기 때문에 작업이 복잡해집니다. 그에 비해서 UTF-16은 알파벳, 한글, 한자 등 대부분의 글자가 2바이트이므로 글자 수를 세는 것도 쉽고, 한글을 많이 사용할 경우 UTF-8보다 메모리를 절약할 수 있습니다. 따라서 한글이나 한자를 사용하는 문화권에서는 UTF-16을 더 선호할 것이라고 생각할 수 있지만 꼭 그런 것도 아닙니다. 여전히 기존 프로그램과의 호환성과 메모리 절약 및 통신 효율성을 고려하여 UTF-8을 많이 쓰기 때문입니다.

4 확장 문자 타입 wchar_t

대부분의 프로그래밍 언어는 유니코드 문자를 지원하기 위하여 확장 문자 타입을 제공합니다. 확장 문자 타입은 고정된 크기를 가져야 하기 때문에 유니코드 변환 방식 중에서 UTF-16이나 UTF-32를 지원합니다. UTF-8의 경우 글자 하나가 1, 2, 3바이트가 될 수 있기 때문에 고정된 크기의 문자 타입을 제공할 수가 없지만 UTF-16은 거의 대부분의 문자 하나를 2바이트에 대응시킬 수 있기 때문에 고정된 크기(2바이트)의 문자 타입으로 제공할 수 있습니다.

C 언어는 UTF-16이나 UTF-32에 대응되는 확장 문자 타입 wchar_t를 제공합니다. wchar_t는 시스템에 따라서 UTF-16이나 UTF-32에 대응되는데, 일반적으로 Windows 시스템의 VC++에서 쓰이는 wchar_t는 UTF-16에 대응하므로 한 글자가 2바이트를 차지합니다. 리눅스 시스템의 GCC의 경우 wchar_t는 UTF-32에 대응하므로 한 글자가 4바이트를 차지합니다(대부분이 그러하다는 것이지 항상 4바이트인 것은 아닙니다). 마치 long의 크기가 시스템에 따라서 다르듯이 wchar_t도 그런 면이 있습니다. 특이한 경우도 있습니다. Java의 경우 확장 문자 타입의 이름이 char입니다. 이름만 똑같은 char일 뿐이지 Java의 char는 UTF-16에 대응되기 때문에 크기가 2바이트입니다.

C 언어에서 확장 타입 문자를 표현하기 위해서는 작은따옴표와 L 매크로를 사용해야 합니다. 따라서 'a'는 char 타입이지만, L'a'는 wchar_t 타입입니다. 이렇게 하는 이유는 아스키 문자와 확장 문자를 구분하기 위해서입니다. Windows의 C 언어에서 'a'는 1바이트이

고, L'a'는 2바이트를 차지하는 반면 Java의 경우 확장 문자 타입이 char이므로 작은따옴표로 감싼 글자는 항상 2바이트를 나타내며, L 매크로와 같은 것도 불필요합니다.

C 언어에서 wchar_t를 사용해서 문자를 출력할 경우 char와는 다르게 주의할 점이 몇 가지 있습니다.

[소스 8-5] wchar_t 출력

```
01 #include <stdio.h>
02 #include <fcntl.h>
03
04 void main()
05 {
06   char a = 'A';
07   printf("%c\r\n", a);
08
09   _setmode(_fileno(stdout), _O_U16TEXT);
10   wchar_t w = L'한';
11   wprintf(L"%c\r\n", w);
12 }
```

〈소스 8-5〉는 wchar_t 사용 시 알아야 할 몇 가지를 보여 줍니다. 콘솔의 기본 설정은 확장 문자(정확히는 아스키 문자와 겹치지 않는 확장 문자)를 출력하지 못합니다. 따라서 콘솔이 확장 문자를 출력할 수 있도록 설정 변경이 필요합니다. 2행, 9행이 바로 콘솔의 설정을 바꿔 주는 부분입니다. 먼저 9행을 보겠습니다. 대략적인 의미는 출력 콘솔(stdout)의 설정을 UTF-16(_O_U16TEXT)으로 변경한다는 것입니다. 이렇게 하면 9행 이후부터 콘솔에 wchar_t 타입의 확장 문자를 출력할 수 있습니다. 그렇다면 2행은 무엇일까요? 9행의 _O_U16TEXT가 정의된 헤더 파일을 참조하라는 것입니다. 한 번 더 풀어서 얘기하면 _O_U16TEXT이란 단어의 뜻을 모르겠으니 이 단어가 설명되어 있는 fcntl.h를 참조하라는 것입니다.

6~7행은 기존 char 타입의 문자를 출력하기 위한 비교 코드입니다. 문자 하나를 출력하기 위해서는 형식 지정 %c를 사용한다는 것을 기억해야 합니다.

이제 10~11행을 살펴보겠습니다. 바로 wchar_t 확장 문자 타입의 문자를 출력하는 코드입니다. 한글 '한'은 2바이트 문자이므로 L 매크로를 사용하여 L'한'으로 나타내야 합니다.

11행에서 주의할 것은 wprintf 함수입니다. 7행에서는 printf가 쓰였는데, 이것은 char

타입의 문자 및 문자열을 출력하기 위한 함수이고, wchar_t 타입의 문자 및 문자열을 출력하기 위해서는 wprintf를 사용해야 합니다. 주의할 점은 서식 문자열을 나타낼 때도 큰따옴표 앞에 L 매크로를 사용해야 한다는 것입니다.

wchar_t, wprintf, L 매크로는 C 언어나 C++에서 확장 문자를 다루기 위해서 사용하는 것들입니다. Java를 비롯하여 다른 프로그래밍 언어는 애초에 확장 문자 타입이 기본으로 사용되기 때문에 이런 부가적인 용법들을 알 필요는 없지만 앞으로 C 언어를 계속해야 한다면 반드시 알아야 할 것들이라고 할 수 있습니다.

5 Escape Sequence

공식적인 우리말 번역이 없어서 여기저기 의견을 살펴본 결과 '이탈 문자', '탈출 문자', '회피 문자' 등 여러 가지가 있었지만, 이 책에서는 ES(Escape Sequence)라고 하겠습니다.

ES는 출력할 수 없거나 표시하기 어려운 문자를 특수한 기호를 사용하여 나타낸 문자를 의미합니다. 간단한 예로 앞에서 설명했듯이 Enter 키를 누를 때 다음 줄로 넘어가는데, 이와 같은 개행 문자(줄바꿈)의 경우 알파벳 같은 문자 형태로 표현할 수가 없습니다. Tab이나 Back Space 같은 경우도 마찬가지입니다. 그 외에 문자를 표시할 때는 작은따옴표를 쓰고 문자열을 표시할 때는 큰따옴표를 쓰는데, 막상 작은따옴표나 큰따옴표 그 자체를 표시할 때는 애매한 점도 있습니다. 가령 큰따옴표 세 개가 붙은 """의 경우 컴퓨터는 어떻게 해석해야 할지 알지 못합니다. 따라서 출력하기 어렵거나 표시하기가 어려운 문자를 나타내기 위하여 백슬래시(\) 문자 다음에 기호를 붙인 형태로 나타내는 문자를 ES라고 합니다.

표 8-3
자주 사용되는 Escape Sequence

Escape Sequence	ASCII Code	설명
\0	0	NULL
\b	8	Back Space
\t	9	Tab
\n	10	Line Feed
\r	13	Carriage Return
\"	34	큰따옴표
\'	39	작은 따옴표
\\	92	Backslash

〈표 8-3〉은 자주 사용되는 ES를 나타냅니다. 예제 코드에서도 이미 봤겠지만 윈도우에서 줄바꿈을 표시하기 위해서는 \r\n을 사용합니다. 그러나 \n 단독으로 사용하는 경우도 있습니다. 줄바꿈을 나타내기 위해서 \r\n과 \n 두 표현이 혼용되는 이유는 \n의 의미가 조금은 달라졌기 때문입니다. 예전의 \n은 순수하게 현재 커서가 있는 곳에서 위치만 다음 줄로 가는 것을 의미했고, \r은 현재 커서가 있는 줄의 첫 칸으로 돌아가라는 의미가 있기 때문에 다음 줄의 첫 칸으로 가는 명령이 \r\n이었습니다. 반면 현재의 \n은 이미 다음 줄의 첫 칸으로 이동한다는 의미를 지니고 있습니다.

ES를 표시하기 위하여 백슬래시가 사용됨을 알 수 있습니다. 따라서 백슬래시 자체도 ES로 표시해야 합니다. \\가 백슬래시(\) 그 자체를 나타낸다는 것을 주의하세요.

Chapter

05 문자열

1 문자 배열

문자열은 무엇일까요? 말 그대로 문자들이 늘어선 줄을 말합니다. 그래서 프로그래밍 용어에도 문자열을 String이라고 합니다. 문자열의 길이는 가변적이므로 기본 타입처럼 고정된 크기의 타입을 정할 수가 없습니다. 따라서 문자열을 저장할 때는 char나 wchar_t와 같은 기본 문자 타입을 문자 수만큼 일렬로 모아 놓는 방식을 사용하는데, 이를 문자 배열이라고 합니다.
배열에 대해서는 이후에 자세히 배우겠지만 간단히 설명하면 같은 타입을 일렬로 모아 놓은 집합 타입을 말합니다. 즉, char나 wchar_t 변수가 일렬로 모여 있는 것이죠.

C 언어에서는 문자 배열을 이용하여 직접 문자열을 처리합니다. 그러나 문자 배열을 다루는 것이 쉬운 편은 아니기 때문에 C++, Java와 같은 프로그래밍 언어는 문자열 전용 타입을 제공합니다. 여기서 말하는 문자열 전용 타입이란 문자 배열을 관리하는 기능을 가진 타입을 의미합니다. 마치 문자열을 저장하는 것처럼 보이지만 실제 내부에서 문자열은 문자 배열에 저장되고, 문자 배열을 관리하는 기능만 담당합니다. 문자열이 문자 배열에 저장되는 것은 변하지 않습니다.

C++는 표준 라이브러리에서 아스키 코드 문자열 관리를 위하여 std::string, 유니코드 문자열 관리를 위하여 std::wstring을 제공하며, Java의 경우 String을 제공합니다. 이런 문자열 관리 타입은 해당 프로그래밍 언어를 접할 때 금방 배울 수 있습니다. 여기서는 문자 배열 자체를 C 언어를 통해서 살펴볼 것입니다. 문자 배열을 직접 제어한다는 점에서 C 언어가 안성맞춤입니다.

[소스 8-6] 문자열 출력

```
01 #include <stdio.h>
02
03 void main()
04 {
05   char str1[4];
06   str1[0] = ‘a’;
07   str1[1] = ‘b’;
08   str1[2] = ‘c’;
09   str1[3] = ‘\0’;
10
11   char str2[4] = { ‘a’, ‘b’, ‘c’, ‘\0’ };
12
13   char str3[4] = “abc”;
14
15   printf(“%s\r\n”, str1);
16   printf(“%s\r\n”, str2);
17   printf(“%s\r\n”, str3);
18 }
```

〈소스 8-6〉은 문자 배열을 다루는 법을 보여 줍니다. 아직 배열을 배우지 않았지만 쉽게 이해할 수 있습니다. 먼저 5행을 살펴보겠습니다. char str1[4]가 나타내는 의미는 메모리에 1바이트 char 4개를 일렬로 잡고 그 영역의 이름을 str1이라고 부르기로 한 것입니다. 6~9행은 str1에 실제 문자를 대입하는 방법을 보여 줍니다. str1은 네 개의 char가 모여 있는 것이므로 각 char에 접근하기 위해서 첨자(Index)를 사용합니다. 첫 번째는 0을 사용하고, 두 번째는 1, 세 번째는 2, … 이와 같은 식으로 첨자는 0부터 시작해서 1씩 증가합니다. 따라서 문자열 “abc”를 str1에 대입하기 위하여 str1[0]~str[2]를 사용했음을 알 수 있습니다.

그런데 9행을 보면 약간 이상함을 느낄 것입니다. 뜬금없이 str1[3]에 ‘\0’을 대입하기 때문입니다. \0은 앞에서 살펴본 Escape Sequence 문자로서 NULL을 나타냅니다. NULL이란 모든 비트가 0으로 채워진 상태를 말합니다. 문자 배열에서 반드시 알아야 할 사항 중의 하나인데, 문자 배열에 문자를 대입할 때는 가장 마지막에 NULL을 대입해야 한다는 것입니다. NULL을 대입하는 이유는 문자열이 끝났다는 것을 알려 주기 위해서입니다. 그래서 “abc”라는 세 글자 문자열을 저장하기 위해서는 NULL을 포함하여 4개의 char가 필요합니다. 왜 NULL이 필요한지는 뒤에 다시 살펴보겠습니다.

6~9행의 문자열을 대입하는 것이 굉장히 복잡하게 보일 수 있습니다. 그래서 좀 더 편하게 문자열을 대입하는 방법을 C 언어가 제공하고 있으며 11, 13행에서 확인할 수 있습니다.

11행처럼 중괄호 안에 각 문자를 나열하면 배열에 순서대로 대입이 됩니다. 물론 여기서도 맨 마지막에는 '\0'이 있어야 한다는 것에 주의하세요.

13행은 더 쉽게 문자열을 배열에 대입하는 방법입니다. 큰따옴표로 문자열을 묶어서 "abc"라고 쓰면 됩니다. 그런데 왜 "abc\0"가 아니라 "abc"일까요? C 언어는 큰따옴표로 문자열을 나타낼 때 알아서 맨 끝에 \0이 포함된 것으로 간주합니다. 따라서 "abc"라고만 써도 자동으로 str3[3]에는 '\0'이 대입됩니다.

11, 13행은 문자열을 좀 더 쉽게 대입해 주는 방식인데 사람이 편한 것뿐이지 실제로 동작할 때는 6~9행처럼 문자 하나씩 배열에 대입하는 과정을 거칩니다.

마지막으로 15~17행은 문자열을 출력하기 위해서 printf의 형식 지정 %s를 사용했습니다. %s는 문자열을 출력하라는 형식 지정입니다. 참고로 문자 하나를 출력하는 형식 지정은 %c입니다.

2 NULL 종료 문자열

이제 앞서 이야기한 NULL에 대해 알아봅시다.

[소스 8-7] NULL이 필요한 이유

```
#include <stdio.h>

void main()
{
  char str[3];
  str[0] = 'a';
  str[1] = 'b';
  str[2] = 'c';

  printf("%s\r\n", str);
}
```

[출력결과]

```
abc儆儆儆儆儆儆儆儆儆儆...
```

〈소스 8-7〉은 문자 배열 끝에 반드시 NULL이 필요한 이유를 보여 줍니다. 5행에서 str은 char가 3개 모인 배열입니다. 6~8행에서는 기존 방식대로 배열의 각 요소에 문자를 대입합니다. 문자 배열 끝에 NULL을 대입하지 않을 경우의 출력 결과를 살펴보면, "abc" 뒤에 이상한 문자들이 붙어있음을 확인할 수 있습니다. 보통 이런 문자를 미정의 값(Garbage Value)이라고 부르는데, 이는 사용자의 환경에 따라서 달라질 수 있습니다. 따라서 운이 좋은 경우는 제대로 "abc"만 출력될 수도 있지만 대부분의 경우 미정의 값이 출력될 것입니다.

미정의 값이 출력되는 이유는 C 언어가 문자열의 끝을 알 수 없기 때문입니다. C 언어는 문자 배열에서 NULL을 만났을 때 문자열이 끝났다고 판단합니다. printf의 형식 지정 %s는 NULL 바로 이전까지 문자열로 인식하여 출력하는 옵션입니다.

C 언어를 비롯하여 많은 프로그래밍 언어가 문자열을 표현할 때 마지막에 NULL을 붙입니다. 그래서 이런 방식의 문자열을 'NULL 종료 문자열'이라고 부릅니다.

컴퓨터는 어떻게 NULL 종료 문자열의 길이를 구할까요? NULL을 만날 때까지 매 글자마다 수를 세어 나갑니다. 가령 1,000자의 문자열이라면 1,000번을 비교하면서 수를 증가시킵니다. 물론 컴퓨터는 굉장히 빠르기 때문에 별 상관이 없지만 약간의 성능 향상을 위해서 BSTR 방식의 문자열 저장 타입을 사용하기도 합니다.

BSTR은 문자 배열 처음에 실제 문자열의 길이를 기록하는 방식을 사용합니다. 따라서 길이를 구할 때 문자열 맨 앞의 길이 정보만 읽으면 되기 때문에 NULL 종료 문자열보다 훨씬 빠릅니다. BSTR은 베이직 및 파스칼에서 지원하는 문자열 형식인데, 주류 언어에서 사용되는 빈도는 적으니 여기서 설명을 마칩니다.

3 유니코드 문자열

앞에서 살펴본 예제의 문자열은 모두 char의 배열입니다. 당연히 wchar_t의 배열도 있습니다. char 배열이 기본 문자열이라고 한다면 wchar_t 배열은 유니코드 문자열이라고 할 수 있습니다. 우리나라는 한글을 사용하기 때문에 당연히 문자열 처리를 하기 위해서는 wchar_t의 배열을 쓰는 것이 효율적입니다.

[소스 8-8] 유니코드 문자열

```
#include <stdio.h>

void main()
{
  wchar_t str1[4];
  str1[0] = L'a';
  str1[1] = L'b';
  str1[2] = L'c';
  str1[3] = L'\0';

  wchar_t str2[4] = { L'a', L'b', L'c', L'\0' };

  wchar_t str3[4] = L"abc";

  wprintf(L"%s\r\n", str1);
  wprintf(L"%s\r\n", str2);
  wprintf(L"%s\r\n", str3);
}
```

〈소스 8-8〉은 유니코드 문자열의 사용법을 보여 줍니다. 이전 예제와 다른 점은 char 대신 wchar_t를 사용했다는 점과 문자 및 문자열을 표시하기 위해서 L 매크로를 사용한 점, 마지막으로 문자열 출력을 위해서 printf 대신 wprintf를 사용했다는 점입니다. 그 외 다른 점은 없습니다.

여기서 생각할 것이 하나 있습니다. 한글은 반드시 유니코드 문자열을 사용해야 할까요?

[소스 8-9] 한글 문자열 표현

```
#include <stdio.h>
#include <fcntl.h>

void main()
{
  char str[9] = "우리나라";
  printf("%s\r\n", str);

  _setmode(_fileno(stdout), _O_U16TEXT);
```

```
10:    wchar_t wstr[5] = L"우리나라";
11:    wprintf(L"%s\r\n", wstr);
12: }
```

[출력결과]

```
우리나라
우리나라
```

〈소스 8-9〉는 char 배열이나 wchar_t 배열 모두 한글 문자열을 저장하고 출력할 수 있음을 보여 줍니다. 분명히 한글의 한 글자는 1바이트에 저장할 수 없기 때문에 wchar_t에만 저장할 수 있는데, 어떻게 char 배열에 저장이 되는 것일까요? 앞서 설명했듯이 한글과 같은 아스키 코드 이외의 문자에 대해서는 char 두 개를 이어 붙여서 글자 하나를 저장하는 방식을 사용합니다. 6행을 보면 "우리나라"라는 네 글자를 저장하기 위하여 char 배열의 요소 개수가 9개임을 알 수 있습니다(글자당 char 2개, NULL 1개).
반면 10행처럼 유니코드 배열을 사용할 경우 wchar_t 배열 요소의 개수는 5개만 필요합니다(글자당 wchar_t 1개, NULL 1개).

그렇다면 char와 wchar_t 배열 중 어느 것이 더 좋을까요? 각각의 장단점이 있겠으나 문자 단위로 처리할 경우라면 wchar_t를 사용하는 편이 더 좋습니다. 가령 "Korea 대한민국"이란 영한 혼용 문자열을 char 배열에 저장할 경우 알파벳은 char 한 개를, 한글은 char 두 개를 차지합니다. 따라서 글자 단위로 처리를 할 경우 char 배열에서 문자 하나를 구분하는 것이 어려워집니다. 반면 wchar_t 배열에 저장할 경우 알파벳, 한글에 상관없이 글자 하나가 wchar_t 하나를 차지하기 때문에 문자 단위 처리가 훨씬 쉬워집니다.

요새는 많은 프로그램들이 유니코드를 기반으로 작성되고 있습니다. Java의 경우 애초에 char가 2바이트 유니코드 문자를 나타내는 타입이었고, C/C++의 경우도 코드 작성 시 유니코드를 사용할 것을 권장하고 있습니다. 따라서 언젠가는 기본 문자 타입이 wchar_t가 될 수도 있을 것 같습니다.

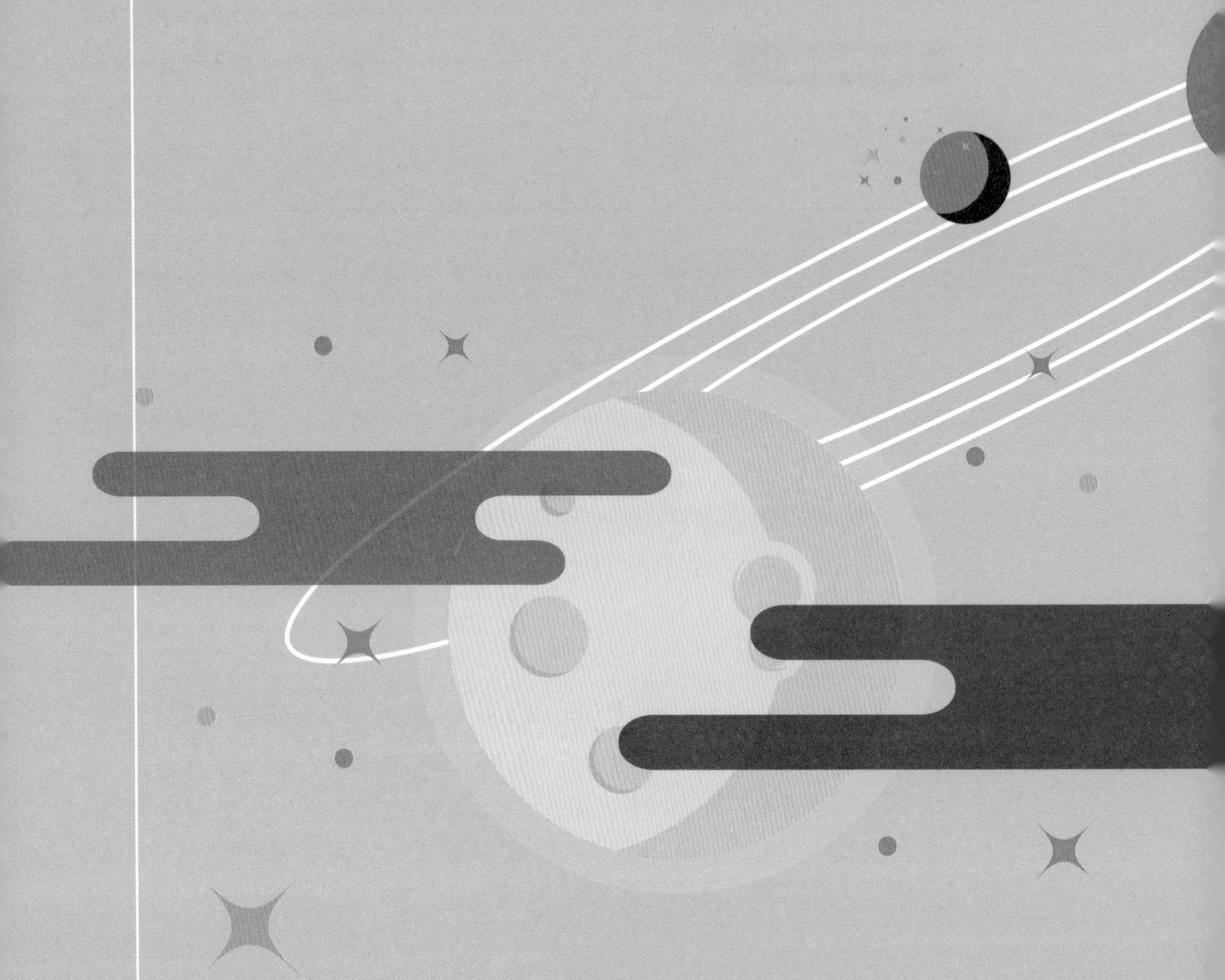

PART 09

제어문

초등학생 김도형 어린이는 월요일부터 금요일까지 매일 아침 학교에 갑니다. 학교 공부를 마치고 집에 오면 숙제나 공부를 하고 놀다가 잠자리에 듭니다. 토요일이나 일요일에는 늦잠을 잡니다. 오후에는 친구와 스마트폰으로 같이 게임을 합니다. 게임은 혼자보다 같이 하는 게 더 재미있기 때문에 가끔은 친구한테 연락이 올 때까지 기다리기도 합니다.

위의 생활 패턴에는 대략 네 가지의 흐름이 있습니다. 순차 진행, 반복, 조건 분기, 대기입니다. 매일 아침 등교에서 취침까지의 일상이 순차 진행이라고 한다면 월요일부터 금요일까지는 같은 일상이 반복되고, 특별히 주말인 경우에 늦잠도 자고 게임을 하는 것은 조건 분기, 게임을 하기 전에 친구와 연락이 될 때까지 기다리는 것은 대기라고 할 수 있습니다.

프로그램이 실행되는 것도 비슷합니다. 실행의 흐름이라는 것이 있으며, 흐름은 순차적으로 진행되거나 반복되기도 하고, 조건에 따라서 흐름이 바뀔 수도 있으며 때로는 어떤 사건을 대기할 수도 있습니다. 프로그래밍에서 프로그램의 흐름을 제어하는 것은 굉장히 중요한 일입니다. 프로그래밍의 수많은 명령문들 중에서 흐름을 제어하는 명령문을 특별히 제어문이라고 합니다. 여기서는 제어문의 기본 개념을 이해하고 실습을 통해서 실제 프로그램의 실행 흐름을 제어해 볼 것입니다.

Chapter

01 제어문의 구조

제어문은 명령문의 일종이며 프로그래밍 언어별로 구조적인 형태가 정해져 있습니다. 보통 제어 토큰(if, then, else, for, do, while, switch, case, goto)과 명령문이 특정한 형태를 이루면서 제어문을 생성합니다. 마치 여러 명령문이 블록 안에 모여서 블록 자체가 하나의 명령문을 이루는 것과 같습니다. 제어문도 명령문이므로 제어문 자신이 또 다른 제어문을 구성하는 명령문으로 사용될 수도 있습니다. 즉, 조건문 안에 반복문이 있을 수도 있으며, 반복문 안에 조건문이 있을 수도 있습니다.

실행 흐름은 일반적으로 조건에 따라서 반복되거나 분기하거나 대기할 수 있습니다. 따라서 보통은 제어 토큰과 조건식이 같이 사용되기도 합니다. 전체적인 제어문의 구조는 프로그래밍 언어마다 조금씩 다르지만 큰 틀은 비슷하기 때문에 쉽게 익힐 수 있습니다. 실제로 각각의 제어문이 실행 흐름을 어떻게 변화시키는지 살펴보겠습니다.

Chapter

02 조건 분기문

실행 흐름이 조건식의 값에 따라서 나누어지는 것을 조건 분기문이라고 합니다. 대표적인 조건 분기문으로는 if문과 switch문이 있습니다. if문은 조건식의 값을 평가하여 참, 거짓으로 나누고 그에 따라서 흐름을 양 갈래로 분기하도록(나눠지도록) 합니다. 반면 switch문은 조건식의 값에 따라서 여러 갈래의 분기를 만들어냅니다. 특히 switch문의 조건식은 언어에 따라서 일정한 형식만이 허용되는 경우도 있습니다.

1 if

```
———————————————————— // if문 시작
if(조건식)
   명령문
———————————————————— // if문 끝
```

위에 제시된 if문의 형식은 C/C++를 기준으로 하는데, 대부분의 프로그래밍 언어는 비슷한 형식을 가지고 있습니다. 물론 약간 다른 형식도 있긴 하지만 조건식이 있고 실행할 명령문이 있는 큰 틀은 벗어나지 않습니다. 여기서는 C 언어 기준으로 제어문을 살펴봅니다.

조건식은 표현식의 하나입니다. 표현식이란 하나의 값을 나타내는 하나 이상의 토큰 조합이기 때문에 조건식 또한 하나의 값을 나타냅니다. 일반적으로 조건식이 나타내는 값을 참과 거짓으로 나누어서 평가하고 그 결과에 따라서 명령문을 실행하거나 실행하지 않습니다.

C 언어 if문의 조건식은 0일 경우 거짓으로 평가되고, 0이 아닐 경우 참으로 평가됩니다. 따라서 위의 if문에서 조건식이 0이 아닌 경우에는 명령문을 실행하고 if문을 빠져나옵니다. 만일 조건식이 0인 경우는 명령문이 실행되지 않은 채로 if문을 빠져나옵니다.

대부분의 프로그래밍 언어는 조건식의 참, 거짓을 평가할 때 조건식이 나타내는 값이 0인지 아닌지를 따집니다. 전통적으로 0은 거짓(FALSE)이고, 0이 아닌 값은 참(TRUE)입니다.

[소스 9-1] 조건식 참, 거짓 1

```
01: #include <stdio.h>
02:
03: void main()
04: {
05:    if(0)  // false
06:      printf(“0\r\n”);
07:
08:    if(1)  // true
09:      printf(“1\r\n”);
10: }
```

[출력결과]

```
1
```

〈소스 9-1〉에는 조건 분기문인 if문 두 개가 사용되었습니다. 5~6행과 8~9행이 각각 if문을 이루고 있습니다. 6행과 9행의 printf가 if문 조건식의 평가 결과가 참일 경우 실행되는 명령문입니다. 프로그램이 실행되면 최초에 main 함수가 호출되며 실행 흐름은 줄 번호를 따라갑니다. 맨 처음 실행 흐름은 5행의 if문을 만나게 됩니다. 5행의 if문 조건식은 0이므로 거짓으로 평가됩니다. 따라서 6행의 printf문은 실행되지 않고 if문을 빠져나옵니다. 이제 프로그램의 실행 흐름은 8행의 if문을 만납니다. 8행의 if문 조건식은 1이므로 참으로 평가됩니다. 따라서 9행의 printf문을 실행하고 if문을 빠져나와 출력 결과로 1이 나오게 됩니다.

참, 거짓을 평가할 때 조건식의 값을 0과 비교한다는 것은 무척 낯설게 느껴질 수도 있습니다. 일반적으로 사용되는 형식은 다음과 같습니다.

[소스 9-2] 조건식 참, 거짓 2

```
01: #include <stdio.h>
02:
03: void main()
04: {
05:   int a = 7;
06:   int b = 3;
07:
08:   if(a > b)
09:     printf("a > b\r\n");
10:
11:   if(a < b)
12:     printf("a < b\r\n");
13: }
```

[출력결과]

```
a > b
```

〈소스 9-2〉 역시 두 개의 if문이 있습니다. 8행의 if문 조건식은 a 〉 b이고, 11행의 if문 조건식은 a 〈 b입니다. a 〉 b 혹은 a 〈 b는 참, 거짓을 나타내는 조건식이지 값을 나타내는 것 같지는 않습니다. 그러나 프로그래밍에서 조건식은 항상 하나의 값이 됩니다. a 〉 b는 a가 b보다 큰 경우 1이 되고 그렇지 않은 경우 0이 됩니다. 즉, 5~6행의 a, b 초기값에 의해서 8행의 조건식은 1이 되고, 11행의 조건식은 0이 됩니다.

이와 같이 조건식은 비교 연산자를 통해서 만들어지는 경우가 많습니다. 비교 연산자와 피연산자에 따라서 조건식이 0 혹은 1이 되는지 여부는 다음과 같습니다.

표 9-1
비교 연산자가 사용된 조건식의 값

비교 연산 조건식	a와 b가 같다	a가 b보다 크다	a가 b보다 작다
a == b	1	0	0
a != b	0	1	1
a > b	0	1	0
a < b	0	0	1
a >= b	1	1	0
a <= b	1	0	1

〈표 9-1〉은 비교 연산자가 사용된 조건식이 나타내는 값을 보여 줍니다. 개념적으로는 참, 거짓 정도로 생각하겠지만 프로그래밍에서는 비교 연산자가 사용된 조건식의 결과값이 0 또는 1이 될 뿐입니다. 실제로 그런지 조건식을 출력해 봅시다.

[소스 9-3] 조건식의 값

```
01: #include <stdio.h>
02:
03: void main()
04: {
05:   int c1 = (1 == 1);  // true
06:   int c2 = (1 != 1);  // false
07:   int c3 = (2 > 1);  // true
08:   int c4 = (2 < 1);  // false
09:   int c5 = (2 >= 1);  // true
10:   int c6 = (2 <= 1);  // false
11:
12:   printf("%d %d %d %d %d %d\r\n", c1, c2, c3, c4, c5, c6);
13: }
```

[출력결과]

```
1 0 1 0 1 0
```

〈소스 9-3〉은 조건식이 곧 값임을 보여 줍니다. 간단하게 조건식은 참이면 1이 되고 거짓이면 0이 된다고 생각하면 됩니다. 5~10행과 같이 조건식은 값이므로 정수 타입 변수에 대입할 수 있습니다.

if문에서 주의해야 할 점은 if(조건식) 바로 다음에는 명령문이 단 하나만 올 수 있다는 점입니다. 만일 조건식이 참일 때 여러 개의 명령문을 실행하고 싶을 경우 명령문들을 블록으로 감싼 복합 명령문 하나로 만들어야 합니다.

[소스 9-4] if 단일 명령문

```c
01: #include <stdio.h>
02:
03: void main()
04: {
05:   if(0)           // if문 시작
06:     printf(“A\r\n”);  // if문 끝
07:     printf(“B\r\n”);
08:
09:   printf(“C\r\n”);
10: }
```

[출력결과]

```
B
C
```

〈소스 9-4〉를 실행하기 전에 결과를 예측해 봅시다. 예측한 결과가 출력과 일치한다면 if 문을 제대로 이해한 것입니다. 만약 그렇지 않다면 아래 설명을 주의 깊게 읽어 보세요.

if문은 조건식이 참으로 평가되면 뒤따르는 명령문 하나를 실행한 후에 if문을 빠져나옵니다. 만일 조건식이 거짓으로 평가되면 if문에서 바로 빠져나옵니다. 여기서 if문은 5~6행입니다. 들여쓰기 때문에 if문을 5~7행으로 착각할 수 있지만 if문은 if(조건식) 다음에 명령문 하나만을 포함합니다. 즉, 7행은 if문에 포함되지 않는 것입니다.

5행 if문의 조건식은 0이기 때문에 if문을 빠져나와서 실행 흐름은 7행으로 이어지게 됩니다.

if문의 조건식이 참으로 평가될 때 여러 개의 명령문을 실행하려면 어떻게 해야 할까요? 앞에서도 말했듯이 여러 개의 명령문을 블록({ })으로 묶어서 복합 명령문 하나로 만들면 됩니다.

[소스 9-5] if 블록 복합 명령문

```c
01: #include <stdio.h>
02:
03: void main()
04: {
05:   if(0)           // if문 시작
```

```
06:   {              // 복합 명령문 시작
07:     printf("0-A\r\n");
08:     printf("0-B\r\n");
09:   }              // 복합 명령문 끝, if문 끝
10:
11:   if(1)            // if문 시작
12:   {              // 복합 명령문 시작
13:     printf("1-A\r\n");
14:     printf("1-B\r\n");
15:   }              // 복합 명령문 끝, if문 끝
16: }
```

[출력결과]

```
1-A
1-B
```

〈소스 9-5〉는 if문에 블록으로 만들어진 복합 명령문이 사용되었음을 보여 줍니다. 5행의 if문의 조건식이 0이므로 6~9행의 복합 명령문은 실행되지 않고 if문을 빠져나옵니다. 반대로 11행의 if문의 조건식은 1이므로 12~15행의 복합 명령문이 실행됩니다.

필자의 경우 if문을 사용할 때 실행할 명령문이 하나뿐이더라도 항상 블록으로 감싸 복합 명령문을 만듭니다. 블록을 사용하는 것이 코드의 줄 수를 늘리고 보기에 깔끔하지 않을 수 있지만 블록 처리가 없어서 문제가 발생되는 경우를 많이 보았기 때문입니다. 다음과 같은 경우가 그렇습니다.

[소스 9-6] if 단일 명령문 오류

```
#include <stdio.h>

#define PRINT(a, b)    printf("%d\r\n", a);  printf("%d\r\n", b);
void main()
{
  if(0)
    PRINT(1, 2);
}
```

[출력결과]

```
2
```

〈소스 9-6〉에는 처음 보는 문법이 보입니다. 바로 3행의 매크로인데요. 매크로란 C/C++에서 사용되며 코드 자체를 치환해 주는 역할을 합니다. 즉, 소스 코드에서 PRINT(a, b)를 만날 경우 3행에 정의된 내용으로 치환하라는 명령입니다. 따라서 6~7행은 다음처럼 변경됩니다.

[소스 9-7] 매크로 전개 후의 if문

```
void main()
{
  if(0)
    printf("%d\r\n", a);
    printf("%d\r\n", b);
}
```

〈소스 9-7〉을 통해서 알 수 있는 것은 C/C++에서 많이 사용되는 매크로가 하나의 명령문처럼 보이지만 실제로는 여러 개의 명령문으로 이루어질 수도 있다는 사실입니다. 따라서 if문에 매크로를 사용할 경우 의도하지 않은 결과가 발생할 수 있습니다. 이 때문에 if문을 사용할 때는 항상 블록으로 감싼 복합 명령문을 사용해야 실수를 방지할 수 있습니다.

2 if ~ else ~

```
―――――――――――――――――― // if문 시작
if(조건식)
  명령문 A
else
  명령문 B
―――――――――――――――――― // if문 끝
```

if문의 또 다른 형식인 if ~ else ~입니다. if ~ else ~에서 중요한 점은 if와 else가 반드시 짝을 이루어야 한다는 것입니다. 조건식이 참으로 평가되면 명령문 A를 실행한 후 if문을 빠져나오고, 거짓으로 평가되면 명령문 B를 실행한 후에 if문을 빠져나옵니다.

만일 if와 else가 짝이 맞지 않을 경우 컴파일 에러가 발생하며, 실행 중에 잘못된 분기가 일어날 수도 있습니다.

[소스 9-8] else 오류

```
01: #include <stdio.h>
02:
03: void main()
04: {
05:   if(0)             // if문 시작
06:     printf("A\r\n");  // if문 끝
07:     printf("B\r\n");
08:   else              // ?
09:     printf("C\r\n");
10: }
```

〈소스 9-8〉을 빌드할 경우 'if와 짝을 이루지 않는 잘못된 else문입니다'라는 에러 메시지가 출력됩니다. if와 else가 짝을 제대로 이루지 못했기 때문입니다.

예제에서 if문은 5~6행입니다. 따라서 7행 이후는 if문을 벗어난 상태입니다. 그런데 갑자기 8행에 else가 등장하므로 짝을 이루지 못한 것으로 판단합니다. 따라서 잘못된 문법입니다.

3 if ~ else if~ [else~]

```
―――――――――――――――― // if문 시작
if(조건식 1)
  명령문 1
else if(조건식 2)
  명령문 2
...
else if(조건식 N)
  명령문 N
[else
  명령문]
―――――――――――――――― // if문 끝
```

※ 마지막 [else ~] 부분은 불필요할 경우 생략할 수 있습니다. [ ]는 생략 가능 기호입니다.

조건식 1이 참이면 명령문 1을 실행한 후 if문을 빠져나옵니다. 조건식 1이 거짓이면 조건식 2를 평가하여 참이면 명령문 2를 실행한 후 if문을 빠져나옵니다. 이런 식으로 조건식 N까지 평가하여 거짓인 경우 마지막 명령문을 실행한 후 if문을 빠져나옵니다. 여기서 가장 마지막 else와 명령문은 필요 없을 경우 생략될 수 있습니다. else if는 주로 여러 조건식에 대해서 다양한 분기가 필요한 경우에 많이 사용됩니다.

[소스 9-9] else if

```
01: #define _CRT_SECURE_NO_WARNINGS
02: #include <stdio.h>
03:
04: void main()
05: {
06:   printf("수학 점수를 입력하세요!");
07:
08:   int Math;
09:   scanf("%d", &Math);
10:
11:   if(Math >= 80)           // if문 시작
12:     printf("우수\r\n");
13:   else if(Math >= 60)
14:     printf("보통\r\n");
15:   else
16:     printf("노력을 요함\r\n");  // if문 끝
17: }
```

〈소스 9-9〉는 입력하는 점수에 따라서 출력을 분기하는 if문입니다. 오랜만에 9행에서 콘솔의 입력을 대기하는 scanf를 사용했습니다. scanf는 오래된 함수이기 때문에 권장되지 않으며 이 함수를 사용하기 위해서는 1행처럼 선언을 해야 합니다. 실제 프로그램을 실행한 뒤에 다양한 값(90, 70, 50 등)을 입력해서 결과를 확인하시기 바랍니다.

else if를 설명하면서 세 번째 형식의 if문으로 소개하기는 했으나 사실 두 번째 형식인 if ~ else ~의 응용일 뿐입니다. 외형적 차이가 느껴지는 이유는 단지 줄 바꿈과 들여쓰기를 조절했기 때문입니다.

〈그림 9-1〉은 else if가 if ~ else ~와 같은 형식임을 보여 줍니다. 앞에서 명령문을 설명하면서 제어문도 그 자체가 명령문이라고 했습니다. 따라서 가운데 그림의 박스로 둘러싼 if ~ else ~ 역시 if문이므로 하나의 명령문으로 생각할 수 있습니다.

그림 9-1
else if

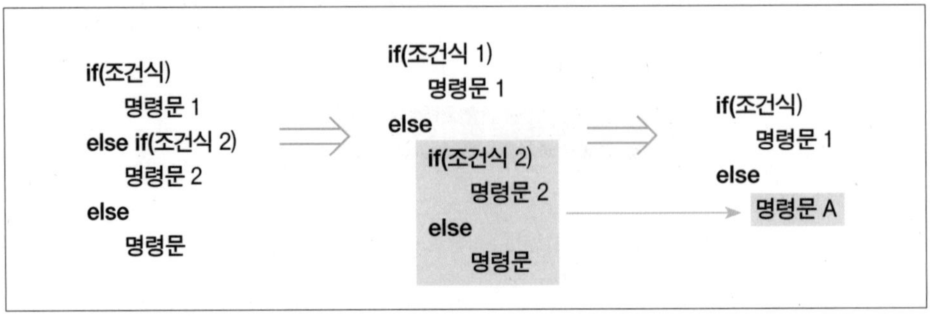

4 switch

```
—————————————— // switch문 시작
switch(조건식)
{
case 값 1: 명령절 1
case 값 2: 명령절 2
...
case 값 N: 명령절 N
[default: 명령절]
}
—————————————— // switch문 끝
```

※ 마지막 [default: 명령절] 부분은 불필요할 경우 생략할 수 있습니다. [ ]는 생략 가능 기호입니다.

switch문은 조건식이 나타내는 값에 따른 다중 분기를 효율적으로 처리하는 데 유리한 조건 분기문입니다. 단, 동작 방식이 if문과는 확연히 다르기 때문에 주의를 기울여야 합니다. 또한 switch문은 프로그래밍 언어에 따라서 제약 사항이 달라지는 점도 알아야 합니다.

if문에서는 조건식의 결과가 0일 경우 거짓이 되고, 0이 아닌 경우 참이 되어서 명령문의 실행 여부를 결정합니다. 그에 비해서 switch문은 조건식의 참, 거짓 여부를 따지지 않고, 오직 조건식이 나타내는 값과 case의 값의 일치 여부를 따집니다.

switch문의 조건식이 나타내는 값을 확인하여 case의 값 1~값 N을 비교하여 일치하는 값(값 K라고 합시다)이 있을 경우 해당 값에 대응되는 명령절(명령절 K)로 실행 흐름을 바꿉니다(Jump). 만일 일치하는 값을 찾지 못했을 경우 default의 명령절로 실행 흐름을 바꾸거나 default가 없을 경우 switch문을 빠져나갑니다.

여기서 명령절이란 무엇일까요? 설명의 편의상 필자가 붙여 본 이름이며, 0개 이상의 명령문이 나열된 것을 말합니다. 블록으로 싸여 있지 않아서 한 개의 복합 명령문으로 나타낼 수 없는 명령문 모임을 표현하기 위하여 사용한 단어입니다. 따라서 명령절은 어떤 명령문도 없는 경우가 될 수도 있고, 단 하나의 명령문으로 구성될 수도 있습니다.

switch문에서 중요한 점은 명령절 K를 실행한 후에 switch문을 빠져나오는 것이 절대 아니라는 사실입니다. 실제 예제를 통해서 확인해 보겠습니다.

[소스 9-10] switch

```
#include <stdio.h>

void main()
{
  switch(3)            // case 3으로 실행 흐름 변경
  {
  case 1: printf(“1\r\n”);
  case 2: printf(“2\r\n”);
  case 3: printf(“3\r\n”);  // 여기부터 순차 진행
  case 4: printf(“4\r\n”);
  case 5: printf(“5\r\n”);
  default: printf(“D\r\n”);
  }
}
```

[출력결과]

```
3
4
5
D
```

〈소스 9-10〉의 결과가 이해된다면 switch문을 제대로 이해한 것입니다. 5행의 switch문의 조건식은 3입니다. 따라서 3과 일치하는 case인 9행으로 실행 흐름이 이동합니다. 주의할 점은 9행 case의 printf를 호출한 후에 switch문을 빠져나오는 것이 아니라는 점입니다. 그곳에서 순차적으로 아래 case의 printf들을 호출할 뿐입니다. 만일 switch문의 조건식이 7일 경우 12행의 default의 printf가 호출되어 D만 출력됩니다.

이런 식으로 switch문을 사용할 경우 다중 분기라는 애초의 목적을 실행하지 못할 것 같습니다. 사용자가 원하는 것은 case의 일치하는 값에 해당하는 명령절만 실행한 후에 switch문을 빠져나오는 것이었습니다. 그래서 대부분의 프로그래밍 언어는 break라는 명령을 제공합니다.

break는 자신을 포함하고 있는 switch문을 강제로 빠져나오게 만드는 명령입니다. 물론 반복문에도 쓸 수 있는데 break의 쓰임새는 이후에 자세히 살펴보겠습니다.

```
———————————————— // switch문 시작
switch(조건식)
{
case 값 1: 명령절 1 break;
case 값 2: 명령절 2 break;
...
case 값 N: 명령절 N break;
[default: 명령절]
}
———————————————— // switch문 끝
```

※ 마지막의 [default: 명령절] 부분은 불필요할 경우 생략할 수 있습니다. [ ]는 생략 가능 기호입니다.

대부분의 switch문은 break를 추가하여 위와 같은 형식으로 사용합니다. 각 case마다 명령절이 있고 마지막에 switch문 탈출을 위하여 break를 추가합니다. default의 명령절 끝에도 break를 추가할 수는 있으나 의미가 없으므로 보통 생략합니다.

방금 살펴본 switch문은 새로운 형식일 것 같지만, 사실 처음의 switch문과 구조적으로 완전히 일치합니다. 왜냐하면 [명령절 N break;]는 하나의 명령절로 볼 수 있기 때문입니다. 이제 break를 이용하여 다중 분기를 만들어 보겠습니다.

[소스 9-11] switch & break

```
void main()
{
   switch(3)            // case 3으로 실행 흐름 변경
   {
   case 1: printf(“1\r\n”); break;
   case 2: printf(“2\r\n”); break;
   case 3: printf(“3\r\n”); break; // 실행 후 switch문 탈출
   case 4: printf(“4\r\n”); break;
   case 5: printf(“5\r\n”); break;
   default: printf(“D\r\n”);
   }
}
```

[출력결과]

```
3
```

〈소스 9-11〉처럼 각 case의 명령절 뒤에 break만 추가하면 사용자가 원하는 분기를 정확하게 처리할 수 있습니다.

여기서 의문이 들 수 있습니다. 어차피 사용자가 원하는 것이 다중 분기라면 애초에 switch문을 만들 때 break 없이 case의 명령절을 수행한 후에 switch문을 탈출하게 만들면 더 좋지 않을까요? 그렇게 할 경우 타이핑과 실수를 줄일 수 있을 것 같습니다. 그러나 의외로 switch문 사용 시 break 없이 사용하는 경우도 상당히 많습니다. 다음과 같은 예를 생각해 봅시다.

초등학교에서 받아쓰기를 합니다. 열 개의 문제를 내고 개당 10점씩 100점 만점일 경우 학생의 점수에 따라서 다음 메시지를 출력하는 프로그램을 작성해 봅시다.

- 100점: 매우 잘함
- 80점~90점: 잘함
- 50점~70점: 보통
- 0점~40점: 노력을 요함

위의 프로그램을 작성하기 위해서 필요한 적당한 제어문으로 if ~ else if ~ [else ~] 형식이 떠오르겠지만 switch문으로 더 간단히 작성할 수도 있습니다. 단, 의도적으로 break를 사용하지 않아야 합니다.

[소스 9-12] switch - break 제외

```
01: #define _CRT_SECURE_NO_WARNINGS
02: #include <stdio.h>
03:
04: void main()
05: {
06:   printf("받아쓰기 점수를 입력하세요!");
07:
08:   int Result;
09:   scanf("%d", &Result);
10:
11:   switch(Result)
12:   {
13:   case 100: printf("매우 잘함\r\n"); break;
14:   case 90:
15:   case 80: printf("잘함\r\n"); break;
16:   case 70:
17:   case 60:
18:   case 50: printf("보통\r\n"); break;
19:   case 40:
20:   case 30:
21:   case 20:
22:   case 10:
23:   case 0: printf("노력을 요함\r\n"); break;
24:   }
25: }
```

〈소스 9-12〉에는 아무런 명령문도 기록되지 않은 case문이 꽤 많이 보입니다. 앞에서도 설명했듯이 명령절은 0개 이상의 명령문으로 이루어져 있습니다. 즉, 어떠한 명령문도 없는 것도 하나의 명령절이라고 할 수 있습니다. 가령 입력된 점수가 30점일 경우 case 30으로 실행 흐름이 바뀐 후에 아래로 진행되다가 23행의 case 0의 printf를 호출한 뒤에 break에 의해서 switch문을 빠져나오게 됩니다. 따라서 조건에 따른 처리를 점수별로 그룹화할 수 있게 됩니다. 즉, 점수를 {100}, {90, 80}, {70, 60, 50}, {40, 30, 20, 10, 0}처럼 4개의 그룹으로 나누어서 그룹별로 명령절을 대응시킬 수 있는 것입니다.

이제 프로그래밍 언어에 따른 switch문의 차이점을 한번 살펴보겠습니다. C/C++의 경우 switch문은 꽤 많은 제약 사항을 가지고 있습니다. 먼저 switch문의 조건식이 나타내는 값은 정수 계열이어야 합니다. 또한 case에 사용되는 값은 정수 계열 상수여야 합니다. 즉, 조건식과 case의 값이 문자열이 될 수 없습니다.

[소스 9-13] switch 제약

```
01: #include <stdio.h>
02:
03: void main()
04: {
05:   double d = 3.14;
06:   switch(d)           // 정수 아님
07:   {
08:   case 3.14: printf(“1\r\n”);  // 정수 상수 아님
09:   }
10:
11:   char str[4] = “C”;
12:   switch(str)           // 정수 아님
13:   {
14:   case “C”: printf(“2\r\n”);  // 정수 상수 아님
15:   }
16:
17:   int i = 3;
18:   switch(3)
19:   {
20:   case i: printf(“3\r\n”);  // 정수 상수 아님
21:   }
22: }
```

〈소스 9-13〉은 C/C++의 switch 제약 사항을 보여 줍니다. 6, 8, 12, 14, 20행에서 에러가 발생합니다. 6, 12행에서 알 수 있는 것은 switch문의 조건식이 정수 계열이어야 한다는 점입니다. 이것은 C/C++의 제약 사항으로 C#, Java와 같은 다른 언어에서는 해당되지 않습니다.

8, 14, 20행을 통해서 알 수 있는 것은 case의 값이 정수 상수여야 한다는 점입니다. 즉,

상수 중에서도 부동소수점이나 문자열은 가능하지 않으며, 변수 또한 될 수 없습니다. 반면 C#, Java의 경우 case의 값의 타입으로 문자열 상수가 허용됩니다. 그 외에도 언어에 따라서 제약 사항이 달라질 수 있습니다. 가령 C#의 경우는 case에 명령문이 하나라도 존재할 경우 반드시 break를 사용해서 switch를 탈출하도록 강제합니다.

[소스 9-14] C#의 switch

```
01: public static void Main()
02: {
03:   string str = "C";
04:   switch(str)                    // 문자열 허용
05:   {
06:   case "A":
07:   case "B":
08:   case "C":
09:     System.Console.WriteLine(str);  // 문자열 허용
10:     break;
11:   }
12: }
```

〈소스 9-14〉는 C#의 switch문을 보여 줍니다. C 언어에서는 유효하지 않지만 C#에서는 아무 문제가 없는 코드입니다. 4, 6~8행에서 볼 수 있듯이 C#은 switch문의 조건식과 case 값으로 문자열이 가능합니다. C#만의 제약 사항도 있습니다. 10행의 break를 반드시 사용해야 한다는 점입니다. C#의 case에 실행할 명령문이 하나 이상 존재할 경우 반드시 break를 사용해야 합니다.

이처럼 switch문은 언어에 따라서 제약 사항이 제각각 다를 수 있으므로 각 언어를 공부할 때 용법을 자세히 살펴야 합니다. 심지어 언어의 버전이 올라가면서 제약 사항이 달라지는 경우도 있습니다. 조건식이나 case 값에 문자열을 쓸 수 있는 것도 언어가 발전하면서 변화된 사항 중의 하나입니다.

Chapter

03 반복문

1 for

```
────────────────────── // for문 시작
for(초기식; 조건식; 제어식)          // for 구문
    명령문
────────────────────── // for문 끝
```

① **초기식** : for문이 시작될 때 최초 단 한 번만 계산되는 식으로, 보통 제어 변수를 초기화합니다. 제어 변수가 무엇인지는 예제를 통해서 살펴보겠습니다.

② **조건식** : 조건식의 값이 0이 아니면(참) 명령문을 실행하고, 0이면(거짓) for문을 빠져나옵니다. 즉, 조건식이 참인 경우 명령문이 실행된 후에 다시 for문으로 돌아옵니다.

③ **제어식** : 명령문이 실행된 이후에 계산되는 식으로, 보통 제어 변수를 변경하는 데 사용합니다. 역시 예제를 통해서 자세히 살펴보겠습니다.

초기식, 조건식, 제어식이 기술된 for 구문 바로 뒤에는 반복해야 할 명령문이 단 하나 올 수 있습니다. if문과 마찬가지로 여러 개의 명령문을 반복하려면 블록을 이용하여 복합 명령문 하나를 만들어야 합니다.

for문의 실행 흐름을 이해하는 것은 그리 어렵지 않습니다. 먼저 실행 흐름이 for문에 들어가면서 초기식을 계산합니다. 이때 제어 변수가 초기화됩니다. 그 뒤에 조건식을 평가합니다. if문의 조건식처럼 조건식의 값이 0이 아니면 참으로 평가되고, 0이면 거짓으로 평가됩니다. 조건식이 참일 경우 명령문을 실행한 후에 다시 for 구문(초기식, 조건식, 제어식)으로 돌아옵니다. 만일 조건식이 거짓이면 for문을 빠져나옵니다. 중요한 점은 최초 for 구문이 수행될 때는 제어식이 계산되지 않는다는 것입니다. 두 번째 이후 for 구문부터는 초기식이 계산되지 않고, 항상 제어식을 계산한 후에 조건식을 평가하게 됩니다. 글로만 보면 이해하기 어려울 수 있으니 예제를 통해서 흐름을 살펴보겠습시다.

[소스 9-15] for

```
1: #include <stdio.h>
2:
3: void main()
4: {
5:   for(int i = 0; i < 1; i = i + 1)  // for 구문
6:     printf(“%d\r\n”, i);          // 명령문
7: }
```

[출력결과]

```
0
```

〈소스 9-15〉를 for문의 형식에 따라서 분석해 보겠습니다.

- 초기식 : int i = 0
- 조건식 : i 〈 1
- 제어식 : i = i + 1

5행에서 실행 흐름은 처음으로 for문에 들어갑니다. 이때 for 구문의 초기식이 계산됩니다. 초기식에서 사용된 변수 i가 바로 제어 변수가 됩니다. 즉, 초기식에서 제어 변수 i는 0으로 초기화됩니다. 초기식이 계산된 후에는 바로 조건식이 평가됩니다. i는 0이기 때문에 조건식 i 〈 1은 1(참)이 됩니다. 따라서 실행 흐름은 6행의 printf를 호출합니다. 이때 printf의 형식 지정인 %d에 의해서 변수 i의 값이 출력됩니다. 실행 흐름은 다시 5행의 for 구문으로 돌아옵니다. 이때부터는 두 번째 이상 진입이므로 초기식은 계산되지 않습니다. 초기식은 오직 단 한 번 for문에 진입할 때만 계산됩니다. 두 번째 이상 진입부터는 제어식이 계산된 후에 조건식을 평가하게 됩니다. 제어식은 i = i + 1인데 앞으로 이런 표현을 자주 보게 될 것입니다. 변수 i 값에다가 1을 더한 값을 다시 변수 i에 대입하라는 의미입니다. 즉, 변수 i의 값을 1 증가시키라는 의미인 것입니다. 따라서 제어식이 계산되면 변수 i는 1이 됩니다. 그리고 바로 조건식을 평가합니다. i가 1인 상태에서 조건식 i 〈 1은 0(거짓)이 됩니다. 따라서 실행 흐름은 for문을 빠져나옵니다.

여기서 변수 i처럼 반복문 안에서 값이 변하며 그 값에 따라 반복 여부를 결정하는 변수를 제어 변수라고 합니다.

for문의 초기식, 조건식, 제어식이 계산되는 순서를 그림으로 나타내면 다음과 같습니다.

그림 9-2

for 구문

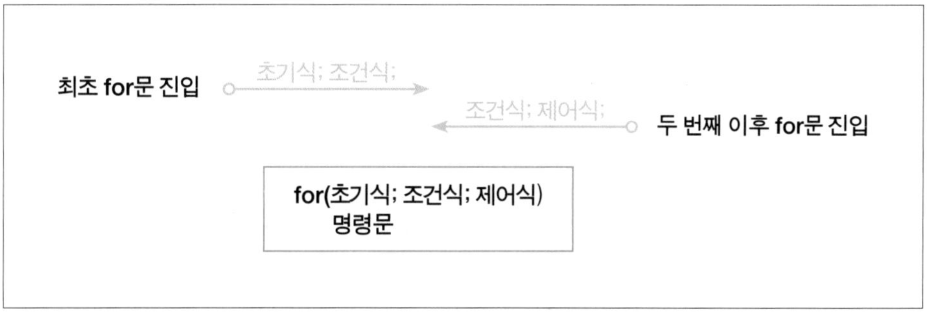

〈그림 9-2〉를 통해서 반드시 알아야 할 것은 for문의 진입이 처음인지 아닌지의 여부입니다. 처음 진입 시에는 초기식, 조건식 순서로 계산 및 평가되지만, 두 번째 진입부터 초기식은 더 이상 계산되지 않고, 제어식, 조건식 순서로 계산 및 평가됩니다.

이제 for문의 구문을 확실히 이해했으니 반복을 이용한 정말 간단한 프로그램을 제작해 보겠습니다. 1부터 10까지 더하는 프로그램입니다.

[소스 9-16] for문을 이용한 합계

```
#include <stdio.h>

void main()
{
  int Sum = 0;
  for(int i = 1; i < 11; i++)
    Sum = Sum + i;

  printf("%d\r\n", Sum);
}
```

[출력결과]

```
55
```

〈소스 9-16〉의 5행의 Sum은 구하려는 합계를 저장하는 변수입니다. 6행의 for문은 초기식으로 제어 변수 i에 1을 대입하고, 조건식은 제어 변수 i가 11보다 작으면 참으로 평가하며, 제어식은 i++입니다. 앞에서 변수 i의 값을 1 증가시키라는 의미로 i = i + 1이 나왔는데, 보통 프로그래밍 언어들은 이것을 i++로 줄여서 사용합니다. i++에 의해서 제어 변수 i는 명령문이 반복될 때마다 1씩 증가합니다. 즉, 1, 2, 3, 4, … 이렇게 명령문이 반복되면서 커질 것이고 그 값들은 7행의 Sum에 계속해서 더해집니다. 그러다가 i가 11이 되면 조건식인 i 〈 11이 거짓이 되어 반복문을 탈출합니다.

이번에는 for문의 초기식, 조건식, 제어식에 대해서 좀 더 자세히 알아보겠습니다.초기식, 조건식, 제어식은 각각 생략될 수 있습니다. 즉, 공백으로 둘 수 있는데, 조건식이 비어 있을 경우는 항상 참으로 평가됩니다.
초기식과 제어식을 생략한 채로 1부터 10까지 더하는 프로그램을 for문을 이용하여 작성해 보겠습니다.

[소스 9-17] 초기식, 제어식 생략

```
#include <stdio.h>

void main()
{
  int i = 1;         // 초기식
  int Sum = 0;

  for( ; i < 11; )  // for문 시작
  {             // 명령문 시작
    Sum = Sum + i;
    i++;         // 제어식
  }             // 명령문 끝, for문 끝

  printf("%d\r\n", Sum);
}
```

[출력결과]

```
55
```

〈소스 9-17〉은 초기식과 제어식이 생략된 for문을 보여 줍니다. 따라서 for 구문에는 오직 조건식만 남아 있습니다. 초기식과 제어식이 for 구문에 없다고 해서 완전히 없는 것은 아닙니다. 5행처럼 for문 외부에 초기식이 있으며, 11행처럼 for문의 복합 명령문 안에 제어식이 포함될 수 있습니다.

이번에는 조건식이 생략되는 경우를 살펴보겠습니다. 조건식이 생략될 경우 항상 참으로 평가되는 것을 기억하세요. 즉, for문의 명령문이 무한히 반복된다는 말입니다. 프로그램을 잘못 작성해서 실행 흐름이 무한 반복되는 경우가 가끔 발생하는데 그럴 경우 프로그램이 죽게 됩니다. 따라서 조건식이 생략되는 경우 for문의 명령문이 무한히 반복되는 것을 막기 위한 조치가 반드시 필요합니다. 이때 break가 그 역할을 합니다. break는 for문 안에서 사용될 경우 for문을 탈출하게 만듭니다. 앞의 예제를 break를 이용하여 수정해 보겠습니다.

[소스 9-18] 초기식, 조건식, 제어식 생략 및 break

```
#include <stdio.h>

void main()
{
  int i = 1;        // 초기식
  int Sum = 0;

  for(;;)          // for문 시작
  {
    Sum = Sum + i;
    i++;        // 제어식

    if(i > 10)
      break;     // for문 탈출
  }            // for문 끝

  printf(“%d\r\n”, Sum);
}
```

〈소스 9-18〉의 for문은 조건식이 생략되었으므로 항상 참으로 평가되어 명령문이 무한히 반복됩니다. 대신 9~15행의 명령문 안에는 반복문을 탈출하는 코드가 반드시 존재해야 합니다. 13~14행에서 변수 i가 10보다 크면 break를 통해서 for문을 탈출합니다.
일반적으로 무한 반복 구문의 경우 명령문 안에 조건 분기문과 break가 사용되어서 무한 반복을 중지하는 구조로 프로그램이 작성됩니다.

2 while

```
―――――――――――――――――――――――― // while문 시작
while(조건식)
    명령문
―――――――――――――――――――――――― // while문 끝
```

while문도 for문과 같은 반복문입니다. 하지만 형식이 훨씬 간단해서, 오직 조건식만 존재합니다. for문의 조건식은 생략될 수 있었지만 while문의 조건식은 생략될 수 없습니다. 또한 while문은 for문으로 완전하게 대체될 수 있습니다. 즉, 선호도에 따라서 for나 while을 선택해서 사용하면 됩니다.

실행 흐름이 while문에 진입하면 항상 조건식을 평가합니다. 조건식의 값이 0이 아니면(참) 명령문이 실행된 후 실행 흐름은 다시 while(조건식) 구문으로 돌아갑니다. 만일 조건식의 값이 0이면(거짓) while문을 탈출합니다.

그림 9-3
while - for 등가

```
while(조건식)     =     for(; 조건식;)
    명령문                  명령문

while(1)          =     for(;;)
    명령문                  명령문
```

〈그림 9-3〉은 while문이 for문으로 완전하게 대체될 수 있음을 보여 줍니다. 단, while문의 조건식은 생략될 수 없으므로 항상 참을 나타내기 위하여 조건식으로 1을 사용하며, 이 경우도 for문으로 대체 가능합니다.

while문은 오직 조건식만 있기 때문에 제어 변수나 제어식이 필요할 경우 while문의 명령문에 기술해야 합니다. 또한 while(1)처럼 무한 반복을 나타낼 경우에는 for문의 무한 반복처럼 조건 분기문과 break를 사용하여 while문을 탈출하게 만들어야 합니다.

for문을 while문으로 변경한 예제를 살펴보면서 while문의 정확한 사용법을 익혀 보겠습니다.

[소스 9-19] while

```
#include <stdio.h>

void main()
{
  int i = 1;        // 초기식
  int Sum = 0;

  while(i < 11)     // while문 시작
  {
    Sum = Sum + i;
    i++           // 제어식
  }             // while문 끝

  printf(“%d\r\n”, Sum);
}
```

[소스 9-20] 무한반복 while

```
#include <stdio.h>

void main()
{
  int i = 1;
  int Sum = 0;

  while(1)    // whie문 시작
  {
    Sum = Sum + i;
    i++;    // 제어식

    if(i > 10)
      break;  // while문 탈출
  }         // while문 끝

  printf(“%d\r\n”, Sum);
}
```

[출력결과]

```
55
```

〈소스 9-19〉, 〈소스 9-20〉은 1부터 10까지 더하는 프로그램을 while문을 사용하여 구현한 것입니다. for문과 마찬가지로 무한 반복일 때는 적절하게 break를 사용해야 합니다.

3 그 외 반복문

지금까지 대표적 반복문인 for문과 while문을 살펴보았습니다. 가장 기본적인 반복문이기 때문에 대부분의 프로그래밍 언어는 for문과 while문을 지원합니다. 이외에도 추가적으로 지원되는 몇 가지 반복문이 있습니다. 대표적으로 do ~ while이 있는데, while문이 명령문 실행 전에 반드시 조건식을 평가하는 데 비해서 do ~ while은 최초 명령문을 한 번은 실행하고 그 이후부터는 실행 전에 조건식을 평가합니다.

이미 살펴보았듯이 for문과 while문은 서로 대체할 수 있습니다. 필요나 선호도에 따라서 골라 쓰면 되는 것입니다. 마찬가지로 다른 프로그래밍 언어들은 좀 더 쉽게 반복문을 사용할 수 있도록 언어의 특성에 맞춰 지원하기도 합니다. C 언어에서는 지원하지 않지만 많은 프로그래밍 언어가 지원하는 foreach문도 자주 사용되는 반복문 중의 하나입니다.

반복문에는 여러 종류가 있지만 결국 큰 틀은 조건식을 평가하여 명령문의 반복 여부를 결정하는 것입니다. 어떤 언어를 공부하건 반복문은 어렵지 않게 배울 수 있습니다.

4 다중 반복

이번 주제는 반복문을 응용해 보는 것입니다. 앞에서 설명했듯이 제어문 그 자체가 명령문이 되므로 반복문의 명령문으로 반복문이 올 수 있습니다. 즉, 반복문 안에 반복문이 있는 구조가 되는데 이것을 '다중 반복'이라고 합니다. 다중 반복을 이용하여 구구단 프로그램을 작성해 보겠습니다.

[소스 9-21] for - for 다중 반복

```
#include <stdio.h>

void main()
{
  for(int i = 2; i < 10; i++)    // 2단부터 9단까지
  {
    for(int j = 1; j < 10; j++)
      printf(“%d * %d = %d\r\n”, i, j, i * j);
    printf(“\r\n”);     // 단마다 줄바꿈
  }
}
```

〈소스 9-21〉에는 for문 안에 for문이 있습니다. 5행의 제어 변수 i는 2부터 시작해서 9까지 증가하며 단 수를 나타냅니다. 7행의 제어 변수 j는 1부터 시작해서 9까지 증가하며 각 단의 피연산자를(순서를) 나타냅니다. 따라서 7~8행이 실제로 구구단의 단 하나를 출력하는 반복문이 됩니다. 하나의 단 출력이 완료되면 9행으로 빠져나와 단 구분을 위해서 빈 줄 하나를 출력하고 다음 단을 출력하기 위하여 5행으로 돌아가는 구조입니다.

다중 반복문은 같은 반복문만 사용해야 한다고(for-for) 생각할 수 있는데 다양한 반복문을 섞어서 사용할 수 있습니다. 즉, 다음과 같이 for-while로 변경할 수 있습니다.

[소스 9-22] for - while 다중 반복

```
#include <stdio.h>

void main()
{
  for(int i = 2; i < 10; i++)    // 2단부터 9단까지
  {
    int j = 1;
    while(j < 10)
    {
      printf("%d * %d = %d\r\n", i, j, i * j);
      j++;
    }
    printf("\r\n");     // 단마다 줄바꿈
  }
}
```

〈소스 9-22〉는 〈소스 9-21〉과 구조가 비슷하므로 이해하는 데 어려움이 없을 것입니다.

다중 반복문에서 반드시 알아야 할 점은 바로 break를 사용할 때인데, break는 오직 자신을 포함한 반복문을 한 번 탈출할 뿐입니다.

[소스 9-23] 다중 반복 break

```
01: #include <stdio.h>
02:
03: void main()
04: {
05:   for(int i = 2; i < 10; i++)   // for문 시작
06:   {
07:     int j = 1;
08:     while(1)      // while문 시작
09:     {
10:       printf("%d * %d = %d\r\n", i, j, i * j);
11:       j++;
12:       if(j > 9)
13:         break;  // while문만 탈출한다.
14:     }          // while문 끝
15:     printf("\r\n");
16:   }            // for문 끝
17: }
```

〈소스 9-23〉은 앞의 예제에서 while문의 조건식을 1로 바꾼 대신 if문과 break를 사용하도록 수정한 것입니다. 13행의 break는 오직 자신을 감싸고 있는 while문만을 탈출합니다. 즉, 13행 이후 실행 흐름은 15행으로 가는 것입니다. 물론 외부의 for문도 break를 감싸고 있지만 break는 자신을 감싸고 있는 반복문 중에서 가장 가까운 반복문만 탈출하게 되어 있습니다. 만일 break가 자신을 감싼 모든 반복문을 탈출한다면 위의 예제는 2단만 출력하게 됩니다.

5 continue

반복문에서 마지막으로 알아야 할 것은 continue입니다. break는 반복문과 switch문에서 사용되었지만 continue는 오직 반복문에서만 사용됩니다.

반복문의 명령문에서 continue가 사용될 경우 그 즉시 실행 흐름은 반복문의 조건식이 있는 구문으로 돌아갑니다. continue에 의한 실행 흐름의 변화를 그림으로 나타내면 다음과 같습니다.

그림 9-4
continue

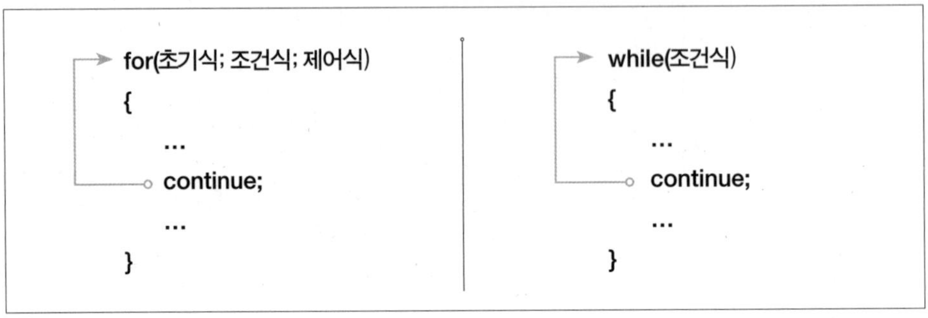

〈그림 9-4〉는 continue가 실행 흐름을 어떻게 변경하는지를 보여 줍니다. continue는 반복문의 명령문 안에서 사용되며 continue 이후의 명령문들은 더 이상 실행되지 않습니다. 따라서 continue는 보통 조건문과 함께 사용됩니다.

조건문과 함께 사용하여 반복문의 흐름을 제어하는 점에서 break와 continue는 비슷한 부분이 있습니다. 하지만 반복문을 탈출하는 break는 어떤 때에 사용하는지 직관적으로 알기 쉽지만, 반복문의 조건식으로 돌아가는 continue는 어디에 사용하는지 의아할 수도 있습니다. 간단한 예제를 통해 continue의 동작을 알아 봅시다.

[소스 9-24] continue

```
01: #define _CRT_SECURE_NO_WARNINGS
02: #include <stdio.h>
03:
04: void main()
05: {
06:   int Month;
07:   while(1)        // while문 시작
08:   {
09:     printf("출생 월을 입력하세요!\r\n");
10:     scanf("%d", &Month);
11:     if(Month > 12)
12:     {
13:       printf("제대로 입력하세요!\r\n");
14:       continue;  // 7행으로 이동
15:     }
16:
17:     printf("출생 월은 %d월입니다.\r\n", Month);
18:     break;
19:   }              // while문 끝
20: }
```

〈소스 9-24〉는 필자가 생각한 continue의 적절한 사용 예제입니다. 출생 월을 입력받아서 그대로 출력해 주는 프로그램인데, 만일 유효하지 않은 입력(가령 13)을 했을 경우 제대로 입력받을 때까지 무한 반복하는 프로그램입니다. 만일 출생 월로 12보다 큰 수를 입력할 경우 14행의 continue로 인하여 실행 흐름은 7행의 while(1)로 돌아가고 다시 명령문이 실행되는 구조입니다.

PART 10

연산자

수학의 연산자와 마찬가지로 프로그래밍에도 산술, 비교, 논리 연산자가 똑같이 제공됩니다. 프로그래밍에 특화된 비트 연산자를 비롯한 다양한 연산자들을 배워봅니다.

Chapter 01 연산자의 분류

연산자는 무엇일까요? 수학에서 배운 더하기(+), 빼기(−), 곱하기(×), 나누기(÷)가 바로 연산자입니다. 또 연산자의 대상이 되는 것을 피연산자라고 합니다. 1 + 2에서 더하기(+)의 피연산자는 1과 2이고 연산의 결과는 3이 됩니다. 즉, 연산자는 피연산자에 적용되어(연산) 새로운 값을 만들어냅니다.

프로그래밍에도 연산자가 있습니다. 기존 수학의 연산자를 그대로 사용하기도 하지만, 프로그래밍 언어의 특성에 맞는 연산자도 존재합니다. 특히 수학 연산자 중에서 곱하기(×), 나누기(÷)의 표기가 다른 점은 주의해야 합니다. 프로그래밍에서는 곱하기(*), 나누기(/) 연산자 기호가 수학과 다릅니다.

사람들은 어떤 대상을 탐구할 때 분류를 합니다. 공통의 속성을 찾아내고 쉽게 이해하기 위해서입니다. 마찬가지로 프로그래밍에 사용되는 연산자도 분류를 합니다. 연산자는 기능별, 형태별로 분류합니다.

1 기능별 분류

수학에서 배웠던 덧셈, 뺄셈, 곱셈, 나눗셈과 같은 연산자를 산술 연산자라고 합니다. 산술이란 말에서 알 수 있듯이 수에 관련된 계산 연산자라고 생각하면 됩니다.
프로그래밍에서는 산술 연산자로 사칙 연산자 이외에도 몇 가지를 더 제공하고 있습니다. 대표적으로 기본 할당 연산자(=)와 나머지 연산자(%), 증감 연산자(++, --) 등이 있습니다.

비교 연산자도 있습니다. 제어문에서 배웠듯이 '같다', '같지 않다', '크다', '작다' 등입니다. 수학의 부등호에서 사용되는 기호들을 그대로 사용하긴 하지만 다른 기호도 있습니다.

수학의 명제 단원에서 많이 나오는 연산자들이 있는데, 바로 논리 연산자(NOT, AND,

OR)입니다. [제어문] 파트에서 사용된 예제들은 비교 연산자만을 사용했지만, 실제 제어문에서는 비교 연산자와 논리 연산자가 조합되어 조건식에 사용됩니다.

지금까지는 수학 교과 과정에서 배웠던 연산자이지만 지금부터 나오는 연산자는 프로그래밍에 특화된 연산자입니다.

비트 연산자란 비트를 피연산자로 삼는 연산자입니다. 논리 연산자와 비슷하게 NOT, AND, OR가 있으며 추가적으로 XOR을 비롯하여 비트를 이동시키는 연산자도 있습니다.

그 외에 배열이나 구조체, 클래스 등의 타입을 피연산자로 삼는 연산자도 있습니다. 배열에서 각 요소를 참조하기 위하여 사용되는 첨자 연산자([ ])가 대표적입니다.

2 형태별 분류

연산자는 피연산자의 수로 분류하기도 합니다. 피연산자가 하나인 경우 단항 연산자라고 부르는데 앞에서 살펴본 i++처럼 증감 연산자(++)가 대표적인 단항 연산자입니다.
피연산자가 두 개인 경우 이항 연산자라고 합니다. 사칙 연산자는 모두 이항 연산자입니다.

프로그래밍 언어에서 제공하는 연산자는 대부분이 단항 혹은 이항 연산자인데, 가끔 피연산자가 세 개인 삼항 연산자도 있습니다.

지금까지 연산자가 대략적으로 어떻게 분류되는지 살펴보았는데, 지금부터는 각 연산자를 기능별 분류에 따라서 설명하겠습니다. 사칙 연산자처럼 이미 충분히 알고 있는 부분은 생략하고 새로운 연산자에 설명을 집중하도록 하겠습니다.

Chapter

02 산술 연산자

1 기본 할당 연산자 (대입 연산자)

'a = b'는 a에 b를 대입한 후 a의 값을 나타냅니다.

'='가 수학에서와 다른 의미로 사용되어서 프로그래밍을 처음 배울 때 헷갈릴 수 있는 연산자입니다. 가령 수학에서 x = 1의 의미는 x가 1과 같다는 비교 연산자의 의미로 사용되지만, 프로그래밍에서 x = 1의 의미는 x에 1을 대입하고 x의 값인 1을 나타내는 것입니다.

여기서 '나타낸다'라는 말은 새로운 결과를 만든다는 의미입니다. 가령 3 + 4는 7이라는 결과를 만듭니다. 즉, 3 + 4는 7을 나타내는 것이죠. 마찬가지로 a = 1이라는 기본 할당식도 a에 할당된 값인 1을 나타냅니다. 대입된 후의 좌변 값을 나타내는 것이죠. 따라서 프로그래밍에서는 a = b = 1이 논리적으로 가능합니다.

기본 할당 연산자는 우측에서부터 적용되는데 a = (b = 1)로 표현될 수 있고, b = 1의 대입식이 1을 나타내므로 (b = 1)은 곧 1이 됩니다. 즉, a = 1이 되는 것입니다.

[소스 10-1] 기본 할당 연산의 결과

```
#include <stdio.h>

void main()
{
  int a;
  printf("%d\r\n", a = 1);
}
```

[출력결과]

```
1
```

〈소스 10-1〉의 6행에서 a = 1을 대입합니다. 그리고 printf의 형식 지정 %d는 a = 1 자체를 출력합니다. a = 1은 a에 1을 대입하고 a 값을 나타내므로 1입니다.

2 나머지(Modular) 연산자

'a % b'는 a를 b로 나눈 나머지를 나타냅니다. (단, a와 b는 정수입니다.)
프로그래밍에서 굉장히 많이 쓰이는 연산자입니다. 초등학교에서 나눗셈을 배울 때 몫과 나머지를 배운 기억이 나죠? 나머지 연산자는 바로 나눗셈에서 나머지를 구해 주는 연산자입니다. 7 % 3은 7을 3으로 나눈 몫 2와 나머지 1 중에서 나머지 1을 나타냅니다. 나머지 연산자의 대표적인 활용은 홀짝 판별인데, 가령 짝수를 확인하는 평가식은 a % 2 == 0입니다. 여기서 '=='는 같음을 나타내는 등호 연산자입니다.
1부터 30까지의 수에서 3의 배수만 출력하는 프로그램을 작성하면 다음과 같습니다.

[소스 10-2] 나머지 연산자를 이용한 3의 배수 출력

```
01: #include <stdio.h>
02:
03: void main()
04: {
05:   for(int i = 1; i < 31; i++)
06:   {
07:     if(i % 3 == 0)
08:       printf("%d ", i);
09:   }
10: }
```

[출력결과]

```
3 6 9 12 15 18 21 24 27 30
```

〈소스 10-2〉는 앞에서 배운 반복문 for와 조건문 if를 사용하고 있습니다. 가장 중요한 부분은 7행의 조건식 i % 3 == 0입니다. 3의 배수란 3으로 나누었을 때 나머지가 0인 수이므로 이에 해당하는 i값만 출력하는 코드입니다.

3 증감 연산자

변수 a의 값을 1 증가시키는 식은 a = a + 1이고, 1 감소시키는 식은 a = a − 1입니다. 대부분의 프로그래밍 언어는 이런 식을 축약해서 표현할 수 있는 연산자를 제공하는데, 바로 증감 연산자인 ++, −−입니다. 따라서 변수 a의 값을 1 증가시키는 식은 ++a, a++로 쓸 수 있고, 1 감소시키는 식은 −−a, a−−로 쓸 수 있습니다. 왜 두 가지가 있을까요? ++, −−의 위치에 따라서 전위형과 후위형으로 구분을 하며, 둘의 방식에 차이가 있기 때문입니다.

- **전위형** : ++a, −−a 증감 연산자가 피연산자 앞에 있다.
- **후위형** : a++, a−− 증감 연산자가 피연산자 뒤에 있다.

전위형이나 후위형은 단독으로 사용되는 경우 큰 문제가 없지만 함수 인자 혹은 대입 피연산자로 사용될 경우 미묘한 차이가 발생합니다.

[소스 10-3] 전위형과 후위형 - 함수 인자

```
01: #include <stdio.h>
02:
03: void main()
04: {
05:   int a;
06:
07:   a = 1;
08:   printf("%d\r\n", ++a);  // 전위형
09:
10:   a = 1;
11:   printf("%d\r\n", a++);  // 후위형
12: }
```

[출력결과]

```
2
1
```

〈소스 10-3〉은 전위형과 후위형의 분명한 차이를 보여 줍니다. 8행에서 ++a와 같은 전위형 함수 인자로 사용될 경우 먼저 a를 1 증가시킨 후에 인자로 전달됩니다. 그에 비해서 11행의 a++과 같은 후위형은 a의 값을 먼저 인자로 전달한 후에 1을 증가시킵니다.

[소스 10-4] 전위형과 후위형 - 대입 피연산자

```
01: #include <stdio.h>
02:
03: void main()
04: {
05:   int a, b;
06:
07:   a = 1;
08:   b = ++a;          // 전위형
09:   printf(“%d\r\n”, b);
10:
11:   a = 1;
12:   b = a++;          // 후위형
13:   printf(“%d\r\n”, b);
14: }
```

[출력결과]

```
2
1
```

〈소스 10-4〉의 8, 12행에서는 전위형과 후위형이 대입 연산자의 우변 피연산자로 사용됩니다. 앞의 예제처럼 8행의 전위형은 먼저 a를 1 증가시킨 후에 b에 대입합니다. 반면 12행의 후위형은 a를 b에 대입한 뒤에 1을 증가시킵니다. 따라서 b에 대입된 값이 달라지게 됩니다.

이외에도 전위형과 후위형은 언어에 따라서 좀 더 차이를 발생시키기도 합니다. 가령 C++에서 전위형은 l-value로 간주되지만, 후위형은 r-value로 간주되기도 합니다. l-value, r-value는 프로그래밍의 초급 개념은 아니므로 이러한 것이 있다는 정도에서 설명을 마치겠습니다.

Chapter

03 비교 연산자

표 10-1
비교 연산자

비교 연산 조건식	a와 b가 같다	a가 b보다 크다	a가 b보다 작다
a == b	1	0	0
a != b	0	1	1
a > b	0	1	0
a < b	0	0	1
a >= b	1	1	0
a <= b	1	0	1

비교 연산자는 이미 제어문에서 살펴본 내용이지만 다시 한번 반복해서 살펴보겠습니다. 비교 연산자의 결과는 1(참), 0(거짓)입니다. 특히 주의할 점은 연산자의 기호입니다. 수학에서는 좌변과 우변이 같다는 의미로 등호(=)가 사용되지만 프로그래밍에서는 '=='이 사용됩니다.

간혹 조건 분기문의 조건식에서 오타로 인해 비교 연산자 대신에 대입 연산자가 잘못 사용되는 경우가 있습니다. 다음과 같은 경우입니다.

[소스 10-5] 비교 연산자와 대입 연산자

```
#include <stdio.h>

void main()
{
  int a = 0;

  if(a = 1)
  {
```

```
09:     printf(“a is 1\r\n”);
10:   }
11:   else
12:   {
13:     printf(“a is not 1\r\n”);
14:   }
15: }
```

[출력결과]

```
a is 1
```

〈소스 10-5〉는 얼핏 보았을 때 “a is not 1”이 출력될 것이라고 착각할 가능성이 많은 코드입니다. 문법적으로는 어떤 문제도 없는 코드이기 때문에 오류를 발견하고 수정하기는 굉장히 어렵습니다. 7행의 if문 조건식인 a = 1은 비교 연산자 대신에 대입 연산자가 잘못 사용되었습니다. 앞에서 살펴보았듯이 대입 연산은 우변을 좌변에 대입시킨 후에 좌변의 값을 나타냅니다. 즉, a = 1은 대입 후의 a 값인 1을 나타냅니다. 따라서 조건식이 1이 되므로 참으로 평가되어서 “a is 1”이 출력됩니다.

Chapter

04 논리 연산자

1 NOT(!)

표 10-2
논리 부정

a	!a
0	1
0이 아님	0

a가 0인 경우 !a는 1이 되고, a가 0이 아닌 경우 !a는 0이 됩니다. 따라서 a와 !!a가 같지 않을 수 있음에 주의해야 합니다.

[소스 10-6] 이중 부정

```
1: #include <stdio.h>
2:
3: void main()
4: {
5:   int a = 2;
6:   printf("%d\r\n", !!a);
7: }
```

[출력결과]

```
1
```

〈소스 10-6〉에서 a는 2이므로 6행의 !!a는 다음과 같은 과정을 거칩니다.

!!a → !(!a) → !(!2) → !(0) → !0 → 1

따라서 a와 !!a는 다를 수 있습니다.

초보자들의 경우 !a에 대해서 착각을 할 수 있습니다. !a는 a의 값을 변경시키는 것이 아닙니다. a의 값은 변함이 없으며 !a는 a에 연산이 적용된 후의 임시 값을 나타낼 뿐입니다.

[소스 10-7] !a의 의미

```
#include <stdio.h>

void main()
{
  int a = 2;
  printf("%d\r\n", !a);
  printf("%d\r\n", a);
}
```

[출력결과]

```
0
2
```

〈소스 10-7〉을 통해서 !a가 a를 변경시키는 것이 아님을 알 수 있습니다. 만일 a를 변경시키고 싶다면 a = !a를 사용해야 합니다.

2 AND(&&)

표 10-3 논리 곱

a	b	a && b
0	0	0
0	0이 아님	0
0이 아님	0	0
0이 아님	0이 아님	1

a && b를 생각해 봅시다. a가 만일 0이라면 b의 결과에 상관없이 a && b는 항상 0입니다. 따라서 컴퓨터는 b를 계산하려고 시도조차 하지 않습니다. 이런 것을 Short- Circuit이라고 하는데, 쓸데없이 b를 계산해서 시간을 낭비하지 않겠다는 것입니다.

[소스 10-8] AND Short-Circuit

```
1: #include <stdio.h>
2:
3: void main()
4: {
5:    0 && printf("0 &&\r\n");
6:    1 && printf("1 &&\r\n");
7: }
```

[출력결과]

```
1&&
```

〈소스 10-8〉은 조금 낯설 수 있습니다. 먼저 5, 6행에 나온 printf에 대해서 살펴보면 printf는 함수로서 반환값의 타입이 int입니다. 즉, printf도 하나의 식으로서 어떤 정수를 나타낸다고 볼 수 있습니다. 따라서 5행은 0 && N과 같고, 6행은 1 && N과 같은 구조입니다. 여기서 Short-Circuit이 발동합니다. 5행의 0 && N은 이미 좌변이 0이므로 우변을 계산할 필요조차 없기 때문에 5행의 printf는 호출조차 되지 않습니다. 그래서 6행의 printf만 호출되는 것입니다.

3 OR(||)

표 10-4 논리 합

a	b	a || b
0	0	0
0	0이 아님	1
0이 아님	0	1
0이 아님	0이 아님	1

AND와 마찬가지로 OR도 Short-Circuit이 작동합니다. a가 0이 아니면 b의 결과에 상관없이 a || b는 항상 1이 되기 때문에 b를 계산할 필요가 없기 때문입니다.

[소스 10-9] OR Short-Circuit

```
1: #include <stdio.h>
2:
3: void main()
4: {
5:    0 || printf("0 ||\r\n");
6:    1 || printf("1 ||\r\n");
7: }
```

[출력결과]

```
0 ||
```

〈소스 10-9〉도 같은 구조입니다. 6행의 printf는 호출될 필요조차 없습니다. 따라서 5행의 printf만 호출됩니다.

Chapter

05 비트 연산자

비트 연산자는 피연산자로 비트를 대상으로 합니다. 그렇다고 해서 비트 하나만을 피연산자로 취하는 것이 아니라 정수 타입 변수를 피연산자로 취하며, 정수 타입 변수를 구성하는 모든 비트에 대해서 연산이 적용됩니다.
비트 연산자는 피연산자의 수에 따라서 단항, 이항 연산자로 구분됩니다.

1 반전 연산자 (~)

피연산자의 모든 비트를 반전(0 → 1, 1 → 0)시킵니다.

[소스 10-10] 반전 연산자

```
1: #include <stdio.h>
2:
3: void main()
4: {
5:    char a = 0;
6:    printf("%d\r\n", ~a);
7:    printf("%d\r\n", a);
8: }
```

[출력결과]

```
-1
0
```

〈소스 10-10〉의 5행은 a에 0을 대입해서 a의 모든 비트(8비트)를 0으로 설정합니다. 6행의 ~a는 a의 모든 비트(8비트)를 반전시킵니다. 2의 보수법에서는 모든 비트가 1인 경우

−1을 나타낸다고 했습니다. 논리 부정 연산과 마찬가지로 ~a가 a의 값을 변경시키는 것은 아닙니다. 따라서 7행의 a는 여전히 0을 나타냅니다.

비트 연산자는 오직 정수 타입 변수에만 적용할 수 있습니다. char는 문자 타입이긴 하지만 엄밀하게 따지면 ASCII 코드를 저장하는 1바이트 정수 타입이기 때문에 비트 연산을 할 수 있습니다.

〈그림 10-1〉은 비트 반전 연산자(~)와 논리 부정 연산자(!)의 차이를 보여 줍니다. 비트 연산자는 모든 비트에 대해서 적용된다는 차이를 확실히 알아야 합니다.

그림 10-1

비트 반전 연산자(a)와 NOT 연산자(b)

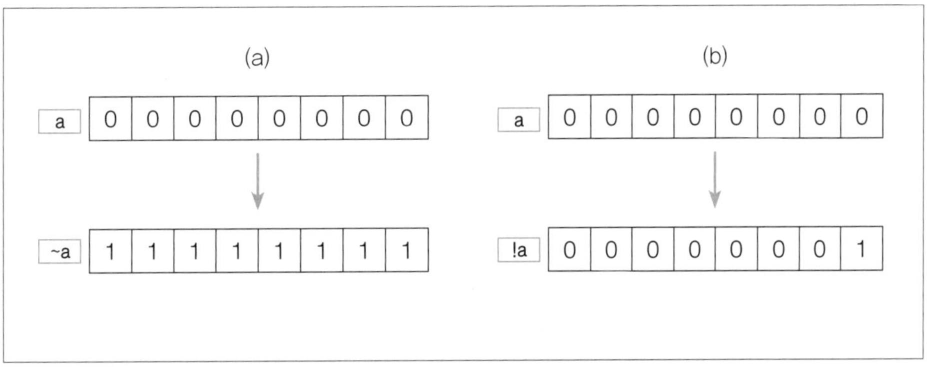

2 비트 곱(&), 합(|), 차(^) 연산자

〈표 10-5〉는 비트 연산자의 결과를 보여 줍니다. 표에 나타나는 a, b는 각각 비트 값을 의미합니다. 즉, a, b는 식이 아니라 하나의 비트를 나타냅니다. 32비트(4바이트) 변수 x와 y를 피연산자로 비트 연산을 한다면 모든 비트(32비트)에 대해서 다음의 표와 같은 연산이 수행됩니다.

표 10-5

비트 곱, 합, 차

a	b	a & b	a | b	a ^ b
0	0	0	0	0
0	1	0	1	1
1	0	0	1	1
1	1	1	1	0

또한 비트 차(XOR)는 특이한 성질이 있는데, (a ^ b) ^ b = a가 되고, 반대로 (a ^ b) ^ a = b가 됩니다. 이는 간단히 말해서 어떤 변수에 특정 값으로 XOR을 적용하고, 다시 특정 값으로 XOR을 적용하면 원래 변수를 복원할 수 있다는 의미입니다. 이런 성질을 이용해서 한때 코딩 테스트로 임시 변수를 사용하지 않고 두 변수를 바꿔치기(swap)하는 문제가 출제된 적도 있습니다.

[소스 10-11] 임시 변수 없는 swap

```
01: #include <stdio.h>
02:
03: void main()
04: {
05:   int a = 3;
06:   int b = 7;
07:
08:   a = a ^ b;
09:   b = a ^ b;
10:   a = a ^ b;
11:   printf("a = %d, b = %d\r\n", a, b);
12: }
```

[출력결과]

```
a = 7, b = 3
```

〈소스 10-11〉은 임시 변수를 사용하지 않고, 두 변수 a와 b를 서로 바꿉니다. 비트 차(XOR) 연산자의 성질을 이용하기 때문에 가능합니다. 8~10행은 식만 보고 어떻게 변수가 바뀌는지 이해하기 어려운 점이 있습니다. 그래서 두 변수를 교환할 목적으로 이런 코드를 사용하는 것은 피해야 합니다. 좋은 코드는 누구나 쉽게 의도를 파악하고 분석할 수 있어야 합니다. 즉, swap의 정석은 다음과 같습니다.

[소스 10-12] 임시 변수를 사용한 swap

```
01: #include <stdio.h>
02:
03: void main()
04: {
05:   int a = 3;
06:   int b = 7;
07:
08:   int temp = a;
09:   a = b;
10:   b = temp;
11:   printf("a = %d, b = %d\r\n", a, b);
12: }
```

〈소스 10-12〉의 8행에 두 변수 교환을 위한 임시 변수인 temp가 보입니다. 8~10행과 같이 누구나 쉽게 의도를 파악할 수 있는 코드가 좋은 코드입니다. 가끔 개발자 중에서 남들이 이해하기 어려운 복잡한 식과 문법 사용을 즐기는 사람들이 있습니다. 아마도 그런 코드를 사용하면서 자신이 뛰어나다고 착각을 하는 것 같습니다만 좋은 코드는 읽기 쉬운 코드입니다.

3 비트 이동 연산자 (<<, >>, >>>)

비트 이동 연산자(Shift Operator)는 정수 타입 변수의 모든 비트를 왼쪽이나 오른쪽으로 이동시키는 연산자입니다. 비트 전체를 이동시키기 때문에 밀려나는 비트도 있고 새로 채워지는 비트도 있습니다.

연산자의 모양도 상당히 직관적입니다. '<<'는 비트를 왼쪽으로 이동시키고, '>>'는 오른쪽으로 이동시킵니다. 전체적으로 어렵지 않은 연산자이긴 하지만 주의해야 할 점도 몇 가지 있습니다.

[소스 10-13] Left Shift Operator

```
01: #include <stdio.h>
02:
03: void main()
04: {
05:    char a = 1;
06:    a = a << 3;
07:    printf("%d\r\n", a);
08:
09:    char b = 1;
10:    b = b << 7;
11:    printf("%d\r\n", b);
12: }
```

[출력결과]

```
8
-128
```

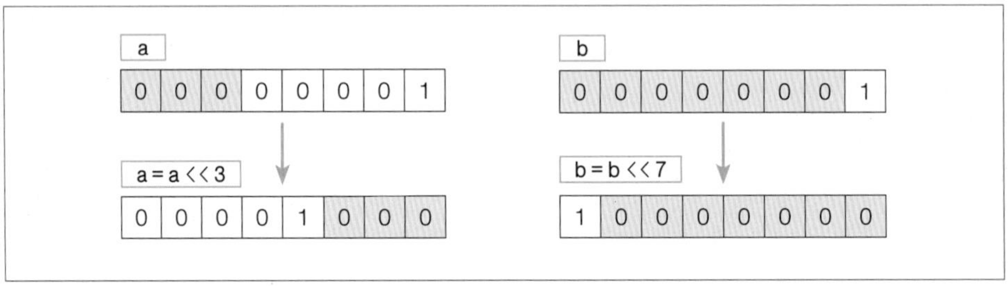

그림 10-2
왼쪽 비트 이동 연산

〈소스 10-13〉은 그림을 통해서 설명하겠습니다. 5행의 a는 1입니다. 즉, 비트 상태는 그림 좌측 상단과 같습니다. 6행의 a = a 〈〈 3은 a의 모든 비트를 왼쪽으로 세 칸씩 이동한 후에 a에 대입하라는 것입니다. 따라서 a의 비트 상태는 그림 좌측 하단과 같습니다. 비트 이동 연산을 하면 필연적으로 밀려나는 비트와 새로 생성되는 비트가 나타나게 됩니다. 그림 좌측 상단의 칠해진 비트가 밀려나는 비트이고, 그림 좌측 하단의 칠해진 비트가 새로 생성되는 비트입니다. 밀려나는 비트는 사라질 뿐이고, 새로 생성되는 비트는 0으로 채워집니다. 따라서 a는 8을 나타내게 됩니다.

이제 9~10행을 보겠습니다. 이번에는 왼쪽으로 일곱 칸을 이동시킵니다. 비트가 이동한 상태는 그림의 우측 하단과 같습니다. 2의 보수법에서 알 수 있듯이 정수 타입의 맨 왼쪽 비트는 부호 비트가 됩니다. 따라서 그림 우측 하단의 부호 비트가 1이므로 이동 후 b가 나타내는 값은 −128이 됩니다.

왼쪽 비트 이동 연산을 알아봤으니 오른쪽 비트 이동 연산도 무척 쉬울 것 같습니다. 비슷하긴 하지만 확실한 차이가 있습니다. 주의해서 살펴봅시다.

[소스 10-14] Right Shift Operator

```
01: #include <stdio.h>
02:
03: void main()
04: {
05:   char a = 8;
06:   a = a >> 3;
07:   printf("%d\r\n", a);
08:
09:   char b = -128;
10:   b = b >> 7;
11:   printf("%d\r\n", b);
12: }
```

[출력결과]

```
1
-1
```

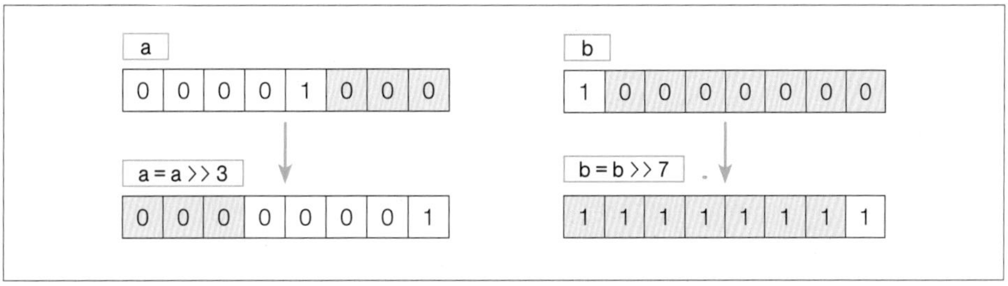

그림 10-3 부호 있는 정수의 오른쪽 비트 이동 연산

〈소스 10-14〉도 그림을 통해서 설명하겠습니다. 5행의 a는 8입니다. 즉, 비트 상태는 그림 좌측 상단과 같습니다. 6행의 a = a 〉〉 3은 a의 모든 비트를 오른쪽으로 세 칸씩 이동한 후에 a에 대입하라는 것입니다. 따라서 a의 비트 상태는 그림 좌측 하단과 같습니다. 그

림 좌측 상단의 칠해진 비트가 밀려나는 비트이고, 그림 좌측 하단의 칠해진 비트가 새로 생성되는 비트입니다. 중요한 점은 여기서부터 시작됩니다. 오른쪽 비트 이동 연산의 결과로 새로 생성되는 비트는 부호 비트의 값으로 채워집니다. 여기서 부호 비트란 변수의 맨 왼쪽의 비트를 말합니다. 즉, 부호 비트에 채워져 있던 값(0이나 1)이 새로 생겨나는 비트에 채워지는 것을 말합니다. 그림 좌측 상단을 다시 한번 봅시다. 부호 비트가 0입니다. 따라서 그림 좌측 하단의 칠해진 비트는 모두 0으로 채워지는 것입니다.

9~10행을 보면 오른쪽으로 일곱 칸을 이동시킵니다. 비트가 이동한 상태는 그림의 우측 하단과 같습니다. 이번에는 새로 생성된 비트들이 모두 1로 채워져 있습니다. 바로 그림 우측 상단의 부호 비트가 1이었기 때문에 새로 생성되는 비트들이 모두 1로 채워지는 것입니다. 따라서 이동 후의 b는 모든 비트가 1로 채워져 있기 때문에 −1을 나타냅니다.

왜 하필 오른쪽 비트 이동 연산만 이렇게 두 가지로 나눠질까요? 바로 비트 이동 연산자의 부호 유지 정책 때문입니다. 일반적으로 비트 상태는 이진법의 특성상 왼쪽으로 한 칸 이동할 경우 원래 값의 두 배가 되고, 오른쪽으로 한 칸 이동할 경우 원래 값의 절반이 됩니다. 당연히 부호는 유지되면서 값이 두 배가 되거나 절반이 되길 기대하는데, −128을 오른쪽으로 일곱 번 비트 이동시킨다고 해서 그 값이 1이 된다면 부호가 유지되지 않으므로 기대가 깨지게 됩니다. 그러므로 부호를 유지하기 위하여 비트 상태의 이동은 왼쪽과 오른쪽 각각 다른 규칙을 적용하는 것입니다. 규칙을 정리해 보겠습니다.

① << N : 비트 상태를 N만큼 왼쪽으로 이동시킵니다. 가장 왼쪽의 넘치는 N개의 비트들은 버리고, 오른쪽에 새로 생기는 N개의 비트들은 모두 0으로 채웁니다.

② >> N : 비트 상태를 N만큼 오른쪽으로 이동시킵니다. 가장 오른쪽의 넘치는 N개의 비트들은 버리고, 왼쪽에 새로 생기는 N개의 비트들은 부호 비트가 존재할 경우 부호 비트로 채우고, 부호 비트가 존재하지 않을 경우 0으로 채웁니다.

'<<' 연산자는 이해하기가 쉽지만, '>>' 연산자는 추가적인 설명이 필요합니다. 오른쪽 이동으로 인해서 왼쪽에 새로 생기는 N개의 비트들에 한해서 부호 비트가 존재하는 타입(부호 있는 정수)이라면 해당 부호 비트에 채워진 값(0 or 1)을 그대로 채우라는 것이고, 부호 비트가 없는 타입(부호 없는 정수)이라면 0으로 채우라는 것입니다. 이것 역시 부호를 유지하기 위한 것입니다.

[소스 10-15] 부호 없는 정수 오른쪽 비트 이동

```
01: #include <stdio.h>
02:
03: void main()
04: {
05:    unsigned char a = 8;
06:    a = a >> 3;
07:    printf("%d\r\n", a);
08:
09:    unsigned char b = 128;
10:    b = b >> 7;
11:    printf("%d\r\n", b);
12: }
```

[출력결과]

```
1
1
```

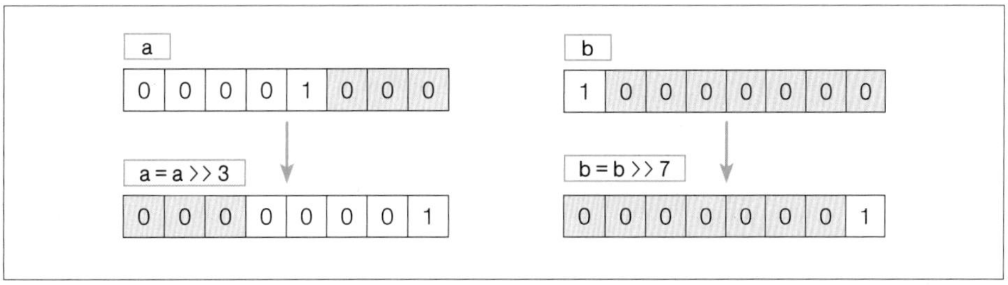

그림 10-4 부호 없는 정수의 오른쪽 비트 이동 연산

〈소스 10-15〉도 그림을 통해서 설명하겠습니다. 5행의 변수 a의 타입은 부호 없는 정수인 unsinged char입니다. 부호 없는 정수의 오른쪽 비트 이동 연산은 무조건 새로 생성되는 비트를 0으로 채웁니다. 따라서 6행이나 10행에서 오른쪽으로 비트 이동을 시킨 결과 새로 생성된 비트는 모두 0으로 채워집니다. 그림 우측 하단을 살펴봅시다. 만일 변수 b가 부호 있는 정수였다면 새로 생성된 비트가 모두 1로 채워졌을 것입니다. 그러나 변수 b는 부호 없는 정수이기 때문에 0으로 채워집니다.

다시 한번 강조하지만 왼쪽 비트 이동과 오른쪽 비트 이동의 규칙이 다른 이유는 부호를 유지하면서 원래 값의 두 배가 되거나 절반이 되도록 하기 위해서입니다. 이 규칙은 부호 없는 정수에도 그대로 적용됩니다. 부호 없는 정수의 경우 부호 비트가 존재하지 않기 때문에 무조건 새로 생성되는 비트를 0으로 채우는 것입니다.

오른쪽 비트 이동 연산자(>>)가 부호 비트의 여부에 따라서 동작이 달라지는 관계로 Java의 경우 추가적으로 부호 없는 오른쪽 비트 이동 연산자(>>>)도 지원합니다. 이것은 새로 생성되는 비트를 무조건 0으로 채웁니다. 아쉽게도 C, C++, C# 등의 언어는 해당 연산자를 지원하는 않으므로 실습을 하기 어렵습니다.

비트 이동 연산은 오직 정수 타입 변수나 정수에만 적용할 수 있습니다. 따라서 부동소수점 타입의 변수에는 적용할 수 없습니다. 이미 부동소수점 타입의 구조를 살펴보아서 알겠지만 부동소수점 타입의 변수에는 비트 이동 연산이 이루어진다고 해서 값이 두 배 혹은 절반이 되지 않기 때문입니다. 만일 해당 타입에 대해서 강제로 비트 이동 연산을 할 경우에는 컴파일 에러가 발생합니다.

Chapter

06 복합 할당 연산자

복합 연산자는 특수한 기능이 있다기보다는 앞에서 배운 기본 할당 연산자와 다른 연산자들을 조합한 축약형 연산자라고 할 수 있습니다. 다음 표를 보면 쉽게 알 수 있습니다.

표 10-6
복합 할당 연산자

<table>
<tr><th>연산자</th><th>실제 의미</th></tr>
<tr><td>a += b</td><td>a = a + b</td></tr>
<tr><td>a -= b</td><td>a = a - b</td></tr>
<tr><td>a *= b</td><td>a = a * b</td></tr>
<tr><td>a /= b</td><td>a = a / b</td></tr>
<tr><td>a %= b</td><td>a = a % b</td></tr>
<tr><td>a &= b</td><td>a = a & b</td></tr>
<tr><td>a |= b</td><td>a = a | b</td></tr>
<tr><td>a ^= b</td><td>a = a ^ b</td></tr>
<tr><td>a <<= b</td><td>a = a << b</td></tr>
<tr><td>a >>= b</td><td>a = a >> b</td></tr>
</table>

〈표 10-6〉은 다양한 복합 할당 연산자를 보여 주는데 이미 앞에서 모두 배운 것들의 조합임을 알 수 있습니다.

Chapter

07 기타 연산자

1 삼항 연산자

조건식 ? 표현식 1 : 표현식 2

삼항 연산자는 피연산자가 3개인 독특한 연산자입니다. 사용 빈도는 낮은 편이지만 의외로 좋아하는 사람들은 꽤 많이 사용하는 연산자이기도 합니다. 조건식이 참으로 평가될 경우 표현식 1을 나타내고, 거짓으로 평가될 경우 표현식 2를 나타냅니다.

[소스 10-16] 삼항 연산자

```
01: #define _CRT_SECURE_NO_WARNINGS
02: #include <stdio.h>
03:
04: void main()
05: {
06:   printf("나이를 입력하세요! ");
07:
08:   int Age;
09:   scanf("%d", &Age);
10:
11:   printf("%s\r\n", (Age < 20) ? "성인 아님": "성인");
12: }
```

〈소스 10-16〉은 입력된 나이를 20과 비교하여 성인인지 아닌지를 출력하는 프로그램입니다. 11행의 (Age 〈 20)이 조건식이고, “성인 아님”이 표현식 1, “성인”이 표현식 2가 됩니다.

2 sizeof

sizeof(타입 이름) 혹은 sizeof(변수 이름) 혹은 sizeof(배열 이름)

sizeof는 마치 함수처럼 생겼지만 엄연히 연산자입니다. 따라서 괄호 안에 들어가는 것은 함수의 인자가 아니라 피연산자가 됩니다. sizeof는 피연산자가 차지하는 메모리의 크기를 나타냅니다. 피연산자는 타입 이름이거나 변수명, 배열명이 될 수 있습니다.

[소스 10-17] sizeof

```
01: #include <stdio.h>
02:
03: void main()
04: {
05:     char c;
06:     int a;
07:     double d;
08:     int arr[4];
09:
10:     int s1 = sizeof(char);
11:     int s2 = sizeof(int);
12:     int s3 = sizeof(double);
13:
14:     int s4 = sizeof(c);
15:     int s5 = sizeof(a);
16:     int s6 = sizeof(d);
17:     int s7 = sizeof(arr);
18:
19:     printf("%d, %d, %d, %d, %d, %d, %d\r\n",
20:         s1, s2, s3, s4, s5, s6, s7);
21: }
```

[출력결과]

```
1, 4, 8, 1, 4, 8, 16
```

〈소스 10-17〉은 sizeof의 사용법을 보여 줍니다. 10~12행과 같이 sizeof의 피연산자로 타입 이름이 올 수 있습니다. 또한 14~17행처럼 변수명이나 배열명이 올 수도 있습니다. [타입] 파트에서 배웠듯이 C 언어 기준으로 char는 1바이트, int는 4바이트, double은 8

바이트를 차지합니다. 마지막으로 17행에서는 피연산자로 배열명인 arr이 사용되었습니다. 8행에서 배열 arr은 int 타입 4개가 일렬로 모인 집합이므로 크기는 4 × 4 = 16바이트를 차지합니다.

3 타입 변환 연산자

(타입)표현식

표현식이 나타내는 값의 타입을 강제로 변환하여 변환된 값을 나타냅니다. 일반적으로 이와 같은 타입 변환 연산자를 캐스트 연산자라고 합니다.

프로그래밍에서는 타입 변환이 꽤 많이 일어납니다. 컴퓨터에 의해서 암묵적으로(자동으로) 일어나기도 하며 명시적인 코드에 의해서 일어나는 경우도 있습니다. 먼저 암묵적 타입 변환에 대해서 살펴보겠습니다. 가령 숫자 1은 정수 타입이지만 1.0으로 해석하면 부동소수점 타입으로 볼 수도 있습니다. 반대의 경우도 가능합니다. 3.14는 부동소수점 타입이지만 강제로 정수 타입으로 변환할 경우 3으로 바꿀 수 있습니다. 보통 비슷한 타입(정수 타입, 부동소수점 타입) 사이에는 타입이 암묵적으로 변환됩니다.

[소스 10-18] 암묵적 타입 변환

```
#include <stdio.h>

void main()
{
  double d = 3.14;
  int i = d;
  d = i;
  printf("%f\r\n", d);
}
```

[출력결과]

```
3.000000
```

〈소스 10-18〉의 6행을 보면 정수 타입 변수 i에 3.14라는 부동소수점 수를 대입하고 있습니다. 정수 타입 변수에는 정수만 저장할 수 있기 때문에 말이 되지 않습니다. 그렇다고 컴퓨터가 이 부분에서 에러를 발생시키지는 않습니다. 컴퓨터는 비슷한 타입(정수 타입, 부동소수점 타입)의 경우에 암묵적으로 타입을 변환해 주는 기능을 수행합니다. 즉, 6행의 d에 저장된 3.14를 적당히 비슷한 정수 3으로 변환해서 변수 i에 대입하는 것입니다. 이런 암묵적 타입 변환은 7행에서도 일어납니다. 변수 i의 값을 부동소수점 3.0으로 변환하여 변수 d에 대입합니다. 8행 printf의 %f는 부동소수점을 나타내기 위한 형식 지정입니다.

이처럼 컴퓨터는 자동으로 암묵적 타입 변환을 수행합니다. 따라서 명시적으로 캐스트 연산자를 사용할 필요가 없을 것 같지만 계산식에서는 반드시 캐스트 연산자를 사용해야만 하는 경우도 있습니다.

[소스 10-19] 명시적 타입 변환

```
1: #include <stdio.h>
2:
3: void main()
4: {
5:   printf("%f\r\n", 1 / 2);
6:   printf("%f\r\n", (double)1 / 2);
7: }
```

[출력결과]

```
0.000000
0.500000
```

〈소스 10-19〉의 5행의 1 / 2의 결과가 0.5가 아닌 0.0으로 나타나고 있습니다. 이런 결과가 나오는 이유는 컴퓨터가 조금 다른 방식으로 계산을 수행하기 때문입니다. 컴퓨터는 두 정수를 피연산자로 취하는 나누기(/) 연산에 대해서 나눈 몫을 결과로 돌려줍니다. 즉, 11을 3으로 나눈다면 몫은 3이고 나머지는 2가 되는데 그 중에서 몫인 3을 나타내는 것입니다.
하지만 나누기(/) 연산자의 두 피연산자 중에서 단 하나라도 부동소수점 타입일 경우에는 실제 수학처럼 나눗셈 결과를 반환합니다. 따라서 일반적인 수학 나눗셈의 결과를 기대한다면 6행처럼 숫자 1앞에 (double)을 붙여서 강제 변환을 수행해야 합니다.

Chapter

08 연산자의 우선 순위

표 10-7

연산자의 우선 순위와 결합 법칙

순위	연산자	결합 법칙
1	괄호(( )), 첨자([ ]), 간접 멤버(−〉), 직접 멤버(.)	왼쪽 → 오른쪽
2	증감(++, --), 부호(+, −), 논리 부정(!), 비트 보수(~), 참조(&), 간접(*), sizeof, 강제 타입 변환(TYPE)	오른쪽 → 왼쪽
3	곱하기(*), 나누기(/), 나머지(%)	왼쪽 → 오른쪽
4	더하기(+), 빼기(−)	왼쪽 → 오른쪽
5	비트 이동(〈〈, 〉〉)	왼쪽 → 오른쪽
6	논리 대소 비교(〈, 〈=, 〉=, 〉)	왼쪽 → 오른쪽
7	논리 동등 비교(==, !=)	왼쪽 → 오른쪽
8	비트 AND(&)	왼쪽 → 오른쪽
9	비트 XOR(^)	왼쪽 → 오른쪽
10	비트 OR(|)	왼쪽 → 오른쪽
11	논리 AND(&&)	왼쪽 → 오른쪽
12	논리 OR(||)	왼쪽 → 오른쪽
13	삼항(? :)	오른쪽 → 왼쪽
14	할당 및 복합 할당(=, +=, −=, *=, /=, %=, 〈〈=, 〉〉=, &=, ^=, |=)	오른쪽 → 왼쪽

수학에서 괄호가 없다면 곱셈과 나눗셈은 덧셈이나 뺄셈보다 먼저 계산됩니다. 연산자의 우선 순위 때문입니다. 연산 순서를 적절히 바꾸기 위해서는 괄호로 묶어 주면 됩니다.

C 언어도 수학과 마찬가지로 연산자의 우선 순위가 있으며 순서를 바꾸기 위해서는 괄호로 묶어 주면 됩니다. 〈표 10-7〉은 C 언어의 연산자 우선 순위와 결합 법칙을 정리한 표입니다. 이것을 외울 필요는 없으며 대략 어떤 것이 있는지 정도만 살펴보면 됩니다. 연산자의 우선 순위가 헷갈릴 때는 명확하게 나타내기 위해서 괄호로 묶으면 그만입니다.

결합 법칙은 연산자들이 같은 우선 순위에 있을 경우의 적용 순서를 나타냅니다. 대부분은 왼쪽에서 오른쪽으로 연산을 수행하지만 몇몇 연산자는 오른쪽에서 왼쪽으로 연산을 수행해야 하는 경우도 있습니다.

[소스 10-20] 결합 법칙

```
01: #include <stdio.h>
02:
03: void main()
04: {
05:   int a;
06:   int b = 0;
07:   a = b = 1;
08:
09:   printf("%d, %d\r\n", a, b);
10: }
```

[출력결과]

```
1, 1
```

〈소스 10-20〉의 7행의 명령문에는 대입 연산자가 두 번 나옵니다. 어떤 대입 연산자부터 적용해야 할까요? 왼쪽에서 오른쪽 순서로 해봅시다. a = b를 먼저 수행할 경우 b의 값은 0이므로 a도 0이 됩니다. 이제 b = 1이 수행됩니다. 따라서 a = 0, b = 1이 되어야 합니다. 하지만 상식적으로 이런 식으로 계산하지는 않습니다. 대입 연산자는 결합 법칙이 오른쪽에서 왼쪽이기 때문에 오른쪽부터 수행됩니다. 따라서 b = 1 그리고 a = b의 순서로 수행됩니다.

연산자의 우선 순위와 결합 법칙을 완벽하게 외울 필요는 없습니다. 상식에 맞게 생각하면 되고, 헛갈린다면 괄호를 쓰면 됩니다.

PART 11

함수
Function

함수가 무엇인지 알아봅니다. 함수의 정의, 선언, 인자와 인자의 전달 방식을 살펴봅니다.
함수 호출 시 스택 프레임의 생성을 이해하고 재귀 호출에 대해서 살펴봅니다.

Chapter

01 함수 정의

컴퓨터는 모든 프로그램을 실행할 때 프로그램에 정의된 시작 지점부터 명령문을 순서대로 수행해 나갑니다. 일반적으로 프로그램의 시작 지점은 특수한 이름을 가진 함수가 되며 이것을 시작 함수(Entry Function)라고 부릅니다. 전통적으로 시작 함수의 이름은 main, Main 등이 사용됩니다.

이 책의 첫 부분에서 소개한 프로그램의 시작 함수 설명입니다. C 언어의 경우 main 함수의 호출과 반환이 프로그램의 시작과 끝이 됩니다. 따라서 프로그래밍 코드를 작성할 부분은 바로 main 함수입니다. 그러나 main에 모든 코드를 몰아넣는다면 main 함수가 굉장히 커질 것이고 읽기도 어려워질 것입니다. 그래서 보통은 다른 많은 함수들을 만들어 놓고 main 안에서 그 함수들을 호출하는 방식으로 코드가 작성됩니다. 따라서 프로그래밍을 한다는 것은 새로운 함수들을 잘 작성하는 것도 포함됩니다. 그만큼 프로그래밍에서 함수가 중요하다는 것입니다.

```
RET_TYPE FUNC_NAME(ARG_TYPE 1 arg 1, ..., ARG_TYPE N arg N)
{
      함수 본체
}
```

함수의 형식에서 중요한 점은 함수 본체가 블록으로 감싸져 있다는 것입니다. 함수의 본체는 명령절(0개 이상의 명령문 모임)로 구성됩니다. 함수가 호출되면 함수 본체의 명령문이 위에서 아래로 순서대로 실행됩니다. 물론 중간에 제어문을 만나면 실행 흐름이 달라질 수도 있습니다. 함수 본체의 실행 흐름이 마지막 끝 블록(})을 만나면 함수는 반환합니다. 물론 중간에 return을 통해서 즉시 반환이 이루어질 수도 있습니다. 함수 반환 이후 함수 본체의 명령문들은 더 이상 실행되지 않습니다.

이번에는 함수 형식을 구성하는 토큰들을 살펴봅니다.

1) RET_TYPE

함수가 반환될 때 반환값의 타입을 나타냅니다. 함수가 정수를 반환한다면 char, int가 될 것이고, 부동소수라면 float, double이 됩니다. 함수가 반드시 반환값을 가져야 하는 것은 아닙니다. 만일 반환값이 없을 경우의 반환 타입은 텅 비었다는 의미로 void가 됩니다.

2) FUNC_NAME

함수의 이름을 나타냅니다. 함수의 이름은 식별자이므로 식별자 규칙을 따라서 함수 이름을 지어야 합니다.

3) ARG_TYPE

함수를 호출할 때 데이터를 넘길 수 있습니다. 이때 전달하는 데이터를 인자라고 하는데 인자의 타입을 나타냅니다. 함수가 항상 인자를 필요로 하는 것은 아니고, 인자가 없는 함수도 있습니다. 인자가 하나도 없을 경우에는 빈 괄호만 써 줍니다.

4) arg

함수 인자의 이름을 나타냅니다. 간단히 변수 이름이라고 생각하면 됩니다. 함수 본체에서는 인자의 이름(변수명)을 통해서 인자를 사용할 수 있습니다.

실제로 간단한 함수를 만들어 보겠습니다.

[소스 11-1] 더하기 함수

```
#include <stdio.h>

int Add(int a, int b)
{
  return a + b;
  printf("Add\r\n");
}

void main()
```

```
10: {
11:     int Sum = Add(1, 2);
12:     printf("Sum: %d\r\n", Sum);
13: }
```

[출력결과]

```
Sum: 3
```

〈소스 11-1〉의 3~7행은 두 정수의 합을 반환하는 Add 함수의 정의입니다. 두 정수의 합은 역시 정수이므로 인자와 반환 타입은 모두 int가 됩니다.

프로그램이 실행되면 시작 함수인 main부터 호출됩니다. 즉, 프로그램의 실행 흐름은 9행에서 시작되어 아래로 진행합니다. 11행의 Add(1, 2)는 앞에서 정의된 Add 함수에 인자 1, 2를 전달하면서 호출하라는 의미입니다. 따라서 실행 흐름은 3행으로 바뀝니다. 이때 중요한 것은 함수가 호출되면 실행 흐름이 변경되기 때문에 호출된 함수가 반환될 때 실행 흐름이 돌아올 지점을 기억해야 한다는 점입니다. 물론 이것은 컴퓨터가 알아서 수행해 줍니다. 여기서는 실행 흐름이 돌아올 지점으로 11행을 기억합니다.

Add 함수 호출 후 실행 흐름은 3행부터 아래로 진행합니다. 5행의 return은 함수에서 반환하라는 명령입니다. 반환할 값이 있을 경우 return 뒤에는 반환할 값(표현식)을 써 줍니다. 여기서는 함수의 인자로 전달된 a + b의 값을 return으로 반환합니다.

6행의 printf는 절대 호출되지 않습니다. 이미 5행에서 return이 수행되어 함수가 반환되었기 때문입니다. 함수가 반환된 후에는 컴퓨터가 돌아올 지점으로 기억하고 있는 11행으로 실행 흐름이 바뀝니다.

Add 함수의 반환값은 a + b인 3입니다. 따라서 11행의 변수 Sum에 Add의 반환 결과값인 3이 대입됩니다.

이번 예제에서는 return 뒤에 반환값으로 표현식을 써 주었지만 반환 타입이 void인 함수일 경우 return을 단독으로 사용할 수도 있습니다. 그러나 반환 타입이 void가 아닌 경우에는 return 뒤에 반드시 반환할 표현식이 있어야 합니다.

Chapter

02 함수 선언

```
RET_TYPE FUNC_NAME(ARG_TYPE 1 arg 1, ..., ARG_TYPE N arg N);
```

함수 선언은 함수 정의와 비슷하지만 함수 본체가 없으며, 끝에 세미콜론(;)이 붙는 일종의 명령문에 해당합니다. 함수 선언의 목적은 '이런 함수가 있다'는 사실을 알려 주는 것입니다. 함수 선언은 왜 필요한 걸까요?

[소스 11-2] 경고와 에러

```
1: void main()
2: {
3:   Func();  // Warning
4: }
5:
6: void Func()   // Error
7: {
8: }
```

〈소스 11-2〉를 빌드하면 3행에서 경고, 6행에서는 에러가 발생합니다. 프로그래밍 코드를 작성하고 빌드를 수행할 때 잘못된 부분이 있으면 경고 혹은 에러가 발생합니다. 경고는 잘못된 부분이 있지만 눈감아 주겠다는 것이고, 에러는 절대 용납할 수 없다는 의미입니다. 그럼 무엇이 문제인지 살펴보겠습니다.

C 언어와 같이 오래된 언어는 소스 코드를 컴파일(번역)할 경우 코드를 위에서 아래로 순차적으로 분석하면서 진행합니다. 3행처럼 Func 함수를 호출하는 코드가 나타나면 컴파일러 입장에서는 Func가 함수인지 아닌지를 확신할 수 없습니다. 모양만 봐서는 함수처럼 생겼기 때문에 일단 Func를 int 타입을 반환하는 함수일 것이라고 가정합니다. 그래서 경

고가 나오는 것입니다. 컴파일러 입장에서는 int를 반환하는 함수라고 가정했으나 아닐 수도 있다는 경고를 주는 것이죠.
6행에서는 실제 함수 Func가 정의됩니다. 문제는 앞에서 Func의 반환 타입이 int라고 가정했는데, 같은 이름의 함수 Func의 반환 타입이 void라서 재정의 중복 에러가 발생하는 것입니다. 따라서 근본적인 원인을 해결하기 위해서는 컴파일러가 가정을 하지 않도록 만들어 줘야 합니다. 다음과 같이 바꿀 수 있습니다.

[소스 11-3] 함수 선언 1

```
1: void Func()
2: {
3: }
4:
5: void main()
6: {
7:    Func();
8:
```

〈소스 11-3〉은 〈소스 11-2〉에서 함수 Func와 함수 main의 정의 순서를 뒤바꾼 것입니다. 단지 순서만 바꾸었지만 더 이상 어떤 경고나 에러도 발생하지 않습니다. 컴파일러는 위에서 아래로 코드를 분석하기 때문에 7행의 Func를 호출하는 구문에 대해서 Func가 정확히 어떤 함수인지 이미 알 수 있기 때문입니다. 그렇다면 앞으로도 위와 같은 문제들은 모두 이렇게 해결하면 될까요? 안타깝게도 그럴 수 없는 경우가 존재합니다.

[소스 11-4] 함수 선언 2

```
void Func2()
{
   Func1();
}

void Func1()
{
   Func2();
}

```

```
void main()
{
  Func1();
}
```

〈소스 11-4〉는 서로를 호출하는 함수 Func1과 Func2를 정의한 것입니다. Func1은 Func2를 호출하고, Func2는 Func1을 호출합니다. 이렇게 맞물린 구조에서는 함수 정의의 순서를 어떻게 변경해도 에러를 해결할 수가 없습니다. 따라서 다음과 같이 해결합니다.

[소스 11-5] 함수 선언 3

```
01: void Func1();  // 함수 선언
02:
03: void Func2()
04: {
05:   Func1();
06: }
07:
08: void Func1()
09: {
10:   Func2();
11: }
12:
13: void main()
14: {
15:   Func1();
16: }
```

〈소스 11-5〉는 함수 선언을 통해 경고와 에러를 한 번에 처리하는 방법을 보여 줍니다. 1행이 함수의 선언입니다. 컴파일러는 함수 선언을 통해서 5행의 Func1을 호출할 때 Func1이 함수인 것을 정확히 알 수 있습니다. 따라서 함수 선언만 잘 한다면 main, Func1, Func2의 정의 순서는 더 이상 중요하지 않게 됩니다.

이와 같은 이유로 C/C++는 일반적으로 함수를 호출하는 코드가 담긴 소스 파일의 가장 위쪽에 해당 함수의 선언을 하게 됩니다. 그러나 이것은 효율적인 면에서 문제가 있습니다. 호출하는 함수가 많다면 함수 선언도 많아지므로 소스 파일의 가독성이 떨어집니다.

그래서 헤더 파일이 필요한 것입니다. 앞에서 설명했듯이 헤더 파일은 참조 용도로 사용됩니다. 많은 수의 함수 선언을 헤더 파일에 작성하고, 소스 파일에서 헤더 파일을 include만 하면 됩니다.

사실 함수의 선언은 C/C++에서는 굉장히 중요하지만 다른 프로그래밍 언어에서는 그렇게 중요한 것은 아닙니다. C#, Java를 비롯하여 대부분의 언어가 번역 과정에서 충분히 함수의 형식을 파악하기 때문입니다. 순서에 상관없이 함수 형식을 파악할 수 있는 가장 간단한 방법은 두 번 번역해 보는 것입니다. 처음에 모르는 함수가 나오면 일단 기억해 두고, 나중에 함수에 대해서 알게 될 경우 다시 기억해 둔 것을 번역하면 됩니다.

Chapter

03 함수 인자

1 매개변수와 실인자
Parameter & Argument

함수의 인자를 프로그래밍 용어로 매개변수(Parameter)나 실인자(Argument)라고 표현합니다. 매개변수는 전달되는 인자를 받는 변수를 의미하고, 실인자는 전달되는 값 자체를 나타냅니다. 즉, 함수 호출 측에서 실인자를 전달하면서 함수를 호출하면, 호출된 함수에서는 매개변수를 통해서 전달된 실인자를 얻을 수 있습니다.

[소스 11-6] 매개변수와 실인자

```
1: int Func(int arg)
2: {
3:   return arg;
4: }
5:
6: void main()
7: {
8:   Func(1);
9: }
```

〈소스 11-6〉의 8행에서 1을 인자로 전달하면서 함수 Func를 호출합니다. 여기서 1이 바로 실인자가 됩니다. 함수가 호출되면 1행의 변수 arg에는 전달된 1이 저장되어 있습니다. 이때 실인자를 저장하는 변수 arg를 매개변수라고 합니다. 3행에서 볼 수 있듯이 매개변수는 호출된 함수에서 사용할 수 있습니다.

프로그래밍 개념으로 따질 때는 매개변수와 실인자를 구분하긴 하지만 실제로는 통칭해서 인자라고 표현합니다.

2

값 전달
Call by Value

다음 예제를 보고 결과를 생각해 봅시다.

[소스 11-7] 값 전달

```
01: #include <stdio.h>
02:
03: void Func(int arg)
04: {
05:    arg = 2;
06: }
07:
08: void main()
09: {
10:    int arg = 1;
11:    Func(arg);
12:    printf(“%d\r\n”, arg);
13: }
```

[출력결과]

```
1
```

〈소스 11-7〉의 결과로서 2가 출력될 것이라고 충분히 생각할 수 있습니다. 하지만 실제 결과는 1이 출력됩니다. 이런 혼란은 프로그래밍 언어와 인자의 타입에 따라 앞으로도 발생할 수 있습니다. 여기서는 C 언어의 값 전달 방식을 기준으로 설명하겠습니다.

10행의 변수 arg에 1을 대입합니다. 이제 11행을 살펴봅시다. 함수 Func를 호출하는데 인자로 arg를 전달합니다. 정확히 무엇을 전달하는 것일까요? arg라는 변수를 전달할까요? 아니면 단지 arg에 저장되어 있는 값을 전달할까요?
많은 프로그래밍 언어는 후자를 선택합니다. 즉, 변수가 아닌 변수에 저장된 값을 전달하는 것입니다. 이것을 프로그래밍 용어로 값 전달(Call by Value)이라고 부르는데, C 언어 역시 기본적으로 함수 호출 시 인자 전달 방식은 값 전달입니다.

C 언어는 값 전달 방식을 사용하기 때문에 10행의 변수 arg와 3행의 매개변수 arg는 이름만 같을 뿐 전혀 상관없는 변수입니다. 그 말은 두 변수가 서로 다른 메모리 영역을 차지하고 있다는 뜻입니다. 따라서 5행의 매개변수 arg에 2를 대입해도 10행의 변수 arg에는 아무런 영향이 없어서 arg는 계속해서 1을 나타냅니다.

왜 값 전달이란 개념을 알아야만 할까요? 프로그래밍 언어 중에는 변수 그 자체가 인자로 전달되는 경우도 있기 때문입니다. 아직 이해하기는 어렵겠지만 C#, Java의 경우 클래스 타입의 변수는 변수 그 자체가 인자로 전달됩니다. 따라서 어떤 언어를 공부하게 되더라도 함수 인자 전달 방식이 어떤 것인지를 알아야 동작을 쉽게 이해할 수 있습니다.

함수 호출 시 값 전달 방식이 아닌 변수 자체를 넘겨야 할 필요도 있습니다. 보통 복수의 반환값이 필요한 경우에 해당하는데 가령 사람 이름을 입력할 경우 그 사람이 태어난 해, 월, 일을 반환하는 함수입니다.

```
int Query(char* Name);
```

함수의 반환값은 하나이기 때문에 위의 함수 형식으로는 연도, 월, 일 중에 하나만을 반환받아야 합니다. 따라서 QueryYear, QueryMonth, QueryDay처럼 세 개의 함수를 만들어야 할 수도 있습니다. 이 경우 무척 효율성이 떨어집니다. 우리가 원한 것은 단 한 번의 함수 호출로 연도, 월, 일을 받는 것이기 때문입니다. 이때는 함수의 인자로 변수 자체를 넘기면 문제를 해결할 수 있습니다. 다음과 같은 형태입니다.

```
void Query(char* Name, int refYear, int refMonth, int refDay);
```

Query를 호출할 때 Year, Month, Day라는 정수 타입 변수를 만들어서 변수 자체를 인자로 넘길 수 있다면 함수 본체에서 매개변수 refYear, refMonth, refDay에 반환할 값만 채워 줘서 원하는 목적을 이룰 수 있습니다. 그러나 C 언어는 기본적으로 값 전달 방식이기 때문에 위와 같은 함수는 만들 수가 없습니다.

그렇다고 아직 포기하기는 이릅니다. 비장의 무기가 있기 때문이죠. 바로 주소 전달입니다. 주소 전달이란 변수가 차지하는 메모리 영역의 주소를 전달하는 방식을 말합니다. 주소를 전달하려면 포인터 타입을 사용해야 하는데, 아직 포인터란 개념 자체를 배운 적이 없으니 이 부분은 포인터를 배운 후에 설명하겠습니다.

3 가변 인자 함수

가변 인자 함수는 인자의 개수가 정해지지 않은 함수를 말합니다. 즉, 필요한 만큼 인자를 전달할 수 있는 함수입니다. 그래서 많은 프로그래밍 언어는 가변 인자 함수를 지원합니다. 단, 가변 인자 함수의 형식은 언어마다 다릅니다. 여기서는 간단히 C/C++, C#, Java의 가변 인자 함수 형식을 살펴보겠습니다.

1) C/C++

```
RET_TYPE FUNC_NAME(ARG_TYPE 1 arg 1 ~ ARG_TYPE N arg N, ...)
{
      함수 본체
}
```

C/C++의 가변 인자 함수를 나타내는 것은 인자의 맨 마지막에 표시된 줄임표(...)입니다. 줄임표의 의미는 0개 이상의 인자를 받겠다는 의미입니다. 그렇다면 애초에 인자 리스트를 나타낼 때 줄임표만 있으면 되지 않을까 생각할 수 있는데, 가변 인자 전에 반드시 고정 인자가 하나 이상은 있어야 한다는 제약이 있기 때문에 위와 같은 형식이 나오는 것입니다. 따라서 줄임표 앞의 arg 1, arg 2, ~, arg N이 고정 인자가 됩니다. 특히 가장 마지막 고정 인자를 기준 인자라고 부릅니다. 기준 인자는 가변 인자 함수 본체에서 뒤따르는 가변 인자들을 얻을 수 있도록 기준점 역할을 합니다. C/C++에서 가변 인자 함수가 처리되는 과정은 난이도가 꽤 높으므로 여기서는 소개하지 않겠습니다.

C/C++의 대표적인 가변 인자 함수는 무엇이 있고 어떻게 사용하는지 간단히 살펴보겠습니다. 지금까지 가장 많이 사용했던 printf가 대표적인 가변 인자 함수입니다.

```
int printf(const char* format, ...)
{
     // 함수 본체
}
```

printf의 첫 번째 인자인 format이 유일한 고정 인자이자 기준 인자가 됩니다. format은 주로 형식 지정을 통해서 출력 포맷을 설정하는 역할을 합니다. 그 이후 0개 이상의 출력시킬 인자들이 가변 인자가 됩니다.

2) C#

```
RET_TYPE FUNC_NAME(params ARG_TYPE[] args)
{
    // 함수 본체
}
```

C#은 params 키워드를 통해서 가변 인자 함수를 나타냅니다. C/C++과 다르게 기준 인자가 필요하지 않습니다. 단, 가변 인자들의 타입은 모두 같은 타입이어야 하며 가변 인자 매개변수인 arg는 배열 타입으로서 함수 본체에서 가변 인자를 접근하는 데 사용됩니다. C/C++에 비해서 가변 인자들의 타입이 모두 동일해야 한다는 것에 제약을 느낄지도 모르겠지만 C#의 모든 타입은 Object에서 파생되기 때문에 ARG_TYPE을 Object로 지정할 경우 다양한 타입의 가변 인자를 전달할 수 있습니다.

3) Java

```
RET_TYPE FUNC_NAME(ARG_TYPE ... args)
{
    // 함수 본체
}
```

Java는 줄임표(...)를 통해서 가변 인자를 나타낸다는 점에서 C/C++와 비슷한 것 같지만 고정 인자가 필요하지 않습니다. 가변 인자를 나타내는 args 자체가 이미 집합 개념을 나타내므로 가변 인자에 접근하기 위한 기준 인자가 불필요합니다.

Chapter

04 함수 호출

함수를 호출할 때 인자를 전달하는 경우를 생각해 봅시다. 함수가 호출될 때 실인자는 함수의 매개변수에 저장되며, 이때 메모리가 사용됩니다. 그뿐 아니라 함수가 반환될 때는 실행 흐름이 함수가 호출되었던 지점으로 돌아가야 합니다. 그래서 함수 호출 직전에 해당 지점을 저장해 놓아야 하는데, 이 역시 메모리가 필요합니다. 결론적으로 함수를 호출할 때는 어느 정도 메모리를 소비할 수밖에 없습니다.

1 스택 프레임

함수가 호출될 때 해당 함수와 관련된 정보(실인자, 반환 지점)를 저장하는 메모리 영역을 스택 프레임이라고 하며, 스택 프레임이 저장되는 공간을 스택이라 부릅니다.

컴퓨터는 함수가 호출될 때 스택 프레임을 생성하여 해당 영역에 전달하려 했던 실인자와 반환 지점 정보를 저장합니다. 호출된 함수 본체에서는 해당 스택 프레임에 저장된 실인자를 사용할 수 있으며, 반환될 때는 반환 지점 정보를 통해서 함수 호출 이전으로 돌아갈 수 있습니다. 함수가 반환되면 더 이상 스택 프레임은 쓸모가 없어집니다. 마치 여러 수의 덧셈을 할 때 종이에 기록한 숫자들이 결과가 나온 후에는 필요 없는 것과 같습니다.

[소스 11-8] 스택 프레임

```
01: void Func3(int arg)
02: {
03:   arg = 0;
04: }
05:
06: void Func2(int arg)
07: {
08:   Func3(arg);
09: }
10:
11: void Func1(int arg)
12: {
13:   Func2(arg);
14: }
15:
16: void main()
17: {
18:   Func1(1);
19: }
```

〈소스 11-8〉의 함수들은 main → Func1 → Func2 → Func3 순서로 호출됩니다.

먼저 프로그램이 시작될 때 main이 호출되며, 이때 main을 위한 스택 프레임이 생성됩니다. 18행에서 main은 함수 Func1을 호출합니다. 이때도 Func1을 위한 스택 프레임이 생성됩니다. 이런 식으로 Func3까지 스택 프레임이 생성되는데, 이렇게 생성된 스택 프레임들은 다음 그림처럼 순서대로 차곡차곡 쌓이게 됩니다.

그림 11-1
스택 프레임

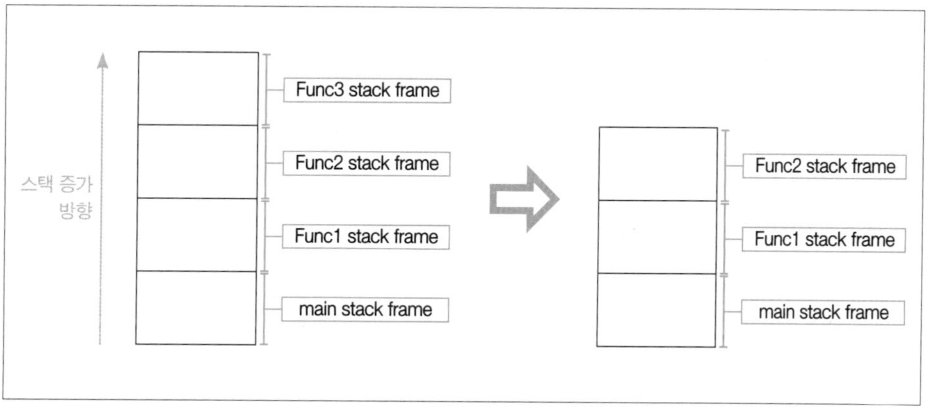

〈그림 11-1〉의 왼쪽은 main부터 Func3까지 호출되었을 때의 스택 프레임이 쌓여 있는 상태를 보여 줍니다. Func3이 반환되면 더 이상 Func3의 스택 프레임은 필요하지 않습니다. 따라서 그림의 오른쪽처럼 맨 위의 Func3 스택 프레임이 사라집니다. Func3가 반환되면 이제 Func2가 반환됩니다. 역시 Func2의 스택 프레임도 사라집니다. 이런 식으로 진행되면 결국 main의 스택 프레임만 남는 상태가 될 것이고, 프로그램이 종료될 때 main도 반환하므로 마지막 main의 스택 프레임도 사라지게 됩니다.

함수 호출 시 스택 프레임의 변화를 살펴보았는데, 이것을 통해서 알 수 있는 것은 함수 호출의 단계가 많아질수록 스택 프레임이 차지하는 메모리의 크기가 커진다는 것입니다. 또한 스택 프레임을 위한 메모리 크기는 제한되어 있기 때문에 과도하게 많은 함수 호출은 프로그램을 다운시킵니다. 실제로 재귀 호출을 하는 경우 스택 메모리의 부족으로 인하여 프로그램이 다운될 수 있습니다. 정말로 그런지 테스트해 보겠습니다.

2 재귀 호출

main 함수가 Func1을 호출할 때 단계를 1이라고 하고, Func1이 Func2를 호출할 때 단계를 2라고 합시다. Func3까지 호출되면 단계는 3이 됩니다. 이때 스택에는 main, Funcl, Func2, Func3에 대한 스택 프레임 네 개가 쌓여 있는 상태이며, 여기서 Func3이 반환되면 단계는 2가 되고 스택 프레임은 세 개가 쌓이게 됩니다. 즉, 함수 호출 단계가 어느 정도 깊어도 반환만 잘 된다면 스택 프레임도 줄어들기 때문에 프로그램이 다운될 일은 없습니다. 문제는 함수 호출 단계가 무한히 증가하는 경우가 있을 수 있다는 것이며, 그런 경우의 대부분이 프로그램을 잘못 짜서 재귀 호출이 일어나기 때문입니다.

[소스 11-9] 재귀 호출

```
void Func()
{
   Func();
}

void main()
{
   Func();
}
```

〈소스 11-9〉의 함수 Func는 3행에서 자기 자신을 다시 호출합니다. 이렇게 자기 자신을 호출하는 것을 재귀 호출이라고 합니다. 호출이 많아질수록 단계가 높아질 것이고, 그에 비례해서 스택 프레임도 많아질 것입니다. 무한 반복되기 때문에 스택 프레임의 전체 크기가 일정량을 넘어서면 컴퓨터는 프로그램을 중지시킵니다. 독자 여러분도 예제를 실행하면 프로그램이 다운되는 것을 쉽게 확인할 수 있습니다.

재귀 호출이 프로그램을 다운시킬 수 있으므로 재귀 호출은 절대 사용해선 안 되겠다고 생각할 수도 있으나 재귀 호출을 사용하면 효율적이고 간단한 코드를 작성할 수도 있습니다. 단, 재귀 호출 함수는 어느 시점에서는 반드시 반환을 해야 합니다. 재귀 호출을 제대로 사용하는 법을 살펴보겠습니다.

다시 한번 강조하지만 재귀 호출은 절대로 무한히 반복되어서는 안 됩니다. 따라서 조건에 의해서 반드시 반환이 이루어져야 합니다. 일반 함수와 재귀 호출 함수를 비교하기 위하여 1부터 주어진 수(N)까지 더하는 함수를 각각 만들어 봅시다. 일반 함수의 이름은 Sigma이고, 재귀 호출 함수는 RecursiveSigma입니다.

[소스 11-10] 일반 호출과 재귀 호출

```c
#include <stdio.h>

int Sigma(int N)
{
  int Sum = 0;
  for(int i = 1; i <= N; i++)
  {
    Sum += i;
  }

  return Sum;
}

int RecursiveSigma(int N)
{
  if(N == 1)
    return 1; // 반환

  return RecursiveSigma(N - 1) + N; // 재귀 호출
}

void main()
{
  printf(“Sum: %d\r\n”, Sigma(10));
  printf(“Sum: %d\r\n”, RecursiveSigma(10));
}
```

[출력결과]

```
Sum: 55
Sum: 55
```

〈소스 11-10〉의 3~12행은 보통의 합계를 구하는 함수 Sigma입니다. 함수 본체는 for 문을 사용하여 1부터 인자 N까지 더한 결과를 반환하게 되어있습니다. 따라서 24행에서 Sigma(10)을 호출하면 1부터 10까지의 합계인 55가 출력됩니다.
이번에는 14~20행의 재귀 함수 RecursiveSigma를 살펴보겠습니다. 19행에서는 인자 N에서 1을 뺀 N-1을 새로운 인자로 전달하면서 자기 자신을 호출합니다. 이런 식으로 호출될 경우 무한 반복이 일어나지만, 재귀 호출은 일정 조건에서 반드시 반환되어야 하므로 16~17행에서 반환 처리를 합니다. 즉, N이 10, 9, ..., 2, 1까지 재귀 호출되면서 단계가 높아지고 스택 프레임의 전체 크기도 증가하지만 N이 1이 되면서 연쇄적으로 반환이 이루어지고 스택 프레임도 RecursiveSigma 호출 전 상태로 돌아가게 되는 것입니다.

RecursiveSigma 함수 본체 내용이 이해하기 쉬운 편은 아닙니다. 필자 또한 이런 식의 재귀 호출 함수를 사용할 때는 무척 신중하게 접근합니다. 일반 반복문을 사용하는 것보다 재귀 호출 방식을 사용하는 것이 훨씬 어렵습니다. 이런 식의 재귀 호출을 주로 이용하는 프로그래밍 언어도 있는데, 그런 언어를 함수형 언어라고 부릅니다.
RecursiveSigma 함수에서 볼 수 있듯이 함수형 언어는 반복문을 거의 사용하지 않으며 변수의 값이 중간에 바뀔 필요가 없기 때문에 명확하고 이해하기 쉽다는 장점이 있어서 어느 정도 인기를 가지고 있습니다만, 필자같이 어려움을 느끼는 사람들도 많아서 호불호가 조금은 나누어지기도 합니다. 기회가 되면 함수형 언어를 한번쯤 경험해 보길 추천 드립니다.

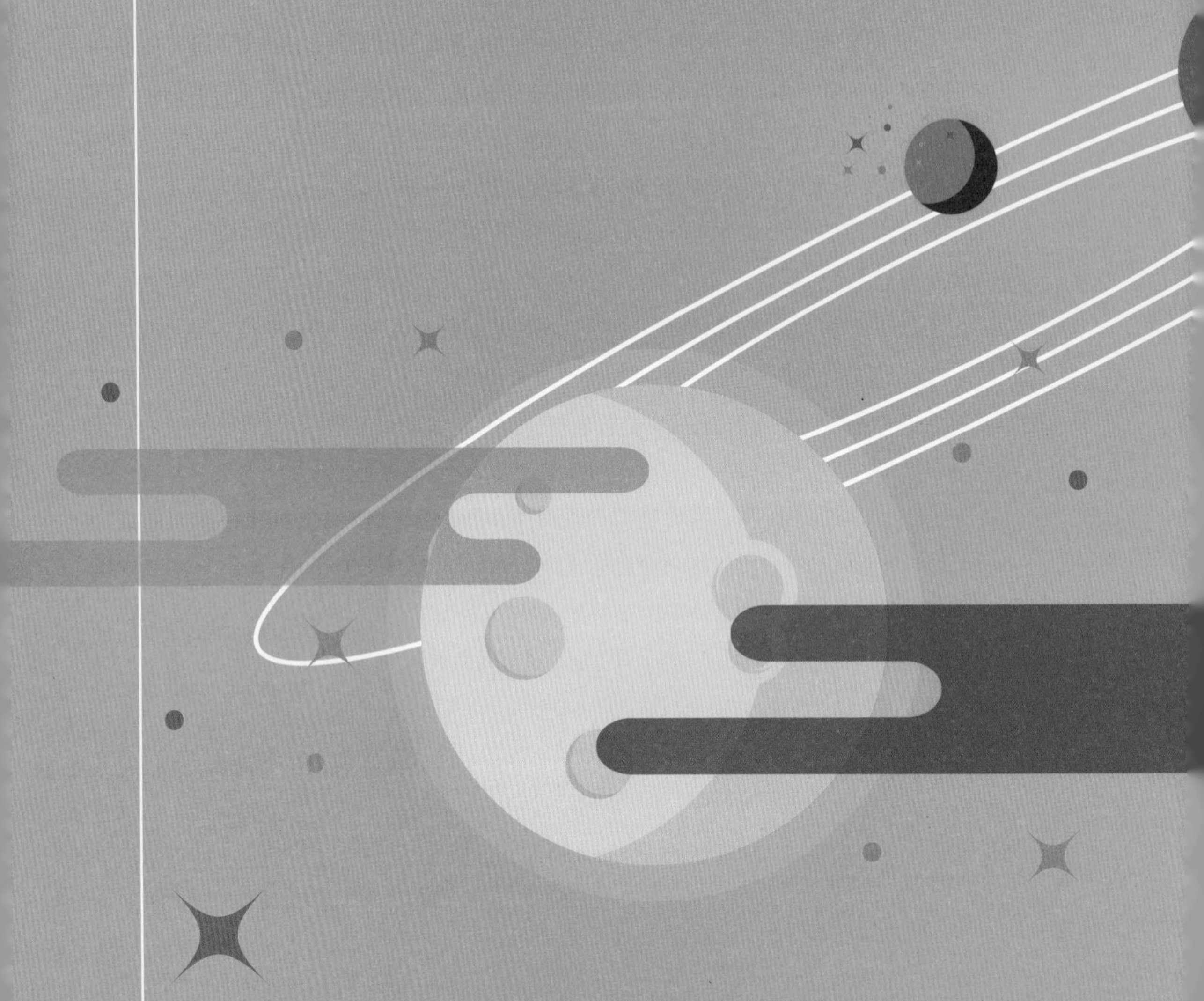

PART 12

배열

Array

집합 타입의 일종인 배열을 살펴봅니다.
각 프로그래밍 언어에 따라서 배열의 정의, 배열명, 초기화 방식 등의 차이를 확인합니다.
그 외에 다차원 배열과 배열의 기본 사용법을 알아봅니다.

Chapter

01 배열 정의

[타입] 파트에서 타입의 분류에 대해서 얘기했습니다. 대표적으로 기본 타입, 집합 타입, 기능 타입 등이 있었습니다. 마찬가지로 집합 타입도 분류할 수 있습니다. 대표적인 집합 타입으로는 배열과 구조체(클래스)가 있습니다. 먼저 배열에 대해서 살펴보겠습니다.

배열은 같은 타입의 요소가 메모리에 일렬로 모여 있는 타입입니다. 여기서 요소는 간단히 하나의 변수라고 할 수 있습니다. 즉, 같은 타입 변수를 일렬로 모은 것입니다. 배열은 가장 기초적인 타입이기 때문에 거의 모든 프로그래밍 언어에서 지원하고 있습니다. 따라서 C 언어의 배열을 잘 익히면 다른 프로그래밍 언어의 배열도 쉽게 터득할 수 있습니다.

```
TYPE ArrayName[Size];                    // C/C++
```

- **TYPE은 배열 요소의 타입을 나타냅니다.**
- **ArrayName은 배열의 이름입니다.**
- **Size는 배열 요소의 개수를 나타냅니다.**

위의 정의는 C/C++ 문법을 나타냅니다. 다른 언어의 경우 배열 정의의 형식이 조금 다를 수 있습니다. 대표적으로 C#과 Java의 배열 정의는 다음과 같습니다.

```
TYPE[] ArrayName;                   // C#, Java
```

C#과 Java의 경우 첨자 연산자([ ])가 타입 바로 뒤에 나오면서 배열 정의를 합니다. 중요한 점은 첨자([ ]) 안에 배열 요소의 개수를 적지 않는다는 것입니다. C/C++의 경우 배열 요소의 개수를 정하면서 배열을 정의하지만, C#, Java는 먼저 배열의 이름만 정의한 뒤에 실제 배열을 만들어서 대입해 주는 방식을 사용합니다. 즉, 간단히 정리하면 C/C++는 메모리에 실제 배열을 만들면서 이름을 붙이지만, C#, Java는 먼저 이름만 만들고 나중에 메모리에 실제 배열을 만든 후에 이미 만들어진 이름과 연결합니다.

[소스 12-1] C/C++ 배열 정의

```
1: void main()
2: {
3:   int arr[3];
4: }
```

〈소스 12-1〉은 C 언어의 배열 정의를 보여 줍니다. 3행은 int 요소 세 개를 일렬로 모은 메모리 영역을 만들고 그 이름을 arr로 정한다는 의미입니다.

[소스 12-2] C# 배열 정의

```
1: public static void Main()
2: {
3:   int[] arr;
4:   arr = new int[3];
5: }
```

〈소스 12-2〉는 C#의 배열 정의를 보여 줍니다. 3행은 요소의 타입이 int인 배열 arr을 정의합니다. 현재 배열 arr은 이름만 정해진 상태이고 요소의 개수는 정해지지 않았습니다. 4행의 new int[3]은 int 요소 세 개를 일렬로 모은 메모리 영역을 만들라는 것입니다. 그리고 만들어진 메모리 영역을 앞에서 만든 배열 이름 arr에 연결합니다(C#, Java에서는 메모리 영역의 별칭을 변수에 대입하면서 메모리 영역과 변수를 연결합니다. 여기서 말하는 별칭이란 메모리 영역을 만들 때 시스템이 자동으로 짓는 이름입니다. 보통 메모리 영역의 주소로 생각해도 됩니다).

배열을 정의하는 방법이 다른 이유는 언어의 특성 때문입니다. 그러나 배열의 본질(메모리 구조와 사용법)은 변하지 않습니다. 따라서 이 책에서는 배열의 개념과 사용법에 초점을 맞추어 설명합니다.

Chapter

02 인덱스

배열은 같은 타입의 요소가 메모리상에 일렬로 모아져 있기 때문에 차례가 있습니다. 따라서 첫 번째 요소, 두 번째 요소, … 등과 같이 각 요소를 구분할 수 있습니다. 요소의 순번을 인덱스라고 하는데, 프로그래밍에서 첫 번째 인덱스는 보통 0부터 시작하기 때문에 배열에서 0번 인덱스 요소가 바로 첫 번째 요소가 됩니다. 따라서 배열 요소의 개수가 N일 때 마지막 요소의 인덱스는 N-1이 됩니다.

[소스 12-3] C 언어 배열의 인덱스

```
01: #include <stdio.h>
02:
03: void main()
04: {
05:   int arr[3];
06:
07:   arr[0] = 1;
08:   arr[1] = 2;
09:   arr[2] = 3;
10:
11:   printf("arr[2] is %d\r\n", arr[2]);
12: }
```

[출력결과]

```
arr[2] is 3
```

〈소스 12-3〉의 7~9행은 배열 인덱스 사용법을 보여 줍니다. 배열 요소는 각각이 하나의 변수와 같습니다. 변수는 변수명을 통해서 값을 읽고 쓸 수 있지만, 배열 요소는 개별 이름이 존재하지 않기 때문에 첨자 연산자와 인덱스를 통해서 개별적으로 값을 읽고 쓸 수 있습니다. 따라서 arr[0]은 첫 번째 요소, arr[1]은 두 번째 요소, arr[2]는 세 번째 요소를 나타냅니다. 주의할 점은 배열 요소의 개수가 N일 경우 인덱스는 0부터 N-1까지 사용할 수 있다는 것입니다.

[소스 12-4] C# 배열의 인덱스

```
01: public static void Main()
02: {
03:   int[] arr;
04:   arr = new int[3];
05:
06:   arr[0] = 1;
07:   arr[1] = 2;
08:   arr[2] = 3;
09:
10:   System.Console.WriteLine("arr[2] is {0}", arr[2]);
11: }
```

〈소스 12-4〉는 이전 예제와 같은 내용을 C#의 코드로 변경한 것입니다. 앞에서 설명했듯이 배열의 정의 방법만 다를 뿐이고 실제 인덱스를 이용하는 배열의 사용법은 크게 다르지 않음을 알 수 있습니다. 참고로 10행은 C#에서 사용하는 콘솔의 표준 출력 명령입니다.

Chapter

03 배열명

배열명은 프로그래밍 언어에 따라 의미에 차이가 발생할 수 있습니다. C/C++의 경우 배열이 차지하는 메모리 영역을 나타내는 이름을 배열명이라고 하지만 C#이나 Java의 경우 배열이 차지하는 메모리 영역의 별칭(참조)을 저장하는 변수의 이름을 배열명이라고 합니다. 무척 헛갈리고 생소할 수 있는데, 이것을 학교의 학급에 비유하면 다음과 같습니다.
1학년 학급은 1반부터 4반까지 있습니다. 각각의 반은 이름을 가집니다. 가령 1반은 '매화', 2반은 '난초', 3반은 '국화', 4반은 '대나무'입니다. 1학년 화장실의 청소는 각 반에서 돌아가면서 합니다. 이때 청소하는 학급을 '청소반'이라고 합니다.
여기서 매화, 난초, 국화, 대나무와 같은 이름은 C/C++의 배열명과 같습니다. 이름 자체가 이미 특정 반을 나타내고 있으며 고정되어 있습니다. 반면 '청소반'이란 이름은 C#, Java의 배열명과 같습니다. 청소반은 1반부터 4반까지 돌아가면서 할당될 수 있기 때문에 특정 반을 나타내는 것은 아닙니다.

위와 같은 차이로 인해서 C/C++는 배열을 정의할 때 실제 메모리에 배열을 생성하면서 이름을 짓는 것이고, C#, Java는 배열을 정의할 때 이름부터 먼저 지을 수 있는 것입니다. 그렇다면 이런 차이가 배열을 사용하는 코드에 어떻게 나타나는지 확인해 보겠습니다.

[소스 12-5] C/C++ 배열 간 대입

```
1: void main()
2: {
3:   int arrA[2];
4:   arrA[0] = 1;
5:   arrA[1] = 2;
6:
7:   int arrB[2];
8:   arrB = arrA;  // Error
9: }
```

〈소스 12-5〉에는 int 요소가 두 개인 배열 arrA와 arrB가 등장합니다. 3행에서 배열 arrA가 정의되고 4~5행에서 각각의 요소에 값(1, 2)을 대입합니다.

7행에서 배열 arrB가 정의된 후에 8행에서는 배열 arrB에 배열 arrA를 대입하려고 합니다. 이때 에러가 발생합니다. 왜냐하면 C/C++에서는 배열 사이의 대입이 허용되지 않기 때문입니다. 앞에서 설명했듯이 C/C++에서 배열의 이름은 배열이 차지하는 메모리 영역을 나타낼 뿐이지 변수가 아닙니다. 변수가 아니기 때문에 이름을 통해서 값을 읽고 쓸 수 없습니다. 이것은 마치 매화반에 국화반을 대입하라는 것과 같이 의미를 파악할 수 없는 것이기 때문에 에러가 발생하는 것입니다.

[소스 12-6] C# 배열 간 대입

```
public static void Main()
{
  int[] arrA;
  arrA = new int[2];

  arrA[0] = 1;
  arrA[1] = 2;

  int[] arrB;
  arrB = arrA;  // OK
}
```

〈소스 12-6〉은 앞의 예제를 C# 코드로 변경한 것입니다. 역시 int 요소가 두 개인 배열 arrA와 arrB가 등장합니다. 중요한 차이점은 10행에서 볼 수 있습니다. C/C++와는 다르게 배열 간 대입이 가능합니다. 이것이 가능한 이유는 C#, Java의 경우 배열명이 변수로서 사용되기 때문입니다. 즉, 4행의 arrA에는 int 요소 두 개가 모인 메모리 영역의 별칭이 저장되어 있는데, 10행에서 arrB에 arrA의 별칭을 대입하는 것입니다. 즉, arrA와 arrB는 같은 별칭을 가지고 있으므로 똑같은 메모리 영역을 가리키게 됩니다. 이것은 마치 '오늘의 청소반은 2반'이라고 지정하는 것과 같은 개념입니다.

C/C++와 C#, Java의 배열명 차이를 그림으로 나타내면 다음과 같습니다.

그림 12-1

C/C++, C#, Java의 배열명과 메모리 구조

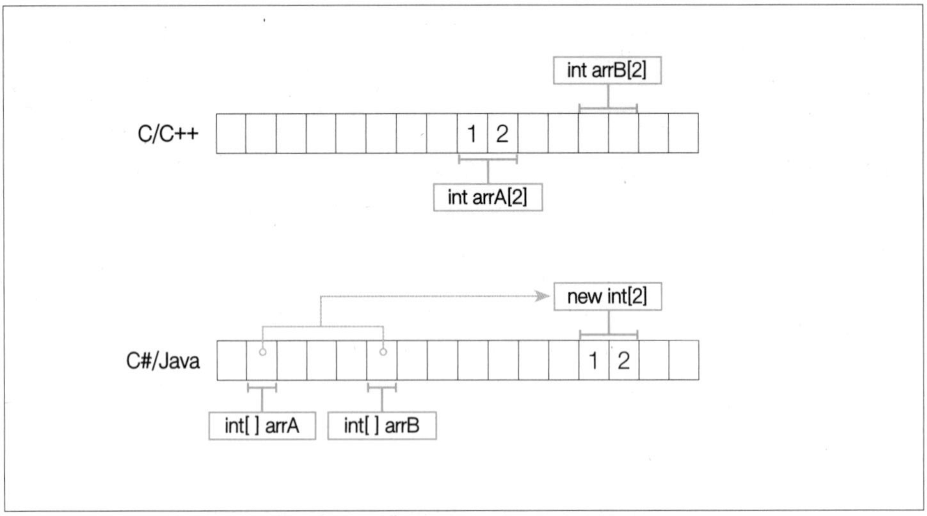

C/C++의 배열명 arrA, arrB는 메모리 영역 그 자체를 나타내는 반면 C#, Java에서 배열명 arrA, arrB는 별칭이 저장되는 변수입니다. new int[2]와 같은 명령이 실행될 경우 시스템은 메모리 영역을 생성하면서 해당 영역을 나타내는 별칭을 하나 만들어 냅니다. 별칭과 실제 메모리 영역의 주소는 내부적으로 연결되어 있습니다. 배열명 arrA와 arrB에는 바로 해당 별칭이 저장됩니다. 따라서 arrA, arrB가 같은 별칭을 값으로 가지고 있을 경우 같은 메모리 영역을 가리키게 됩니다.

C 언어에서는 배열명을 이용한 직접 대입을 할 수 없기 때문에 배열 간 요소의 값들을 옮기는(복사) 방법은 다음과 같이 일일이 개별 요소에 대해서 복사를 수행하는 것입니다. 보통 반복문을 이용합니다.

[소스 12-7] C/C++ 배열 간 복사

```
void main()
{
  int arrA[2];
  arrA[0] = 1;
  arrA[1] = 2;

  int arrB[2];

  for(int i = 0; i < 2; i++)
    arrB[i] = arrA[i];
}
```

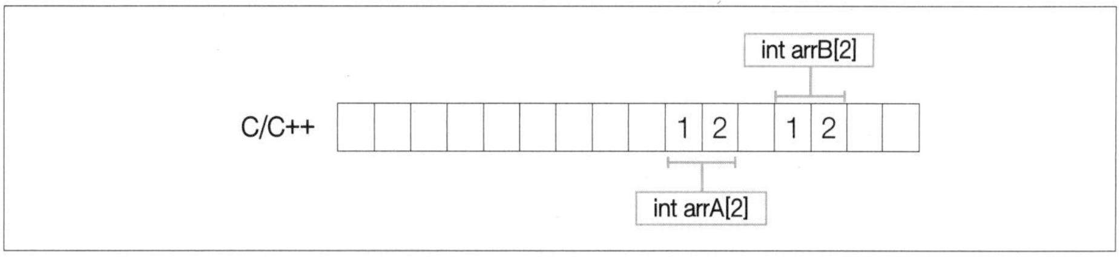

그림 12-2
C/C++ 배열 간 복사 후 메모리 구조

〈소스 12-7〉은 C 언어에서 두 개의 배열 arrA와 arrB를 정의한 뒤에 arrA의 요소들의 값을 arrB에 그대로 옮기는 것을 보여 줍니다. 옮긴 후에는 〈그림 12-2〉와 같이 메모리에 개별 배열 두 개가 생성됩니다.

반면 C#, Java의 경우 배열 이름을 통해서 대입이 되지만 이때 배열을 나타내는 별칭만 대입된 것이므로 두 배열 arrA와 arrB는 메모리상의 같은 배열을 가리킵니다. 이것은 엄밀히 말해서 제대로 복사가 되었다고 할 수 없습니다. 따라서 C/C++처럼 두 개의 개별적인 배열에 복사를 하기 위해서는 다음과 같이 메모리에 배열을 각각 생성해야 합니다.

[소스 12-8] C# 배열 간 복사

```
01: public static void Main()
02: {
03:   int[] arrA;
04:   arrA = new int[2];
05:
06:   arrA[0] = 1;
07:   arrA[1] = 2;
08:
09:   int[] arrB;
10:   arrB = new int[2];
11:
12:   for(int i = 0; i < 2; i++)
13:     arrB[i] = arrA[i];
14: }
```

〈소스 12-8〉은 C#의 배열 간 복사를 보여 줍니다. 중요한 점은 메모리에 실제 배열 두 개가 생성되어야 하므로 4, 10행에서 각각 new int[2]를 통해서 배열을 생성하는 것입니다. 앞에서도 살펴보았듯이 배열 이름을 통해서 대입 연산을 할 경우 가리키는 메모리 영역의 별칭이 복사되는 것이기 때문에 각각의 배열 요소를 복사하기 위해서는 12~13행과 같이 반복문을 이용하여 배열 요소들을 하나씩 복사해야 합니다. 복사된 배열의 메모리 모양은 다음과 같습니다.

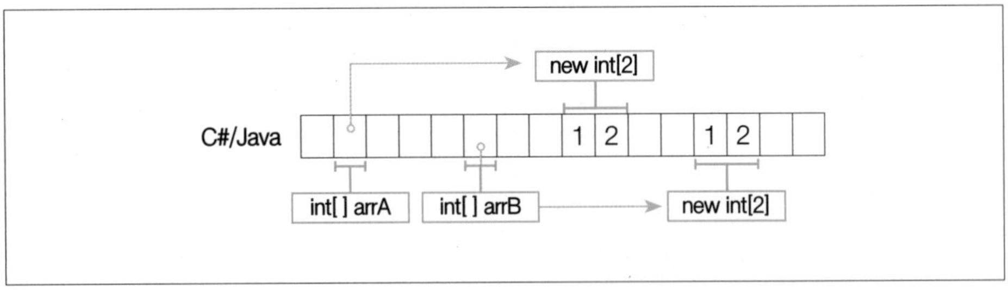

그림 12-3
C#/Java 배열간 복사 후 메모리 구조

Chapter

04 배열 생성 및 초기화

배열 초기화란 배열 생성 시 각 요소에 값을 설정하는 것을 말합니다. C 언어와 C#을 기준으로 살펴보겠습니다.

1 C 언어 배열 초기화

C/C++의 배열 초기화 방식은 두 가지입니다.

1) TYPE ArrayName[N] = {IV 0, IV 1, IV 2, ..., IV K}; // (단, K 〈 N)

첫 번째 초기화 식에서 첨자 연산자의 N은 배열 요소의 개수를 나타내며, 인덱스 0부터 K까지 배열 요소를 각각 IV#값으로 초기화합니다. 인덱스가 K보다 큰 요소는 0(NULL)이 설정됩니다.

[소스 12-9] C/C++ 배열 초기화

```
void main()
{
    int arr1[4] = { 1 };
    int arr2[4] = { 1, };
    int arr3[4] = { 0 };
    int arr4[4] = {};
    int arr5[4] = { 1, 2, 3 };
    int arr6[4] = { 1, 2, 3, };
    int arr7[4];
}
```

〈소스 12-9〉는 배열 초기화의 다양한 방식을 보여 줍니다. 중괄호 안의 값들이 배열 요소 첫 번째부터 순서대로 대입되고, 대입될 값이 없는 나머지 요소들은 0(NULL)이 대입됩니다. 3, 4행은 같은 표현입니다. 보통 초기화 값 맨 끝의 콤마(,)는 있으나 없으나 상관없습니다. 그래서 arr1, arr2는 인덱스 0인 첫 요소만 1로 설정되고 나머지 요소는 모두 0이 설정됩니다. 5, 6행은 모든 요소를 0으로 초기화할 때 사용합니다. 의외로 많이 사용하는 방식입니다. 7, 8행은 배열 요소 처음 세 개만 각각 1, 2, 3으로 설정하고 나머지 요소는 0으로 설정합니다. 9행은 초기화를 하지 않은 배열입니다. 초기화를 하지 않았기 때문에 배열 요소에는 어떤 값이 들어있는지 알 수 없습니다. 이런 경우 보통 미정의 값이 들어있다고 합니다. 미정의 값은 오동작의 원인이 될 수 있으므로 배열은 항상 초기화하는 습관을 들여야 합니다.

2) TYPE ArrayName[ ] = {IV 0, IV1 , IV 2, ..., IV K};　　// 배열 요소 개수 = K + 1

두 번째 초기화 식은 첨자 연산자에 배열 요소의 개수가 지정되어 있지 않은 것입니다. 대신 중괄호의 초기화 값 개수가 실제 배열 요소의 개수가 됩니다.

[소스 12-10] C/C++ 배열 초기화 2

```
01: void main()
02: {
03:     int arr1[] = {1};
04:     int arr2[] = {1,};
05:     int arr3[] = {0};
06:     int arr4[] = {};   // Error
07:     int arr5[] = {1, 2, 3};
08:     int arr6[] = {1, 2, 3,};
09:     int arr7[];        // Error
10: }
```

〈소스 12-10〉은 두 번째 배열 초기화 방식을 보여 줍니다. 배열 요소의 개수를 지정하지 않았습니다. 따라서 3, 4, 5행의 배열 arr1, arr2, arr3의 요소 개수는 1이 되고, 7, 8행의 배열 arr5, arr6의 요소 개수는 3이 됩니다. 반면 6행과 9행은 에러가 발생하는데, 요소 개수가 0인 배열을 정의할 수 없기 때문입니다.

2 C# 배열 초기화

C#의 배열 초기화 방식은 두 가지입니다.

1) TYPE[ ] ArrayName = new TYPE[N] {IV 0, IV 1, IV 2, ..., IV K}; // N은 생략 가능

첫 번째 초기화 방식은 new TYPE[N] 뒤에 중괄호로 배열 요소의 개수만큼 초기값을 나열하는 것입니다. 이때 중괄호 초기값의 개수는 배열 요소의 개수와 일치해야 합니다. 또한 N은 생략될 수 있는데, 중괄호 초기값의 개수가 곧 배열 요소의 개수가 되기 때문입니다.

[소스 12-11] C# 배열 초기화 1

```
1: public static void Main()
2: {
3:    int[] arr1 = new int[2] {1};  // Error
4:    int[] arr2 = new int[2] {1, 2};
5:    int[] arr3 = new int[] {1, 2};
6:    int[] arr4 = new int[2];
7:    int[] arr5 = new int[];      // Error
8: }
```

〈소스 12-11〉에서 볼 수 있듯이 첨자 연산자 안의 N은 중괄호 초기화 값의 개수와 일치하거나 생략되어야 합니다.

3행에서는 배열 요소의 개수가 2임에도 중괄호 초기화 값이 하나만 있어서 에러가 발생합니다. 5행은 배열 요소의 개수가 생략되었으나 중괄호 초기화 값이 두 개이고 이것이 배열 요소의 개수가 됩니다. 6행은 중괄호 초기화가 없습니다. 따라서 배열 요소의 개수는 2입니다. C#은 C 언어와는 다르게 특정 값으로 초기화를 하지 않을 경우 기본적으로 0으로 초기화가 됩니다. 7행은 배열 요소의 개수도 정해지지 않았고 중괄호 초기화도 없기 때문에 에러가 발생합니다.

2) TYPE[ ] ArrayName = {IV 0, IV 1, IV 2, ..., IV K};

두 번째 초기화 방식은 단지 new TYPE[ ]을 생략해 준 것과 같습니다.

[소스 12-12] C# 배열 초기화 2

```
1: public static void Test()
2: {
3:    int[] arr1 = {1};
4:    int[] arr2 = {1, 2};
5:    int[] arr3 = {};
6:    int[] arr4;
7: }
```

〈소스 12-12〉의 3행 배열 arr1은 요소의 개수가 1이고, 4행 배열 arr2는 요소의 개수가 2입니다. 그렇다면 5행의 배열 arr3은 무엇일까요? arr3은 배열을 나타내지만 요소의 개수는 0이 됩니다. 이 점이 C/C++와 다릅니다. C/C++에서 배열명은 메모리 영역 자체를 나타내기 때문에 크기가 0보다는 항상 커야 합니다. 그러나 C#의 배열명은 별칭을 저장하는 변수일 뿐이고 별칭은 크기 0인 배열을 나타낼 수 있습니다.
6행의 arr4는 배열이긴 하지만 실제 존재하는 배열을 나타내는 별칭이 저장된 적이 없습니다. 즉, 어떤 것도 가리키지 않는 배열명이라고 할 수 있습니다.

참고로 Java 배열의 초기화는 C#과 거의 일치합니다. 차이가 있다면 첫 번째 초기화 식에서 new TYPE[ ]에 배열 요소의 개수가 항상 생략되어야 한다는 점입니다.

3 문자열 초기화

문자열은 문자 타입 요소가 모인 배열이라고 볼 수 있습니다. 1바이트의 아스키 문자나 2바이트 UTF16, 4바이트의 UTF32 유니코드는 크기가 일정하므로 문자 배열로 취급할 수 있습니다. 그러나 UTF8 유니코드의 경우는 한 문자가 1바이트에서 4바이트까지 크기가 변하므로 배열로 취급할 수가 없습니다. 여기서는 1바이트 아스키 문자열 및 UTF16 유니코드 문자열을 C 언어 배열로 초기화하는 방법을 살펴보겠습니다.

[소스 12-13] 아스키 문자 배열 초기화

```
void main()
{
   char s1[] = { 'A', 'B', 'C', '\0' };
   char s2[] = { "ABC" };
   char s3[] = "ABC";
}
```

〈소스 12-13〉은 배열을 이용하여 문자열을 만드는 방법을 보여 줍니다. 앞에서 설명했듯이 문자열을 만들 때는 마지막 배열 요소가 NULL(0)이 되어야 합니다(NULL 종료 문자열). 3~5행은 모두 문자열 "ABC"를 만드는 방법을 보여 줍니다. 가장 많이 사용되는 방식은 5행처럼 큰따옴표로 문자열을 묶는 것입니다. 이럴 경우 자동으로 문자 배열 마지막 요소에는 NULL이 대입됩니다.

[소스 12-14] UTF16 유니코드 문자 배열 초기화

```
#include <stdio.h>

void main()
{
  wchar_t s1[] = { L'A', L'B', L'C', L'\0' };
  wchar_t s2[] = {L"ABC"};
  wchar_t s3[] = L"ABC";
}
```

〈소스 12-14〉는 UTF16 유니코드 문자열을 생성하는 방법을 보여줍니다. 아스키 문자 배열과 다른 점은 char 대신 wchar_t를 사용하고, L 매크로를 사용하는 것밖에 없습니다.

Chapter

05 다차원 배열

배열의 요소 타입은 어떤 타입이건 가능하며 배열 요소의 타입이 배열이 될 수도 있습니다. 즉, 배열의 배열을 만들 수 있으며 이를 2차원 배열이라고 합니다.

1 C 언어 2차원 배열

[소스 12-15] C/C++ 2차원 배열

```
1: void main()
2: {
3:   int arr[2][3] = { {11, 12, 13}, {21, 22, 23} };
4: }
```

〈소스 12-15〉는 C 언어의 2차원 배열 정의를 보여 줍니다. 첨자 연산자 두 개를 붙여서 2차원 배열임을 나타냅니다. 3행에서 배열 요소의 개수를 잘 따져야 하는데 여기서 arr은 int 타입 요소 세 개로 이루어진 배열을 요소로서 두 개 모아 놓은 배열이 됩니다.

고등학교 수학을 배운 사람이라면 2차원 배열이 행렬(Matrix)과 비슷하다고 느낄 것입니다. 일부 책에서는 다차원 배열을 쉽게 설명하려는 의도로 메모리를 격자 형식으로 그려서 설명하는 경우가 있습니다. 그런 방식이 이해를 쉽게 하는 데 도움이 될 수도 있으나 제대로 된 메모리 구조를 파악할 수 없다는 점에서 추천하고 싶지는 않습니다.

앞에서도 설명했듯이 프로그래밍에서 다루는 메모리는 가상 메모리이며, 선형 구조를 지니고 있습니다. 즉, 0부터 시작하여 32비트에서는 4GB까지, 64비트에서는 거의 무한으로 주소가 일렬로 부여되어 있는 형태입니다. 다차원 배열의 메모리 영역 또한 선형적으로 늘어져 있는 것뿐입니다.

그림 12-4

2차원 배열 메모리 구조

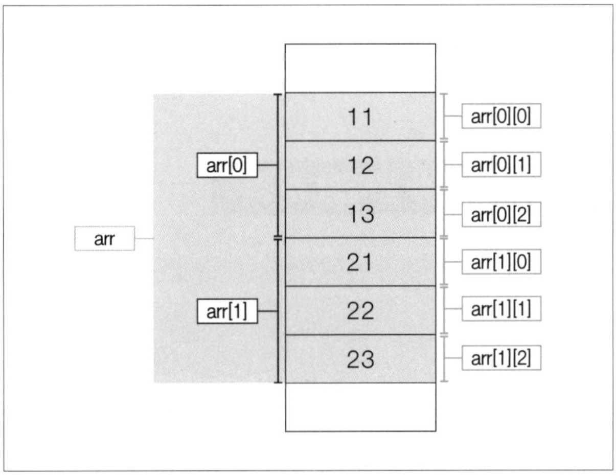

〈소스 12-15〉의 배열 arr의 메모리 영역은 〈그림 12-4〉와 같습니다. 요소는 2차원 배열이건 100차원 배열이건 무조건 선형으로 차례차례 이어져 있을 뿐입니다.

[소스 12-16] 3차원 배열

```
void main()
{
  int arr[2][2][2] = { { {111, 112}, {121, 122} },
                       { {211, 212}, {221, 222} } };
}
```

그림 12-5

3차원 배열 메모리 구조

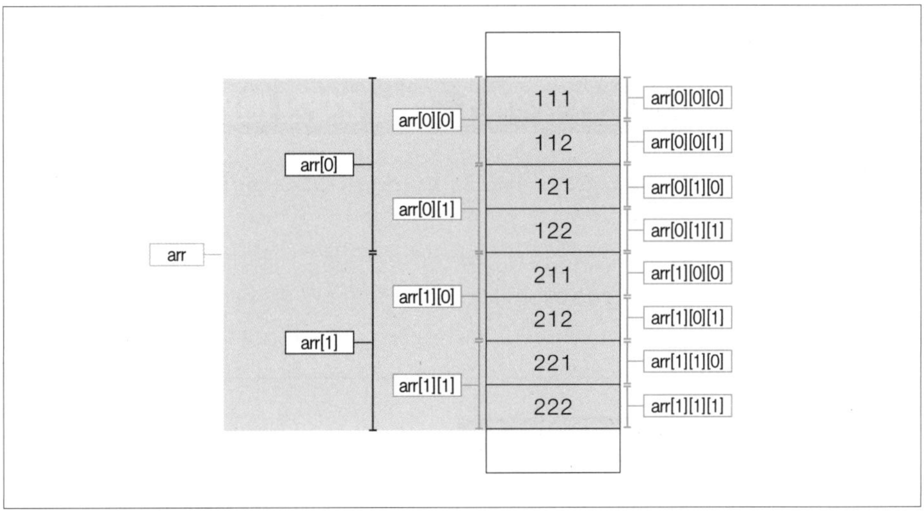

〈소스 12-16〉과 〈그림 12-5〉는 3차원 배열을 보여 줍니다. 2차원 배열과 다를 것이 하나도 없습니다. 배열이 100차원이라고 해도 메모리상에는 일렬로 요소가 늘어져 있을 뿐입니다.

2 C# 2차원 배열

이번에는 간단히 C#의 2차원 배열을 살펴보겠습니다. 표현상의 차이가 있을 뿐 구조적으로는 큰 차이가 없습니다.

[소스 12-17] C# 2차원 배열

```
1: public static void Main()
2: {
3:    int[,] arr = new int[2, 3]{{11, 12, 13}, {21, 22, 23}};
4:    System.Console.WriteLine(arr[1, 2]);
5: }
```

[출력결과]

```
23
```

〈소스 12-17〉에서 볼 수 있듯이 C#은 독특하게도 첨자 연산자와 콤마(,)를 사용하여 차원을 증가시킵니다. 4행은 배열 각 요소에 접근하는 방법을 보여 줍니다.

3 Java 2차원 배열

Java의 2차원 배열은 C 언어처럼 첨자 연산자를 두 번 사용합니다. 그 외에는 C#과 다를 바 없습니다.

[소스 12-18] Java 2차원 배열

```
public static void main(String[] args)
{
   int[][] arr = new int[][]{{11, 12, 13}, {21, 22, 23}};
   System.out.println(arr[1][2]);
}
```

[출력결과]

```
23
```

Chapter

06 배열 인자

배열 또한 함수의 인자로 전달될 수 있습니다. 단, 일반 변수가 함수 인자로 전달되는 경우와는 다른 특성을 보입니다.

1 C 언어 배열 타입 인자

[소스 12-19] C 언어 배열 타입 인자

```
#include <stdio.h>

void Func(int arg1, int arg2[1])
{
  arg1 = 1;
  arg2[0] = 1;
}

void main()
{
  int a = 0;
  int arr[1] = {0};

  Func(a, arr);
  printf("%d, %d\r\n", a, arr[0]);
}
```

[출력결과]

```
0, 1
```

〈소스 12-19〉의 3행 함수 Func의 매개변수는 두 개인데 각각 타입이 int와 int 요소 1개인 배열(int [1]로 표현)입니다. 함수 안에서는 매개변수 arg1과 매개변수 arg2의 첫 번째 요소에 각각 1을 대입합니다.

이제 main을 살펴봅시다. 11, 12행에서는 함수에 전달할 인자를 각각 설정합니다. 11행에서는 int 변수 a를 0으로 초기화하고, 12행에서는 int [1]인 배열 arr을 0으로 초기화합니다. 그리고 14행에서 함수 Func를 호출합니다. 앞에서 배웠듯이 C 언어는 기본적으로 함수 호출 시 값으로 인자를 전달합니다. 따라서 변수를 함수 인자로 전달할 경우 변수의 값이 전달되는 것이므로 함수 호출 전후에 변수의 값은 변하지 않습니다. 즉, 전달되는 변수와 함수의 매개변수 사이에는 어떤 연관 관계도 없습니다. 그러나 이것은 일반 변수일 때를 말하는 것이고, 전달되는 대상이 배열일 경우에는 동작이 완전히 달라지게 됩니다.

C 언어에서 배열이 함수 인자로 전달될 때는 배열 자체가 전달되기 때문에 전달한 배열과 함수의 매개변수는 같은 배열을 나타냅니다. 따라서 12행의 배열 arr과 3행의 두 번째 매개변수 arg2는 완전히 동일한 배열을 나타내므로 6행에서 arg2[0]을 변경하면 15행의 arr[0] 또한 변경됩니다.

왜 배열을 인자로 전달할 경우 배열의 값을 전달하는 것이 아니라 배열 자체를 전달할까요? 만일 배열 요소의 개수가 굉장히 많다면 모든 요소를 복사하는 데 많은 부하가 걸릴 수 있습니다. 따라서 배열에 한해서 배열 자체를 넘기는 것입니다. 그렇다면 C#과 Java는 어떻게 처리하는지 살펴보겠습니다.

2 C#, Java 배열 타입 인자

C#, Java 역시 함수 인자로 배열을 전달할 수 있습니다. 또한 C#, Java도 C 언어처럼 함수 호출 시 기본적으로 값으로 인자를 전달합니다. 하지만 C#, Java의 값 전달은 큰 차이가 있습니다. 앞에서 배열명으로 설명할 때 소개된 개념이지만 C#, Java의 배열명은 하나의 변수로서 별칭을 값으로 저장하고 있습니다. 따라서 배열을 함수 인자로 전달할 경우 실제 전달되는 것은 배열을 나타내는 별칭입니다. 별칭이 같을 경우 같은 배열을 가리키기 때문에 한마디로 배열 자체가 전달되는 것과 같은 효과가 발생합니다. 실제로 C#, Java에서 배열이 어떻게 전달되는지 앞의 예제를 그대로 C#과 Java로 옮겨 보겠습니다.

[소스 12-20] C# 배열 타입 인자

```
public static void Func(int arg1, int[] arg2)
{
  arg1 = 1;
  arg2[0] = 1;
}

public static void Main()
{
  int a = 0;
  int[] arr = {0};
  Func(a, arr);
  System.Console.WriteLine("{0}, {1}", a, arr[0]);
}
```

[소스 12-21] Java 배열 타입 인자

```
public static void Func(int arg1, int[] arg2)
{
  arg1 = 1;
  arg2[0] = 1;
}

public static void main(String[] args)
{
  int a = 0;
  int[] arr = {0};
  Func(a, arr);
  System.out.printf("%d, %d\r\n", a, arr[0]);
}
```

[출력결과]

```
0, 1
```

〈소스 12-20〉, 〈소스 12-21〉은 C#, Java의 코드로 완전히 똑같은 내용이며 출력 결과 또한 똑같습니다. C 언어에서 배열이 함수 인자로 전달될 경우 배열 자체가 전달되듯이, C#과 Java 역시 배열이 함수 인자로 전달될 경우 배열 자체가 전달되는 효과가 나타납니다. 이는 각 소스 1행의 두 번째 매개변수 arg2가 전달받은 값이 각 소스 10행의 arr에 저장되어 있던 배열을 나타내는 별칭이기 때문입니다. 즉, 10행의 arr와 1행의 arg2는 서로 다른 변수이지만 같은 별칭을 값으로 가지고 있기 때문에 메모리에서 같은 배열을 가리킬 수 있습니다. 따라서 배열 자체가 전달된 효과가 나타나는 것입니다.

Chapter

07 배열 요소의 개수

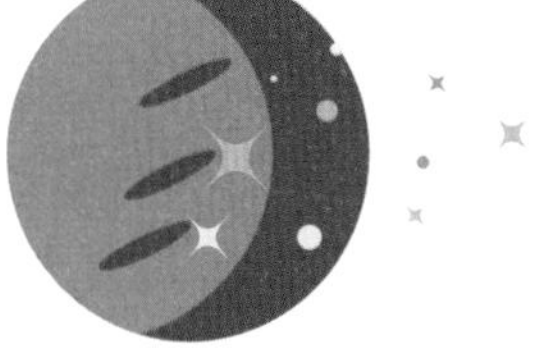

배열 요소의 개수는 배열명을 통해서 구할 수 있습니다. C 언어는 sizeof라는 연산자를 이용하여 간단한 계산으로 요소의 개수를 구할 수 있으며, C#과 Java는 배열의 속성인 Length와 length가 요소의 개수를 나타냅니다.

1 C 언어 배열 요소의 개수

먼저 연산자 sizeof에 대해서 알아야 합니다. sizeof 연산자는 생김새 때문에 함수로 오인되기도 하지만 엄연히 연산자이며, 피연산자가 메모리에서 차지하는 영역의 크기를 나타냅니다(피연산자는 sizeof 뒤의 괄호 안에 써주며 타입명, 변수명, 배열명 등이 올 수 있습니다). 배열의 메모리 영역 크기는 배열 요소 하나가 차지하는 메모리의 크기 * 배열 요소의 개수를 통해 구할 수 있으며, sizeof(배열명)으로도 구할 수 있습니다. 배열 요소 하나가 차지하는 메모리의 크기는 sizeof(배열 요소의 타입)으로 구할 수 있으므로, 이를 이용하여 배열의 크기로부터 배열 요소의 개수를 구하는 공식을 유도할 수 있습니다.

배열의 메모리 영역 크기 = sizeof(배열 요소의 타입) * 배열 요소의 개수 = sizeof(배열명)
배열 요소의 개수 = sizeof(배열명) / sizeof(배열 요소의 타입)

[소스 12-22] sizeof

```
#include <stdio.h>

void main()
{
  int arr[4];
  printf("%d\r\n", sizeof(arr) / sizeof(arr[0]));
}
```

[출력결과]

```
4
```

〈소스 12-22〉의 5행에서 int 요소가 네 개인 배열 arr을 정의합니다. 6행에서는 arr을 통해서 실제로 요소의 개수 4를 구하는 방법을 보여 줍니다.
먼저 sizeof(arr)입니다. 요소의 타입이 int이고 요소의 개수가 4이므로 배열 arr이 차지하는 메모리 영역의 크기는 16바이트입니다. 따라서 sizeof(arr)은 16이 됩니다.
이번에는 sizeof(arr[0])입니다. arr[0]은 배열의 첫 번째 요소로 타입이 int입니다. 따라서 sizeof(arr[0])은 sizeof(int)와 똑같으며 4가 됩니다. 결국 6행에서 16 / 4의 결과로 4가 나오게 됩니다.

2 C#, Java 배열 요소의 개수

C#, Java의 경우 C 언어처럼 sizeof와 같은 연산자를 사용할 필요가 없습니다. C#과 Java의 배열은 집합 타입이면서 동시에 기능 타입이기도 합니다. 기능 타입이란 특정한 기능을 수행할 수 있는 것으로, 멤버 함수나 속성을 통하여 객체의 정보를 알아낼 수 있습니다. 즉, C#과 Java의 배열은 속성을 통하여 요소의 개수를 제공하고 있습니다.

[소스 12-23] C# – Length

```
public static void Main()
{
  int[] arr = new int[] {1, 2, 3, 4};
  System.Console.WriteLine(arr.Length);
}
```

[소스 12-24] Java – length

```
public static void main(String[] args)
{
  int[] arr = new int[] {1, 2, 3, 4};
  System.out.println(arr.length);
}
```

[출력결과]

```
4
```

〈소스 12-23〉과 〈소스 12-24〉의 4행에서는 배열명 arr의 속성 Length, length를 통해서 쉽게 배열 요소의 개수를 구하는 것을 확인할 수 있습니다.

이렇게 C/C++에 비해서 C#, Java와 같은 언어가 많은 기능을 제공하고 있기 때문에 많은 개발자들이 C#, Java를 사용하기에 이르렀습니다. C/C++의 경우 많은 것을 개발자가 직접 만들어서 사용해야 하지만 C#, Java와 같은 언어는 이미 많은 기능을 내장하고 있습니다. 자동차에 비유한다면 C/C++은 수동 변속기 자동차라고 할 수 있고, C#이나 Java는 자동 변속기 자동차라고 할 수 있습니다. 운전자 입장에서는 자동 변속기 자동차를 운전하는 것이 훨씬 편하기 마련입니다.
그럼에도 불구하고 C/C++가 아직도 사라지지 않고 사용되는 이유는 성능과 효율성이 높기 때문입니다. 자동차의 경우도 수동 변속기가 자동 변속기에 비해서 높은 연비를 내면서도 고장이 적은 것처럼 C/C++에는 이것 저것 자동으로 많은 기능을 제공하기 위한 군더더기가 필요 없기 때문에 성능 손실이 발생하지 않으며 그만큼 효율성이 높습니다. 그래서 아직도 대용량의 트래픽을 처리하는 서버나 고성능이 필요한 게임 또는 시스템에서 C/C++가 사용되고 있습니다.

Chapter

08 실습

배열을 배웠으니 배열의 특징 및 장점을 활용할 수 있는 예제로 실습을 해 보겠습니다. 배열은 반복적인 자료 처리를 할 때 주로 사용됩니다. 가령 학생들의 수학 점수 총점 및 평균을 구한다고 해 봅시다.

[소스 12-25] 배열을 이용한 통계 처리

```
#include <stdio.h>

void main()
{
  int Math[] =
  {
    95, 90, 80, 70, 60,
    20, 40, 60, 90, 70,
    95, 75, 85, 60, 30,
    90, 10, 15, 20, 95
  };

  int Count = sizeof(Math) / sizeof(Math[0]);

  int Sum = 0;
  for(int i = 0; i < Count; i++)
  {
    Sum += Math[i];
  }

  double Avg = (double)Sum / Count;

  printf("Sum: %d, Avg: %f\r\n", Sum, Avg);
}
```

[출력결과]

```
Sum: 1250, Avg: 62.500000
```

〈소스 12-25〉는 배열을 이용하여 여러 학생의 수학 점수 총점과 평균을 구하는 예제입니다. 5~11행은 실제 학생들의 수학 점수를 배열에 입력하는 코드입니다. 학생 수에 맞추어서 점수를 추가하면 배열 요소의 개수가 결정됩니다. 실제 배열 요소의 개수는 13행의 sizeof를 이용하여 구할 수 있습니다.

현재는 20명의 수학 점수를 입력하였는데, 만일 배열을 사용하지 않고 단순 변수만을 사용할 경우 변수 20개를 사용해야 합니다. 또한 학생 수가 더 늘어날 경우에 비례해서 변수의 수도 늘어나는 문제를 피할 수 없습니다. 따라서 위의 예제처럼 같은 자료를 반복 처리하는 경우에 제일 알맞은 자료 구조 타입은 배열이라고 할 수 있습니다.

PART 13

구조체

Struct

하나 이상의 타입이 모여 있는 집합 타입인 구조체를 알아봅니다.
구조체의 특징들을 살펴보고 구조체를 사용하여 프로그램을 간결하게 만들 수 있음을 확인합니다.

Chapter

01 구조체 정의와 변수 정의

연필 12개들이 한 다스는 집합 타입으로 따진다면 무엇일까요? 바로 앞에서 배운 배열입니다. 그렇다면 {연필, 지우개, 자, 색연필} 등을 세트로 모을 경우 어떤 집합 타입이 될까요? 지금부터는 하나 이상의 타입들이 모여 있는 새로운 집합 타입을 배울 것입니다. C 언어에서는 이를 구조체(Struct)라는 타입으로 제공합니다. 다른 프로그래밍 언어의 경우 클래스라는 타입으로 제공하는데, 클래스는 구조체로부터 파생된 타입입니다. 따라서 C 언어 구조체는 다른 프로그래밍 언어의 클래스 사용 방법과 크게 다르지 않습니다.

```
struct [TagName]
{
    TYPE1 MemberName1;
    TYPE2 MemberName2;
    ...
    TYPEN MemberNameN;
}
```

구조체는 하나 이상의 타입 객체(변수나 배열)를 멤버로 가지는 집합 타입입니다. 여기서 멤버란 배열의 요소처럼 집합의 원소를 의미합니다. 배열의 요소들이 모두 같은 타입인데 반해 구조체의 멤버들은 모두 같은 타입일 필요가 없는 것이 큰 차이입니다. 구조체 정의는 다양한 타입을 하나로 묶어서 새로운 타입으로 정의하는 것과 같습니다. 즉, 구조체의 설계도라고 할 수 있습니다.

구조체 정의가 구조체의 설계도라고 한다면 구조체 변수 정의는 설계도에 따라서 메모리 영역 위에 구조체 변수를 만드는 것을 의미합니다.
문구 세트를 예로 들어 봅시다. 문구 회사에서는 문구 세트를 어떻게 구성할지 도안을 가지고 있습니다. 즉, {연필, 지우개, 자, 색연필} 등으로 구성하려는 도안이 곧 구조체 정의라 할 수 있고, 실제 도안대로 각각의 문구(연필, 지우개, 자, 색연필)를 생산해서 하나의 세트로 포장까지 한 실제의 문구 세트가 구조체 변수 정의라고 볼 수 있습니다. 실제 코드에서는 구조체 정의와 구조체 변수 정의가 어떻게 이루어지는지 살펴 봅시다.

1 태그 미사용 구조체 변수 정의

[소스 13-1] 태그 미사용 - 구조체 변수 정의

```
01: #include <stdio.h>
02:
03: void main()
04: {
05:   struct
06:   {
07:     int m;
08:   } s;
09:
10:   s.m = 1;
11:   printf("%d\r\n", s.m);
12: }
```

[출력결과]

```
1
```

〈소스 13-1〉의 5~8행까지가 구조체의 정의입니다. 7행의 int 타입 변수 m은 구조체의 멤버입니다. 8행에서는 구조체의 정의와 동시에 구조체 변수 s를 정의합니다. 다시 한번 강조하지만 5~8행은 구조체의 설계도를 정의한 것이고, 8행의 변수 s는 앞의 설계도에 따라서 구조체를 직접 변수로 만든 것입니다.

10행에서 구조체 변수의 멤버를 접근할 수 있는 연산자인 직접 멤버 연산자(.)를 통해서 구조체 변수 s의 멤버 m에 1을 대입합니다. 역시 11행에서는 구조체 변수 s의 멤버 m을 출력합니다. 직접 멤버 연산자에 대한 설명은 구조체 연산자에서 하겠습니다.

2 태그 사용 구조체 변수 정의

구조체 정의에서 태그가 사용될 수도 있습니다. 구조체가 한 번 정의된 이후에는 태그를 통해서 해당 구조체 타입을 쉽게 재사용할 수 있습니다. 즉, 타입을 새롭게 정의한 후에 타입의 이름을 붙인 것입니다.

[소스 13-2] 태그 사용 - 구조체 변수 정의

```
01: #include <stdio.h>
02:
03: struct STag
04: {
05:   int m;
06: };
07:
08: void main()
09: {
10:   struct STag a;
11:   struct STag b;
12:
13:   a.m = 1;
14:   b.m = a.m;
15:
16:   printf("%d, %d\r\n", a.m, b.m);
17: }
```

[출력결과]

```
1, 1
```

〈소스 13-2〉는 태그를 사용하여 구조체 정의를 변경한 것입니다. 3행의 STag가 바로 태그입니다. 보통 태그를 사용한 구조체는 3~6행처럼 함수 밖에서 정의합니다. 구조체 정의를 함수 밖에서 하는 이유는 여러 함수에서 해당 구조체를 사용하기 위해서입니다. 만일 함수 안에서 구조체가 정의되면 오직 함수 안에서만 정의가 한정되기 때문에 다른 함수에서는 해당 구조체를 사용할 수 없습니다. 주의할 점은 구조체 정의도 일종의 명령문이므로 6행처럼 끝에 세미콜론(;)을 붙여야 한다는 것입니다.

10, 11행에서는 구조체 STag의 변수 a와 b를 정의하고 있습니다. C 언어의 경우 struct 키워드 뒤에 태그를 붙여서 구조체를 하나의 타입처럼 사용할 수 있습니다(C++에서는 struct 키워드 없이 태그만으로 구조체를 하나의 타입처럼 사용할 수 있습니다).

3 typedef 구조체 변수 정의

C/C++는 typedef라는 명령을 통하여 타입 이름을 새롭게 정의하는 기능을 제공합니다. 따라서 구조체 정의에 typedef를 이용하여 새로운 타입명을 정의하기도 합니다.

```
typedef struct [TagName]
{
    TYPE1 MemberName1;
    TYPE2 MemberName2;
    ...
    TYPEN MemberNameN;
} TypeName;
```

[소스 13-3] typedef 사용 - 구조체 변수 정의

```
#include <stdio.h>

typedef struct STag
{
    int m;
} SType;

void main()
{
    SType a;
    SType b;

    a.m = 1;
    b.m = a.m;

    printf("%d, %d\r\n", a.m, b.m);
}
```

[출력결과]

```
1, 1
```

〈소스 13-3〉은 구조체를 사용하는 가장 일반적인 방법을 보여 줍니다. 3~6행에서 typedef를 이용하여 구조체를 정의하고 정의된 타입명을 SType으로 지었습니다. 3행에서 볼 수 있듯이 typedef를 사용할 때 태그명이 있어도 큰 상관은 없습니다.

typedef를 사용하면 10, 11행에서 볼 수 있듯이 태그명과는 다르게 struct 키워드를 사용하지 않고 새로 정의된 타입명만 사용하여 깔끔한 형태로 구조체 변수 정의를 할 수 있는 장점이 있습니다. 이런 이유로 typedef를 이용한 구조체 정의가 보편적으로 사용되며, 앞으로 이 책에서도 특별한 이유가 없는 한 구조체 정의는 typedef를 이용할 것입니다.

Chapter

02 구조체 연산자

구조체 역시 하나의 타입이며, 기본 타입과 마찬가지로 다양한 연산자의 피연산자가 될 수 있습니다. 단, 기본 타입 변수와는 구조가 달라 적용 가능한 연산자와 적용 불가능한 연산자가 있습니다.

1 대입 연산자

같은 타입의 구조체 변수는 대입 연산자의 피연산자가 될 수 있습니다. 즉, 같은 구조체 변수 a와 b가 있을 경우 a에 b를 대입할 수 있습니다. 이때 b의 멤버들 값은 a의 멤버들 값으로 복사됩니다.

[소스 13-4] 구조체 대입

```
#include <stdio.h>

typedef struct STag
{
  int v;
  int arr[2];
} SType;

void main()
{
  SType a, b;

  a.v = 1;
  a.arr[0] = 11;
  a.arr[1] = 12;

  b = a;
  printf(“%d, %d, %d\r\n”, b.v, b.arr[0], b.arr[1]);
}
```

[출력결과]

```
1, 11, 12
```

<소스 13-4>의 구조체 SType은 두 개의 멤버를 가지고 있습니다. 하나는 정수 타입인 int v이고, 또 하나는 int 요소가 두 개인 배열 arr입니다.

13~15행에서 구조체 변수 a의 멤버에 적절한 값들을 대입합니다. 그리고 17행에서 구조체 변수 b에 구조체 변수 a를 대입합니다. b에 a를 대입할 수 있는 이유는 a, b 둘 다 같은 구조체 타입이기 때문입니다. 구조체 변수가 대입 연산자(=)의 피연산자가 될 경우 각 멤버의 값들이 그대로 복사됩니다. 이때 재미있는 사실은 배열 멤버까지 각 요소별로 그대로 복사가 된다는 점입니다. 앞에서 살펴본 것처럼 C 언어에서 배열은 변수가 아니기 때문에 대입 연산자의 피연산자가 될 수 없었습니다.

그림 13-1
구조체 변수 간 대입

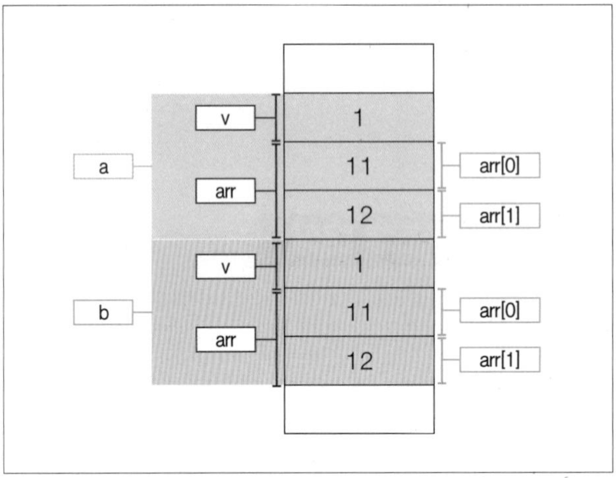

<그림 13-1>은 <소스 13-4>의 구조체 SType 변수 a와 b의 대입 연산 후 메모리 구조를 보여줍니다. b에 a가 대입되면 a에 속한 모든 멤버의 값들은 그대로 b의 멤버로 복사됩니다.

2 사용 불가 연산자

구조체는 사용자가 정의한 타입이기 때문에 int, char, double과 같은 기본 타입처럼 모든 연산자를 적용할 수는 없습니다. 이것은 구조체의 특성으로 인한 것인데 다음과 같은 연산자에 해당합니다.

[소스 13-5] 구조체 사용 불가 연산자

```
01: typedef struct STag
02: {
03:   int v;
04:   int arr[2];
05: } SType;
06:
07: void main()
08: {
09:   SType a, b;
10:
11:   a.v = 1;
12:   a.arr[0] = 11;
13:   a.arr[1] = 12;
14:
15:   b = a;  // OK
16:   b == a;  // Error
17:   b > a;  // Error
18: }
```

〈소스 13-5〉는 구조체에 사용할 수 없는 연산자를 보여 줍니다. 컴파일하면 16, 17행에서 에러가 발생합니다. 비교 연산(==, >, <, >=, <=) 자체를 허용하지 않기 때문입니다. 왜 구조체 변수는 비교 연산자를 사용할 수 없을까요? 비교 연산자는 주로 값의 크기를 비교하므로 숫자형 타입에 적절한 연산자라고 할 수 있습니다. 그에 비해서 구조체의 멤버는 다양한 타입이 될 수 있습니다. 또한 멤버가 여러 개가 될 수 있으므로 어떤 기준으로 비교 연산을 적용할지 애매한 면이 있기 때문에 구조체 변수에 비교 연산자를 사용할 수 없습니다.

3 직접 멤버 연산자 (.)

구조체를 위해서 만들어진 연산자도 있습니다. 바로 직접 멤버 연산자(.)입니다.
직접 멤버 연산자는 좌우 피연산자로 구조체 변수명과 구조체 멤버명을 받습니다.

[소스 13-6] 직접 멤버 연산자

```
01: #include <stdio.h>
02:
03: typedef struct STag
04: {
05:   int v;
06:   int arr[2];
07: } SType;
08:
09: void main()
10: {
11:   SType a, b;
12:
13:   a.v = 1;
14:   a.arr[0] = 11;
15:   a.arr[1] = 12;
16:
17:   b = a;
18:   printf(“%d, %d, %d\r\n”, b.v, b.arr[0], b.arr[1]);
19: }
```

〈소스 13-6〉의 13~15행, 18행에서 직접 멤버 연산자를 통해 구조체 변수의 멤버를 사용하는 것을 볼 수 있습니다. [배열] 파트에서 C#, JAVA의 배열 요소 개수를 구할 때 사용했던 배열명.Length, 배열명.length도 직접 멤버 연산자를 통해 배열 구조체의 Length, length 멤버를 사용한 것입니다. C#, JAVA의 타입 대부분은 구조체에서 발전한 클래스이기 때문에 배열도 멤버를 가질 수 있습니다.

4 간접 멤버 연산자 (->)

간접 멤버 연산자(->) 역시 직접 멤버 연산자(.)처럼 구조체를 위하여 도입된 연산자입니다. 간접 멤버 연산자는 먼저 포인터에 대해서 알아야 하기 때문에 포인터를 배운 이후에 다시 살펴보겠습니다.

Chapter

03 구조체 인자

1 값 전달

구조체 변수를 함수의 인자로 전달할 수 있습니다. 구조체는 int, char, double과 같은 기본 타입처럼 '값으로 전달'됩니다. '값으로 전달'된다는 것은 구조체 변수의 모든 멤버가 복사되면서 전달된다는 의미입니다. 즉, 배열이 그 자체로 전달되는 것과는 완전히 다릅니다.

[소스 13-7] 구조체 인자 전달

```c
#include <stdio.h>

typedef struct STag
{
  int v;
  int arr[2];
} SType;

void Func(SType arg)
{
  arg.v = 1;
  arg.arr[0] = 11;
  arg.arr[1] = 12;
}

void main()
{
  SType s;
  s.v = 0;
  s.arr[0] = 0;
  s.arr[1] = 0;

  Func(s);
  printf("%d, %d, %d\r\n", s.v, s.arr[0], s.arr[1]);
}
```

[출력결과]

```
0, 0, 0
```

〈소스 13-7〉의 9행 함수 Func의 매개변수 타입은 구조체 SType입니다. 배열 인자와는 다르게 구조체 변수는 함수 인자로 전달될 때 값이 복사되어 전달됩니다.
18행에서 SType 변수 s를 정의하고, 19~21행에서 구조체 변수 s의 멤버를 모두 0으로 설정합니다. 그리고 23행에서 함수 Func를 호출하면서 구조체 변수 s를 전달합니다.
값으로 전달된다는 의미는 23행의 실인자 s와 9행의 매개변수 arg가 서로 다른 변수임을 말합니다. 즉, 23행에서 실인자 s의 모든 멤버들의 값이 9행의 변수 arg의 모든 멤버들에게 그대로 복사되는 것입니다. 따라서 11~13행에서 매개변수 arg의 멤버들의 값을 바꾸어도 18행의 변수 s의 멤버는 어떤 영향도 받지 않습니다.

여기서 복습 삼아 배열과 구조체의 차이를 정리해 봅시다.
① 배열과 구조체 모두 객체들이 모여 있는 집합 타입이지만 배열은 같은 타입의 요소들이 모여 있고, 구조체는 한 가지 이상 타입의 멤버들이 모여 있습니다.
② 배열은 대입 연산이 안 되지만 구조체는 대입 연산이 가능합니다.
③ 배열 인자는 배열 그 자체가 전달되지만 구조체 인자는 기본 타입처럼 값이 복사되면서 전달됩니다.

[함수] 파트에서 인자를 설명할 때 값 전달과 대비되는 주소 전달 방식을 간단히 언급한 적이 있습니다. 포인터를 이용하여 변수의 주소를 넘기는 것입니다. 구조체 변수 역시 포인터를 이용하여 주소 전달을 할 수 있습니다. 주소와 관련된 것들은 모두 포인터를 배운 이후에 정리하도록 하겠습니다.

Chapter

04 구조체 메모리 구조

1 오프셋(Offset)과 패딩(Padding)

배열은 같은 타입의 요소가 일렬로 모인 집합 타입이라고 했습니다. 실제로 배열이 생성되면 메모리에 같은 타입의 요소들이 나란히 모여 있음을 확인할 수 있습니다. 구조체도 마찬가지입니다. 구조체 변수가 정의되어서 메모리의 영역을 차지하게 될 때 구조체 정의에 기술된 순서대로 멤버들이 해당 영역에 놓이게 됩니다. 단, 배열과는 다르게 멤버들이 촘촘히 붙어 있는 것은 아니고 조금씩 빈 틈을 가지고 놓일 수 있습니다. 대신 한 번 정해진 상대적 위치는 절대 변하지 않습니다. 몇몇 구조체의 정의와 실제 메모리에 배치된 멤버들의 위치를 그림으로 그리면 다음과 같습니다.

그림 13-2
구조체의 메모리 구조

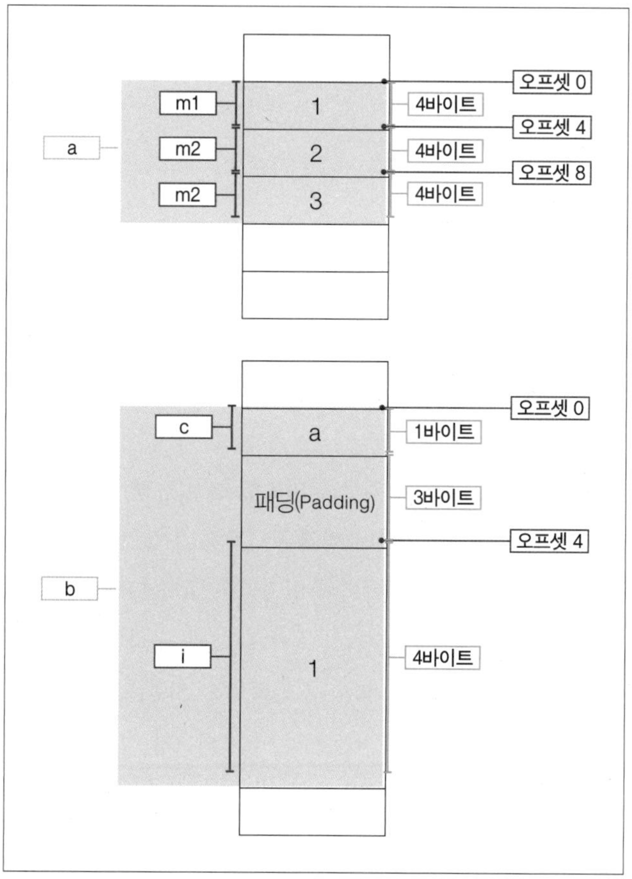

[소스 13-8] 구조체 인자 전달

```
01: typedef struct
02: {
03:   int m1;
04:   int m2;
05:   int m3;
06: } STypeA;
07:
08: typedef struct
09: {
10:   char c;
11:   int i;
12: } STypeB;
13:
14: void main()
15: {
16:   STypeA a;
17:   a.m1 = 1;
18:   a.m2 = 2;
19:   a.m3 = 3;
20:
21:   STypeB b;
22:   b.c = 'a';
23:   b.i = 1;
24: }
```

〈소스 13-8〉에는 두 개의 구조체 STypeA, STypeB가 정의되어 있습니다. 16행에서 STypeA 변수 a, 21행에서 STypeB 변수 b가 정의됩니다. 변수가 정의된다는 것은 메모리에 변수를 위한 영역이 생성되고 해당 영역의 이름이 만들어지는 것을 의미합니다.

먼저 1~6행의 STypeA의 정의를 살펴보겠습니다. 멤버 세 개가 있는데 모두 int 타입입니다. STypeA 변수 a의 메모리 영역은 〈그림 13-2〉의 위쪽과 같습니다. 메모리 영역은 순서대로 m1, m2, m3로 분할되어 있습니다. a가 나타내는 메모리 영역의 시작 위치를 기준으로 각 멤버의 오프셋(Offset, 상대 위치)을 구하면 m1의 오프셋은 0, m2의 오프셋은 4, m3의 오프셋은 8이 됩니다. 각 멤버의 오프셋은 항상 일정하게 유지됩니다. 오프셋이 항상 일정하다는 의미는 STypeA의 어떤 변수가 정의되어도 해당 변수의 메모리 영역 시작 위치로부터 멤버들이 떨어진 거리가 일정하다(m1 : 0, m2 : 4, m3 : 8)는 것입니다.

따라서 만약 변수 a가 메모리에서 주소 1000부터 1012까지를 차지하고 있다면 멤버 m1의 시작 주소는 변수 a의 메모리 시작 주소인 1000에 오프셋 0을 더한 1000, 멤버 m2의 시작 주소는 오프셋 4를 더한 1004, 멤버 m3의 시작 주소는 오프셋 8을 더한 1008이 됩니다.

이번에는 8~12행의 STypeB의 정의를 살펴보겠습니다. 멤버는 두 개가 있는데 하나는 char c이고, 다른 하나는 int i입니다. STypeB 변수 b의 메모리 영역은 〈그림 13-2〉의 아래쪽과 같습니다. 메모리 영역은 나누어져 있으며 순서대로 c와 i가 보입니다. 이상한 점은 멤버 c와 i의 중간에 패딩(Padding)이라는 영역이 있는 것입니다. 패딩은 뒤에서 설명하고 b가 나타내는 메모리 영역의 시작 위치를 기준으로 각 멤버의 상대 위치를 구하면 멤버 c의 오프셋은 0이고, i의 오프셋은 4가 됩니다. 역시 각 멤버의 오프셋은 일정하게 유지됩니다.

패딩(Padding)은 구조체 변수가 정의되면서 메모리 영역을 할당할 경우 컴퓨터는 최적의 성능을 발휘하기 위하여 각 멤버 사이에 적절하게 삽입하는 빈 영역을 말합니다. 왜 패딩을 넣어야 성능이 향상될까요? 책장에 꽂혀 있는 여러 전집들을 생각해봅시다. 책장은 각각 여러 개의 칸들로 나누어져 있는데 빈 공간 없이 서로 다른 전집들을 나란히 배치할 수도 있으나 보통은 쉽게 찾을 수 있도록 특정 칸에는 특정 전집만 배치합니다. 마찬가지로 특정 규칙에 의해서 구조체 멤버들을 배치하면 성능이 조금 더 좋아집니다. 대신에 구조체 변수가 차지하는 영역의 크기는 커지게 됩니다. 이런 식으로 공간을 좀 더 낭비하는 대신 성능을 빠르게 하거나, 성능에서 손해를 조금 보더라도 공간을 절약하는 것을 Trade-off라고 하며, 균형절충 정도로 해석할 수 있습니다. 앞으로 프로그래밍을 하면 이런 식의 Trade-off를 많이 따지게 됩니다.

2 구조체의 크기

배열의 크기는 배열 요소의 개수에 배열 요소 하나의 크기를 곱해서 구했습니다. 마찬가지로 구조체의 크기를 구할 경우 각 멤버들의 크기를 모두 더하면 될 것 같지만 패딩으로 인하여 정확한 크기를 구하기는 어렵습니다.
따라서 C 언어는 구조체의 크기를 쉽게 구할 수 있도록 sizeof라는 연산자를 제공합니다. sizeof는 구조체 타입명이나 구조체 변수명이 피연산자가 될 경우 구조체의 크기를 나타냅니다.

[소스 13-9] 구조체의 크기

```
01: #include <stdio.h>
02:
03: typedef struct
04: {
05:   char c;
06:   int i;
07: } STypeB;
08:
09: void main()
10: {
11:   printf("%d\r\n", sizeof(STypeB));
12: }
```

[출력결과]

```
8
```

〈소스 13-9〉의 3~7행은 구조체 STypeB의 정의입니다. 멤버는 두 개이며, 각 타입은 char와 int입니다. 따라서 멤버가 차지하는 총 크기는 1 + 4 = 5바이트입니다. 그러나 11행에서 sizeof(STypeB)를 출력하면 8이 나옵니다. 패딩이 적용되었기 때문입니다.

sizeof는 C/C++ 프로그래밍 시 상당히 많이 사용됩니다. C/C++ 프로그래밍은 포인터를 이용하여 직접 메모리를 다루는 경우가 많기 때문입니다. 반면 Java의 경우 sizeof와 같은 연산자를 제공하지 않으며, C#은 제한적으로만 sizeof를 사용할 수 있습니다. 즉, C/C++를 제외하고는 sizeof를 사용할 일이 없습니다.

Chapter

05 구조체와 배열

이미 살펴본 것처럼 구조체의 멤버 타입으로 배열이 가능합니다. 마찬가지로 배열의 요소 타입이 구조체가 될 수 있습니다. 이것은 문구 세트를 한 다스로 묶는 것과 같은 것입니다. 구조체 배열을 이용하여 성적 처리를 하는 실습 예제를 작성해 보겠습니다.

학교 시험 과목은 국어, 영어, 수학, 과학입니다. 전체 학생에 대한 과목별 총점과 평균을 구하면 다음과 같습니다.

[소스 13-10] 구조체 배열

```
#include <stdio.h>

typedef struct
{
  int Korean;
  int English;
  int Math;
  int Science;
} ExamResult;

void main()
{
  ExamResult Student[] =
  {
    {90, 80, 70, 80},
    {80, 65, 75, 60},
    {75, 70, 85, 75},
    {30, 80, 90, 40},
    {85, 85, 45, 80},
    {20, 85, 25, 65},
```

```
        {10, 90, 75, 30},
        {70, 95, 80, 45},
        {95, 85, 95, 65},
        {95, 95, 90, 90},
        {95, 90, 90, 95},
        {80, 80, 95, 90},
        {75, 75, 85, 85},
        {40, 70, 80, 85},
        {65, 75, 95, 95},
        {80, 80, 45, 60},
        {30, 85, 40, 75},
        {55, 80, 80, 70},
        {90, 95, 95, 25},
        {70, 90, 90, 15}
    };

    int Count = sizeof(Student) / sizeof(Student[0]);

    int Sum[4] = {0};
    double Avg[4] = {0};

    for(int i = 0; i < Count; i++)
    {
        Sum[0] += Student[i].Korean;
        Sum[1] += Student[i].English;
        Sum[2] += Student[i].Math;
        Sum[3] += Student[i].Science;
    }

    for(int i = 0; i < 4; i++)
        Avg[i] = (double)Sum[i] / Count;

    printf("국어: %d, 평균: %f\r\n", Sum[0], Avg[0]);
    printf("영어: %d, 평균: %f\r\n", Sum[1], Avg[1]);
    printf("수학: %d, 평균: %f\r\n", Sum[2], Avg[2]);
    printf("과학: %d, 평균: %f\r\n", Sum[3], Avg[3]);
}
```

[출력결과]

```
국어: 1330, 평균: 66.500000
영어: 1650, 평균: 82.500000
수학: 1525, 평균: 76.250000
과학: 1325, 평균: 66.250000
```

〈소스 13-10〉은 학생 스무 명의 시험 점수에 대해서 과목별로 총점과 평균을 구하여 출력합니다. 3~9행은 각 학생의 과목별 점수를 관리하는 구조체 ExamResult의 정의입니다. 13~35행은 이중 중괄호를 통하여 구조체 배열을 초기화합니다. 배열과 마찬가지로 구조체 변수 역시 중괄호를 이용하여 멤버 순서에 맞게 초기화를 할 수 있습니다. 현재는 스무 명의 학생에 대한 과목별 점수 초기화 자료인데, 학생 수가 많아져도 쉽게 추가할 수 있습니다. 학생 수는 37행의 sizeof를 이용하여 구할 수 있습니다.

각 과목별 총점 및 평균 역시 배열을 이용하여 관리할 수 있습니다. 39~40행의 배열 Sum과 Avg는 요소 개수가 네 개인데 각각 순서대로 국어, 영어, 수학, 과학을 나타냅니다. 44~47행은 각 학생의 과목별 점수를 직접 멤버 연산자(.)를 통하여 구하는 과정입니다. 50~51행은 반복문을 통하여 네 개의 과목별 평균을 구합니다.

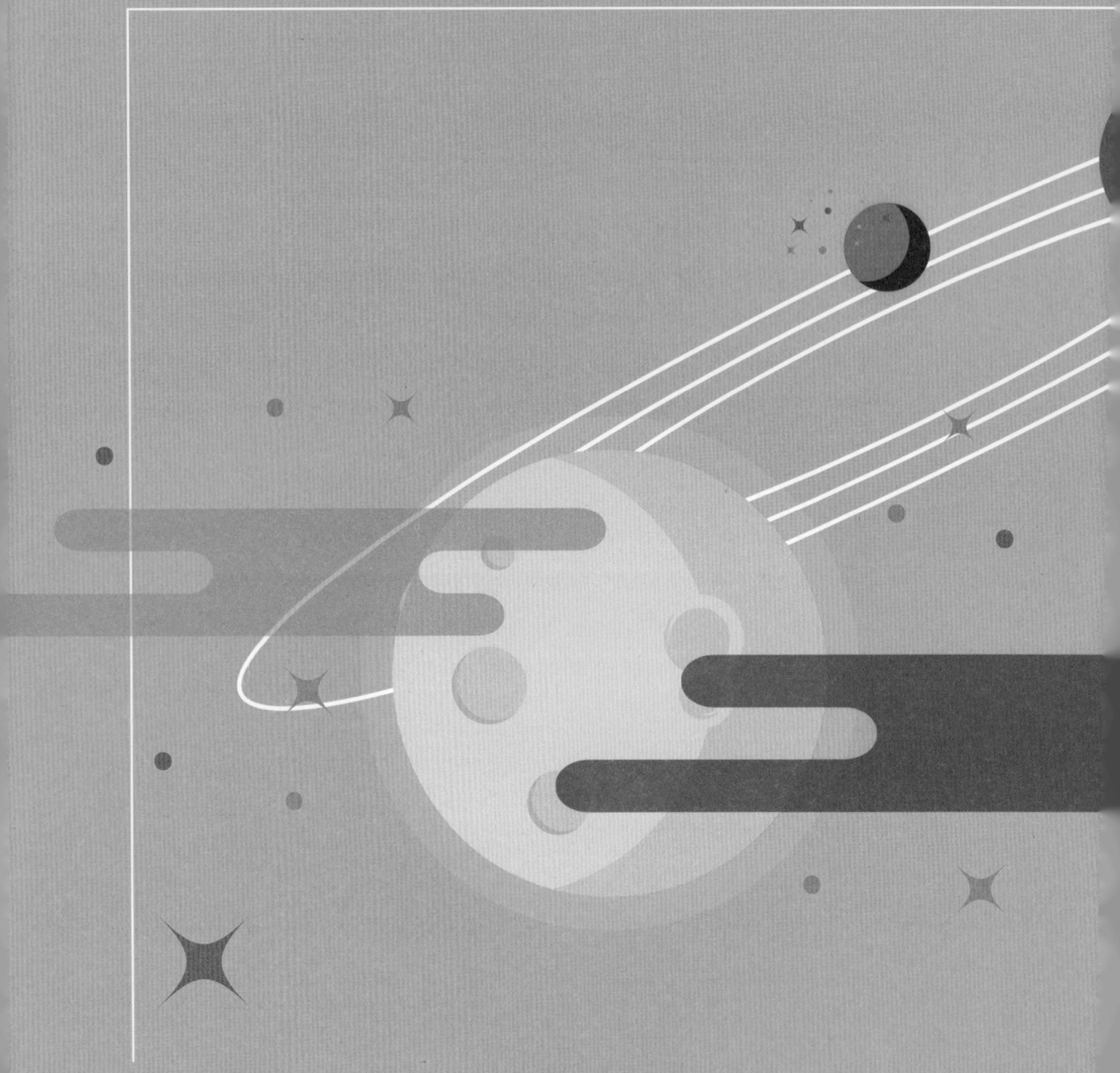

PART 14

포인터
Pointer

지금까지 변수를 통하여 메모리 영역을 사용했습니다. 이번에는 변수가 아니라 동적으로 메모리 영역을 사용할 수 있는 방법을 살펴볼 것이고, 그 과정에서 사용하는 포인터에 대해 배우게 됩니다. 포인터의 정의와 포인터 연산자, 그 외 포인터의 특징 및 사용법을 살펴봅니다.

Chapter

01 포인터(Pointer) 소개

1 포인터를 배우는 이유

지금부터 프로그래밍 개념의 꽃이라고 할 수 있는 포인터에 대해서 배워 보겠습니다. C/C++는 포인터를 사용하는 대표적인 프로그래밍 언어입니다. 포인터를 지원하는 프로그래밍 언어는 그렇게 많지 않습니다. C#의 경우 포인터를 지원하지만 사용을 권고하지 않기 때문에 무척 제한적으로만 사용할 수 있습니다. 그 외 Java를 비롯한 프로그래밍 언어들은 포인터 자체를 지원하지 않습니다. 따라서 C/C++를 전혀 들여다보지 않을 것이라면 포인터란 개념을 모르고도 프로그래밍을 할 수는 있습니다.

그럼에도 불구하고 프로그래밍의 본질을 이해하기 위해서라면 포인터는 반드시 알아야만 합니다. 프로그래밍 언어가 번역되어서 실제 CPU의 명령으로 실행되는 과정 자체가 수많은 포인터 연산들이기 때문입니다. 즉, 포인터의 개념을 알고 있다면 프로그램이 구조적으로 어떻게 실행되는지를 이해하는 데 큰 도움이 됩니다.

포인터를 알아야만 하는 또 다른 이유는 C/C++ 프로그래밍을 하기 위해서입니다. '나는 C/C++는 절대 손도 대지 않을 거야!'라고 생각한다면 잘못된 생각이라고 할 수 있습니다. 서버나 모바일에서 성능과 효율이 중요한 영역은 여전히 C/C++가 사용되고 있기 때문에 어느 순간 C/C++를 해야만 할지도 모릅니다.

2 포인터를 사용하는 이유

지금까지는 변수를 사용해서 메모리 영역에 접근했습니다. 변수가 정의되면 임의의 주소에 타입 크기만큼 메모리 영역이 마련되고 해당 영역에 값을 읽고 썼습니다. 그러나 변수를 이용해서 메모리 영역에 접근하는 것은 제한적인 방법 중 하나일 뿐입니다.

때로는 변수를 이용한 간접적인 메모리 접근이 아니라 직접적인 메모리 접근이 필요한 경우가 있습니다. 즉, 특정 주소에 특정 크기의 메모리 영역을 접근할 필요가 있는 것입니다.

그런 목적을 만족시키기 위해서 포인터라는 개념이 도입되었습니다.

예를 들어서 포인터를 사용할 경우 메모리 주소가 0x12345678인 곳의 8바이트 영역에 부동소수점 3.14를 쓸 수 있습니다. 이렇게 특정 주소의 메모리 영역을 원하는 방식(타입)으로 읽고 쓰기 위해서 포인터가 포함해야 할 정보는 다음과 같습니다.

① 주소 : 메모리 영역의 시작 주소

② 타입 : 크기가 정해져 있으며, 해당 메모리 영역을 어떻게 다룰지 알려 줍니다(정수 타입은 2의 보수, 부동소수점 타입은 IEEE754 표준으로 비트열을 다룹니다).

위의 예시를 C 언어 소스 코드로 작성하면 다음과 같습니다.

[소스 14-1] 포인터를 이용한 메모리 영역 쓰기

```
1: void main()
2: {
3:   double* p = 0x12345678;
4:   *p = 3.14;
5: }
```

〈소스 14-1〉은 포인터 사용의 간단한 예제입니다. 3행의 p가 바로 포인터입니다. p는 두 가지 정보를 포함하고 있습니다. 첫 번째로 0x12345678이라는 주소이고, 두 번째는 double이라는 타입으로, 이는 해당 주소의 8바이트 메모리 영역을 double 타입으로 취급하겠다는 것을 나타냅니다. 4행의 *p를 이용하여 p가 가리키는 영역에 값을 읽거나 쓸 수 있습니다. 포인터가 가리키는 영역을 변수처럼 사용할 때는 *p처럼 간접 연산자(*)를 사용합니다.

Chapter 02 포인터 정의

포인터는 특정한 메모리 영역을 가리키기 위해서 주소와 함께 해당 영역의 타입을 포함하는 객체입니다. 포인터가 포함하는 주소와 타입 정보를 통해서 포인터가 가리키는 메모리 영역을 마치 하나의 변수처럼 사용할 수 있습니다.

```
TYPE* pointer;
```

① pointer는 포인터를 저장하는 변수입니다. 따라서 정식 명칭은 포인터 변수지만 일반적으로 포인터라고 합니다. 포인터에 저장되는 값은 메모리 영역의 주소입니다. 해당 메모리 영역의 크기는 sizeof(TYPE)이 되며, 해당 영역은 마치 TYPE 변수처럼 사용됩니다.

② pointer의 타입은 간접 연산자(*)를 이용하여 TYPE*로 표기합니다.

③ pointer가 가리키는 메모리 영역의 타입은 TYPE입니다. 이때 TYPE을 포인터의 '대상 타입'이라고 합니다.

위의 설명에 따라 int* p에 대해서 다음과 같이 말할 수 있습니다.
p는 메모리 주소를 저장하는 포인터(포인터 변수)인데, 해당 주소의 4바이트 영역을 int 타입 변수로 취급할 수 있습니다. p의 타입은 int*이고, p의 대상 타입은 int입니다.

1 TYPE 변수를 가리키는 TYPE* 포인터

이제 포인터가 실제 사용되는 경우를 살펴보겠습니다. 일반적으로 포인터는 이미 정의된 변수가 나타내는 메모리 영역을 가리키기 위해서 사용됩니다. 가령 변수 int a가 정의되어 있을 경우 프로그램에 의해서 메모리 임의의 주소에 4바이트 영역을 마련해서 a라고 이름을 붙이는 것입니다. 보통 a를 이용하여 a가 나타내는 메모리 영역에 접근하지만 포인터를 이용하여 접근할 수도 있습니다. a 영역을 가리키기 위해서는 대상 타입이 a와 같은 포인터가 필요합니다.

[소스 14-2] 변수를 가리키는 int* 포인터

```
01: #include <stdio.h>
02:
03: void main()
04: {
05:   int a;
06:
07:   int* pA = &a;
08:   *pA = 1;
09:
10:   printf(“a is %d\r\n”, a);
11: }
```

[출력결과]

```
a is 1
```

〈소스 14-2〉의 5행에는 int 변수 a가 정의되어 있고, 7행에는 a가 나타내는 4바이트 메모리 영역을 가리키는 int* 포인터 pA가 정의되어 있습니다. pA에는 &a가 대입되는데, 참조 연산자(&)를 사용한 &a는 변수 a가 위치한 메모리 영역의 시작 주소를 나타냅니다. 즉, pA에는 a가 위치한 메모리 영역의 시작 주소가 대입됩니다. 또한 pA의 타입은 int*이기 때문에 대상 타입은 int가 되므로 pA는 a가 위치한 영역을 int 타입 변수로 취급하며 가리키는 포인터가 됩니다.

8행에서는 포인터가 가리키는 메모리 영역을 변수처럼 다루는 방법을 보여 줍니다. *pA 처럼 포인터 앞에 간접 연산자(*)를 사용할 경우 해당 메모리 영역을 나타내는 변수처럼 사용할 수 있습니다. 즉, *pA = 1은 해당 메모리 영역에 1을 쓰는 것입니다.

10행에서는 변수 a의 값을 출력합니다. 포인터에 의해서 a가 나타내는 영역에 1을 썼기 때문에 a 역시 1을 나타내게 됩니다.

그림 14-1
int 변수를 가리키는 int* 포인터

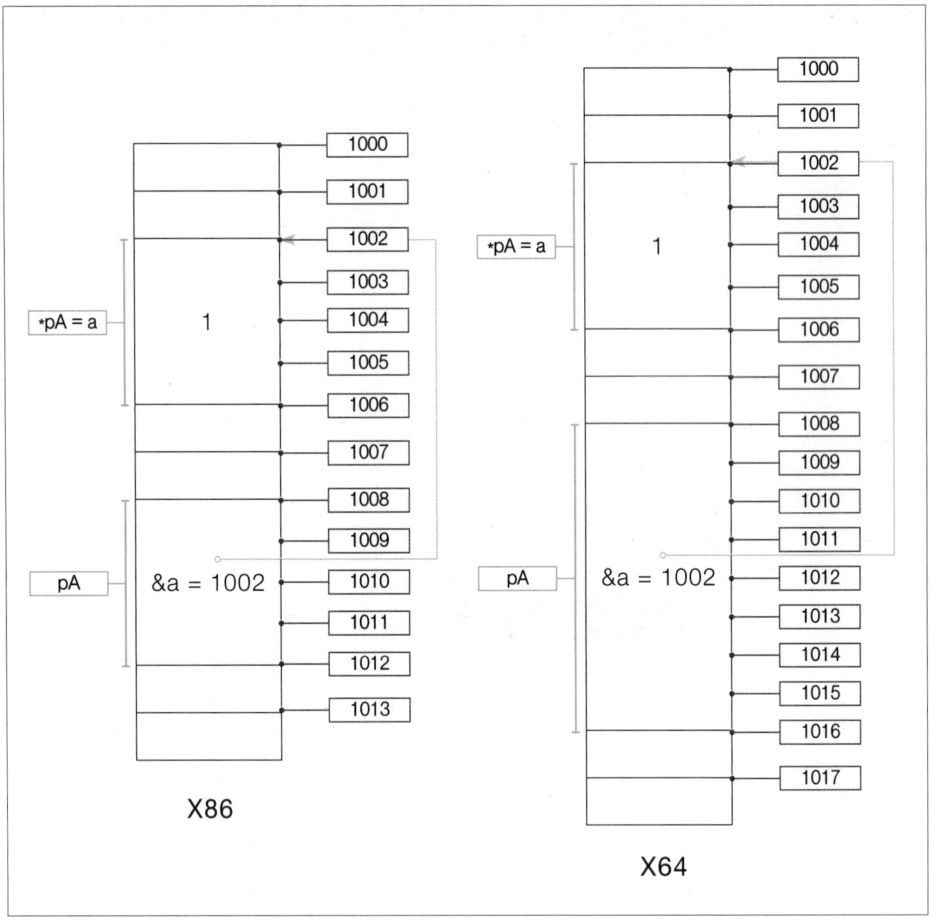

〈그림 14-1〉은 변수 a와 포인터 pA의 메모리의 상태를 보여 줍니다. 변수가 정의되면 변수가 나타내는 메모리 영역의 주소는 임의로 정해지게 됩니다. 여기서는 변수 a가 나타내는 메모리 영역의 시작 주소를 1002라고 가정했습니다.
마찬가지로 포인터 pA 역시 메모리 주소를 저장하는 하나의 변수이므로 메모리 영역을 차지합니다. 포인터를 위한 메모리 영역의 시작 주소는 1008이라고 가정했습니다.

포인터의 크기는 시스템이 사용하는 메모리 주소의 크기입니다. 따라서 32비트 x86 시스템의 경우 포인터의 크기는 4바이트가 되고, 64비트 x64 시스템의 경우 포인터의 크기는 8바이트가 됩니다. x86에서는 포인터 pA가 차지하는 영역의 크기가 4바이트면서 변수 a의 메모리 시작 주소인 1002를 저장하고, x64에서는 포인터 pA가 차지하는 영역의 크기가 8바이트면서 변수 a의 메모리 시작 주소인 1002를 저장합니다.

2 TYPE1 변수를 가리키는 TYPE2* 포인터

앞에서 TYPE 변수를 가리키기 위해서 TYPE* 포인터가 사용되는 경우를 살펴보았습니다. 그러나 TYPE* 포인터가 반드시 TYPE 변수만을 가리키는 것은 아닙니다. 포인터의 대상 타입이 의미하는 것은 포인터가 가리키는 메모리 영역을 대상 타입 변수처럼 취급하겠다는 의미입니다. 즉, 어떤 타입의 변수가 나타내는 메모리 영역을 포인터를 이용하여 전혀 다른 타입으로 다룰 수도 있습니다. 여기서는 int 변수가 나타내는 메모리 영역을 char* 포인터로 접근해 보겠습니다.

[소스 14-3] int 변수를 가리키는 char* 포인터

```
#include <stdio.h>

void main()
{
  int a = 0;
  //char* s = &a;          // Error
  char* s = (char*)&a;  // OK

  *(s + 0) = 'A';
  *(s + 1) = 'B';
  *(s + 2) = 'C';
  *(s + 3) = '\0';

  printf("%s\r\n", &a);
}
```

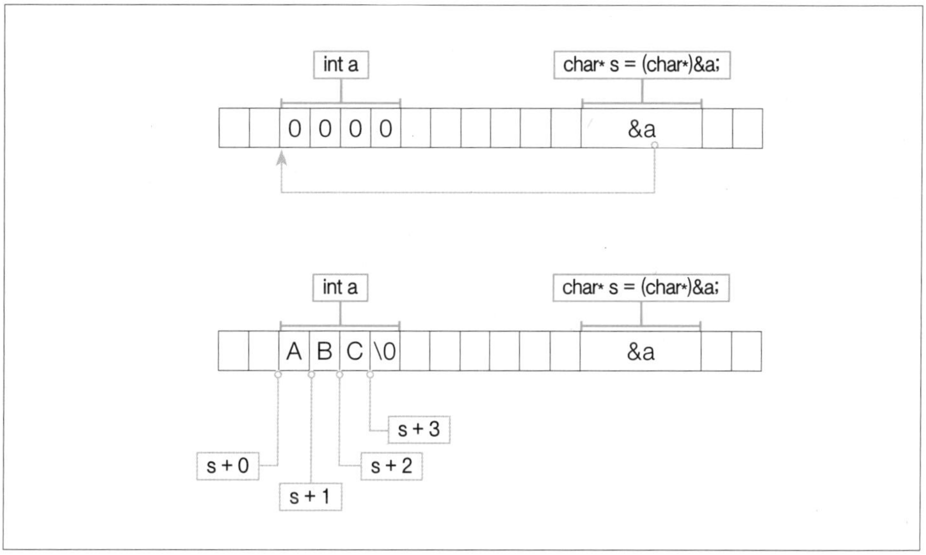

그림 14-2 int 변수를 가리키는 char* 포인터

〈소스 14-3〉과 〈그림 14-2〉는 변수의 타입과 포인터의 대상 타입이 다른 경우를 보여 줍니다. 일반적인 사용 패턴은 아니지만 이를 통해서 포인터의 정확한 사용법을 확인할 수 있습니다.

5행에서 int 변수 a를 정의합니다. 즉, 메모리 영역 4바이트를 마련하고 이름을 a로 붙인 것입니다. 동시에 0을 대입해서 해당 메모리 영역 4바이트는 모두 0으로 설정됩니다.

6행은 에러가 발생하기 때문에 주석 처리를 통해서 무효화하였습니다. char* 포인터 s에 참조 연산자(&)를 이용하여 변수 a의 주소를 대입하려는 것인데, int 변수의 주소를 char* 포인터에 바로 대입할 경우 컴파일러는 거부합니다. 일반적인 사용 패턴이 아니기 때문입니다. 가능하면 포인터의 대상 타입과 변수의 타입을 일치시키라는 것이 컴파일러의 요구 사항입니다. 그러나 꼭 타입을 일치시킬 필요는 없습니다. 그래서 7행처럼 (char*)와 같이 타입 변환 연산자를 이용하면 char* 포인터 s에 int 타입 변수 a의 주소를 대입할 수 있습니다(강제 변환의 의미는 의도한 것이므로 더 이상 에러를 내지 말라고 컴퓨터에게 알려 주는 것입니다).

9~12행은 포인터와 간접 연산자(*)를 이용하여 메모리 영역에 직접 값을 쓰는 것입니다. 포인터 s의 대상 타입은 char이므로 오직 1바이트 메모리 영역에 값을 쓸 수 있습니다. 따라서 a가 가리키는 4바이트 메모리 영역에 1바이트씩 값을 쓰기 위해서는 메모리 주소를 (s + 0), (s + 1), (s + 2), (s + 3)으로 변경하면서 메모리 영역에 접근해야 합니다. 각각의 주소에 대해서 간접 연산자(*)를 이용하여 'A', 'B', 'C', '\0'을 대입합니다. 마지막 '\0'은 앞에서도 살펴본 NULL 문자로, 문자열 종료 표시(End of String)입니다.

int 변수가 나타내는 메모리 영역에 1바이트씩 영문자를 대입할 수 있는 이유는 변수를 이용하지 않고 대상 타입이 char인 포인터를 이용했기 때문입니다. 14행에서는 형식 지정 %s를 사용한 printf를 통해 a가 나타내는 메모리 영역의 값을 문자열로 출력합니다. printf로 문자열을 출력하기 위해서는 &a처럼 문자열이 저장된 메모리 영역의 시작 주소를 넘겨 줘야 합니다.

예제를 통해서 확인할 수 있듯이 포인터의 대상 타입은 포인터가 가리키는 메모리 영역을 대상 타입의 변수처럼 읽고, 쓰기 위해서 사용됩니다.

정리하면 TYPE* p는 p에 저장된 메모리 주소를 기준으로 sizeof(TYPE) 크기의 메모리 영역을 TYPE 객체(변수)처럼 사용할 수 있다는 뜻입니다.

Chapter

03 포인터 연산자

포인터를 위한 특별한 연산자도 있으며, 기존에 사용되던 연산자의 동작이 포인터를 피연산자로 할 경우 달라지는 경우도 있습니다.

1 참조 연산자 (&)

앞에서 잠깐 등장한 참조 연산자(&)는 피연산자인 변수나 배열에 적용되면 해당 변수나 배열이 나타내는 메모리 영역을 가리키는 포인터를 나타냅니다. 따라서 해당 포인터의 대상 타입은 피연산자인 변수나 배열의 타입이 됩니다.

〈소스 14-3〉의 6행에서 에러가 발생한 이유는 포인터의 타입이 정확히 일치하지 않기 때문입니다. &a는 포인터로서 대상 타입이 int이지만 char* s의 s는 대상 타입이 char인 포인터이기 때문입니다. 따라서 7행에서 강제 타입 변환으로 포인터의 대상 타입을 바꿔준 새로운 포인터를 만드는 것입니다. 즉, &a와 (char*)&a는 대상 타입이 서로 다른 별개의 임시 포인터입니다.

2 산술 연산자 (+, −)

포인터는 메모리 영역의 주소와 타입을 지니며, 메모리 주소는 0을 포함한 자연수입니다. 따라서 포인터의 타입은 마치 부호 없는 정수 타입과 비슷하다고 할 수 있고, 포인터를 피연산자로 하여 더하기나 빼기와 같은 산술 연산을 할 수 있습니다. 그러나 일반 숫자와는 조금 다르게 산술 연산이 적용됩니다. 어떤 차이가 있는지 살펴보겠습니다.

[소스 14-4] 포인터의 덧셈

```c
01: #include <stdio.h>
02:
03: void main()
04: {
05:   char* pC = NULL;
06:   printf("pC + 1 = %p\r\n", pC + 1);
07:
08:   int* pI = NULL;
09:   printf("pI + 1 = %p\r\n", pI + 1);
10:
11:   double* pD = NULL;
12:   printf("pD + 1 = %p\r\n", pD + 1);
13: }
```

[출력결과]

```
pC + 1 = 0000000000000001
pI + 1 = 0000000000000004
pD + 1 = 0000000000000008
```

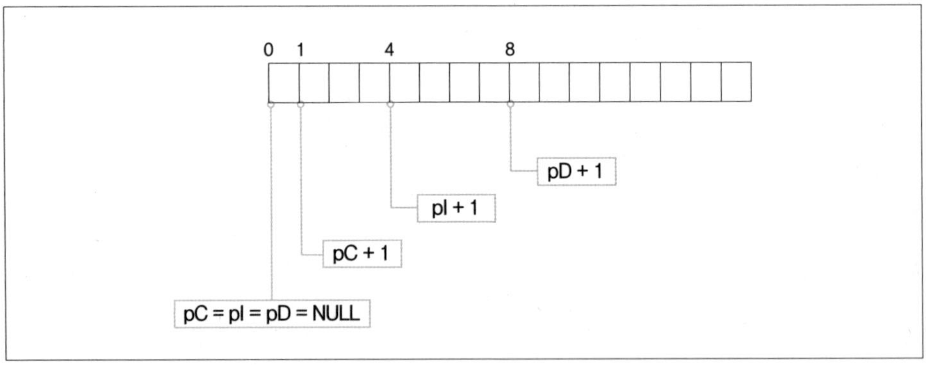

그림 14-3
포인터의 덧셈

〈소스 14-4〉의 5, 8, 11행에서 포인터 pC, pI, pD를 각각 NULL로 초기화합니다. NULL은 주로 메모리 주소 0을 표현할 때 사용합니다. 따라서 포인터 pC, pI, pD는 메모리 주소가 0이고 크기가 각각 1, 4, 8인 메모리 영역을 가리킵니다.

6, 9, 12행의 printf에는 형식 지정 %p가 나옵니다. %p는 메모리 주소를 표기할 때 사용됩니다. 따라서 pC + 1, pI + 1, pD + 1의 주소를 표기합니다.

출력 결과를 확인해 봅시다. 일반적인 숫자였다면 0에 1을 더한 값을 출력하므로 [1, 1, 1]이 나와야 합니다. 그러나 실제 결과는 [1, 4, 8]입니다. 왜 그럴까요?
그 이유는 〈그림 14-3〉에서 찾을 수 있습니다. 포인터에 1을 더한다는 의미는 주소에 1을 더한 것이 아니라 해당 포인터의 대상 타입 크기의 1배수를 주소에 더하는 것입니다. 따라서 int* 포인터의 경우 대상 타입인 int의 크기가 4바이트이므로 int* 포인터에 1을 더한다는 의미는 주소에 4의 1배수를 증가시킨다는 의미입니다. 마찬가지로 double* 포인터는 대상 타입인 double의 크기가 8바이트이므로 double* 포인터에 1을 더한다는 의미는 주소에 8의 1배수를 증가시키는 것입니다. char* 포인터는 대상 타입인 char의 크기가 1바이트이므로 실제 메모리 주소를 1바이트 단위로 더하고 뺄 수 있습니다. 따라서 메모리를 1바이트씩 접근하기 위한 목적으로 char*를 사용하기도 합니다.

그러면 int* 포인터에 2를 더하면 그 결과 생성되는 임시 포인터의 주소는 원본 포인터에 비해서 얼마나 증가할까요? 대상 타입 크기 4바이트의 2배수이므로 8만큼 증가합니다. 마찬가지로 double* 포인터에서 2를 뺀다면 임시 포인터의 메모리 주소는 8바이트의 2배수인 16만큼 감소합니다.

여기서 주의해야 할 점은 pC + 1, pI + 1, pD + 1 모두 임시 포인터라는 것입니다. pC + 1은 대상 타입이 char로 유지되지만, pC의 메모리 주소보다 대상 타입 크기만큼 증가된 주소를 가진 임시 포인터를 나타냅니다. 즉, pC와 pC + 1은 대상 타입이 char이지만 주소가 다른 서로 별개의 포인터입니다. 정리하면 포인터를 피연산자로 산술 연산을 할 경우 피연산자와 같은 대상 타입을 가지면서 메모리 주소만 다른 임시 포인터를 생성합니다.

3 증감 연산자 (++, --)

TYPE* 포인터 p에 대해서, p++는 p가 가리키는 주소를 sizeof(TYPE) 크기만큼 증가시킵니다. 마찬가지로 p--는 p가 가리키는 주소를 sizeof(TYPE) 크기만큼 감소시킵니다. TYPE은 int, double과 같은 기본 타입을 포함해서 배열 및 구조체 타입도 가능합니다.

증감 연산자는 산술 연산자와 다른 점이 있는데, 산술 연산자는 포인터를 피연산자로 새로운 임시 포인터를 나타내는 것이지만 증감 연산자는 포인터를 피연산자로 해당 포인터의 주소를 변화시킨다는 차이가 있습니다. 마치 정수 변수 a에 대해서 a + 1은 임시 값이며 a의 값이 변하는 것은 아니지만, a++는 a의 값을 증가시키는 것과 같은 이치입니다.

〈소스 14-5〉는 이전 예제의 포인터 pC, pI, pD를 모두 NULL로 초기화한 뒤에 증감 연산자(++)를 적용한 것입니다.

[소스 14-5] 포인터의 증감 연산

```
#include <stdio.h>

void main()
{
  char* pC = NULL;
  pC++;
  printf(“pC: %p\r\n”, pC);

  int* pI = NULL;
  pI++;
  printf(“pI: %p\r\n”, pI);

  double* pD = NULL;
  pD++;
  printf(“pD: %p\r\n”, pD);
}
```

[출력결과]

```
pC: 0000000000000001
pI: 0000000000000004
pD: 0000000000000008
```

결과를 확인하면 포인터의 대상 타입 크기만큼 포인터의 값이 증가했음을 알 수 있습니다.

4 간접 연산자 (*)

간접 연산자는 영어로는 Indirect Operator로 쓰며, ‘간접, 우회’라는 뜻을 가지고 있습니다. 포인터의 값은 메모리의 주소이므로 메모리의 주소를 통해서 간접적으로 메모리 영역을 나타내기 때문에 간접 연산자로 불립니다.

그림 14-4
간접 연산자(*)

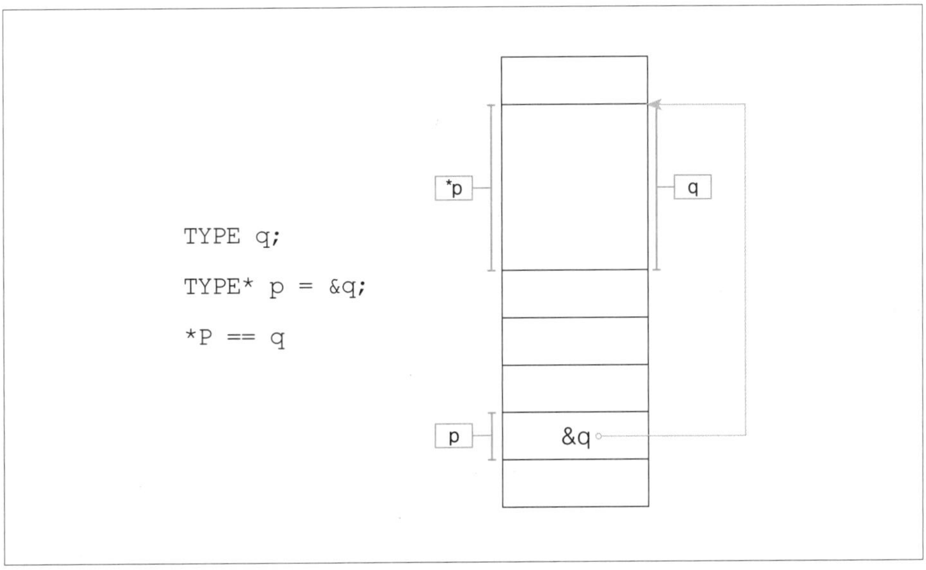

〈그림 14-4〉는 간접 연산자가 나타내는 메모리 영역을 보여 줍니다. 간접 연산자는 포인터 앞에 붙어서 포인터가 가리키는 메모리 영역을 나타냅니다. 즉, 해당 영역을 포인터의 대상 타입 변수처럼 나타내는 것입니다.

TYPE* 포인터 p는 TYPE 변수 q가 나타내는 메모리 영역을 가리킵니다. 따라서 *p는 p가 가리키는 주소로부터 sizeof(TYPE) 크기의 메모리 영역을 나타냅니다. 결국 q와 *p는 같은 메모리 영역을 나타내고 있으므로 q와 *p는 같은 변수라고 할 수 있습니다. 즉, 변수 q 대신 *p를 사용할 수 있다는 말입니다.

5 간접 멤버 연산자 (->)

구조체에서 언급한 간접 멤버 연산자(->)는 포인터의 대상 타입이 구조체인 경우에 포인터를 이용하여 구조체의 멤버를 나타내기 위하여 사용합니다. 즉, 포인터가 가리키는 메모리 주소를 통해서 간접적으로 구조체의 멤버를 나타낸다는 의미입니다.

[소스 14-6] 구조체 간접 멤버 연산자

```
#include <stdio.h>

typedef struct
{
  int i;
  double d;
```

```
07: } STest;
08:
09: void main()
10: {
11:   STest t;
12:   t.i = 0;
13:   t.d = 0.0;
14:
15:   STest* pT = &t;
16:   pT->i = 3;
17:   pT->d = 3.14;
18:
19:   printf("%d, %f\r\n", t.i, t.d);
20: }
```

[출력결과]

```
3, 3.140000
```

〈소스 14-6〉의 3~7행은 구조체 STest의 정의를 보여 줍니다. 11행에서 구조체 STest의 변수 t를 정의하고, 15행에서는 대상 타입이 STest인 포인터 pT를 정의합니다. pT에는 참조 연산자를 사용하여 변수 t의 주소를 대입합니다. 따라서 포인터 pT는 변수 t가 나타내는 메모리 영역을 가리키게 됩니다.

12, 13행은 구조체 변수 t에 대해서 직접 멤버 연산자로 멤버에 접근하고, 16, 17행은 구조체 변수 t를 가리키는 포인터 pT에 대해서 간접 멤버 연산자를 사용하여 멤버에 접근하는 것을 보여줍니다.

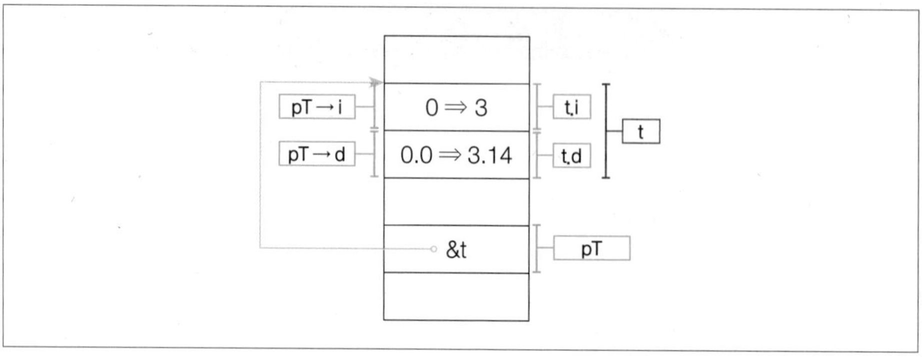

그림 14-5 간접 멤버 연산자

〈그림 14-5〉는 구조체 변수 t와 변수 t가 나타내는 메모리 영역을 가리키는 포인터 pT의 메모리 구조를 보여 줍니다. 그림에서 볼 수 있듯이 t.i와 pT->i, t.d와 pT->d는 같은 멤버의 메모리 영역입니다.

6 첨자 연산자 ([ ])

첨자 연산자는 배열에 주로 사용되지만 포인터에도 사용됩니다. 즉, 포인터를 배열처럼 사용할 수 있습니다.

[소스 14-7] 포인터 첨자([ ]) 연산자

```
1: #include <stdio.h>
2:
3: void main()
4: {
5:   int arr[3] = {0, 1, 2};
6:   int* p = arr;
7:
8:   printf("%d, %d, %d\r\n", p[0], p[1], p[2]);
9: }
```

[출력결과]

```
0, 1, 2
```

〈소스 14-7〉의 5행에 int 요소가 3개인 배열 arr이 정의되어 있습니다. 6행에서는 int* p에 배열 arr을 대입합니다. 하지만 실제 의미는 조금 다릅니다. C/C++에서는 배열 이름이 배열의 첫 번째 요소를 가리키는 포인터로 사용되기도 합니다. 따라서 6행에서 사용된 arr은 실제로는 &arr[0]으로 arr의 첫 번째 요소를 가리키며 대상 타입이 int인 포인터입니다. 배열 arr과 포인터 p가 메모리에 저장된 형태는 〈그림 14-6〉과 같습니다.

그림 14-6

첨자 연산자

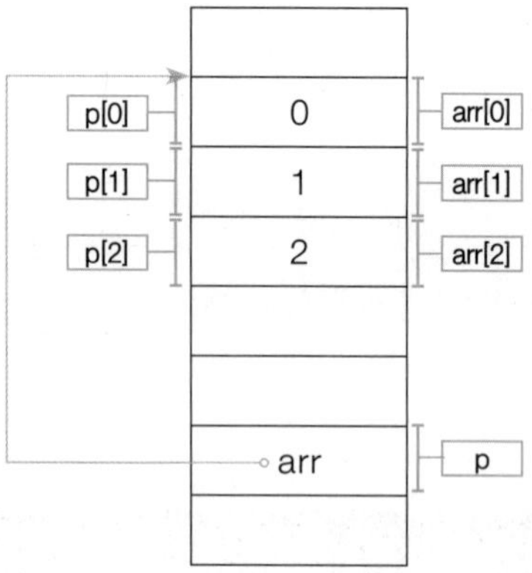

포인터 p는 배열 arr의 첫 번째 요소인 arr[0]을 가리킵니다. 첨자 연산자에 사용되는 인덱스는 포인터의 산술 연산자와 마찬가지로 포인터의 대상 타입 크기만큼 주소를 증감시키는 역할을 합니다. 또한 자동으로 간접 연산자(*)가 적용되는 효과를 내면서 포인터가 가리키는 영역을 나타내는 변수가 됩니다. 따라서 포인터 p의 대상 타입이 int이므로, p[0]은 arr[0], p[1]은 arr[1], p[2]는 arr[2]를 나타내게 됩니다. 이는 포인터 p를 마치 배열처럼 사용할 수 있음을 의미합니다. 포인터와 첨자 연산자의 관계는 다음과 같이 정리할 수 있습니다.

```
p[N] == *(p + N)
```

Chapter

04 void 포인터

이번에는 특수한 타입의 포인터를 소개하겠습니다. 바로 void 포인터로서 정확히 말하면 대상 타입이 void인 포인터입니다. 따라서 void 포인터의 타입은 void*가 됩니다. void는 반환값이 없는 함수의 반환 타입을 표기할 때 사용하며, 크기가 없으므로 sizeof(void)는 0이 됩니다. 그러므로 void 변수를 정의하는 것은 허용되지 않습니다. 크기가 0인 메모리 영역을 마련한다는 것 자체가 말이 되지 않기 때문입니다.

그럼에도 불구하고 void 포인터가 사용됩니다. 메모리 주소만을 나타내기 위해서입니다. 또한 void 포인터는 어떤 타입의 포인터도 강제 타입 변환 없이 받을 수 있으며, 어떤 타입의 포인터로도 변환될 수 있습니다. 다시 말해 범용적인 포인터라고 할 수 있습니다.

1 범용 포인터

[소스 14-8] void*

```
#include <stdio.h>

void main()
{
  char c;
  int i;
  double d;

  void* p1 = &c;
  void* p2 = &i;
  void* p3 = &d;

  printf("%p, %p, %p\r\n", p1, p2, p3);
}
```

[출력결과]

```
0000001DB116F8C4, 0000001DB116F8E4, 0000001DB116F908
```

〈소스 14-8〉의 9~11행에서 볼 수 있듯이 void 포인터에는 어떠한 타입의 변수가 나타내는 메모리 영역의 주소도 대입될 수 있습니다. 이미 앞의 예제에서 char* 포인터로 int 타입 변수가 나타내는 메모리 영역의 주소를 받은 적이 있는데, 그때는 강제로 타입 변환을 해야만 했습니다. 하지만 void 포인터는 강제 타입 변환 없이도 바로 대입이 가능합니다.

void 포인터는 어떠한 타입의 포인터도 받을 수 있는 이점을 활용하여 함수의 인자 타입으로 많이 사용됩니다.

```
void* memset(void *dest, int c, size_t count);
```

memset 함수는 dest가 가리키는 메모리 주소에서 count 바이트 크기의 메모리 영역에 1바이트씩 값 c를 채우는 함수입니다. dest에는 다양한 타입의 변수 주소를 비롯하여 임의의 주소가 올 수 있기 때문에 인자의 타입으로 void가 사용됩니다.

2 void 포인터의 한계

void 포인터는 대상 타입이 void이기 때문에 포인터가 가리키는 메모리 주소의 영역에 접근할 수 없습니다. 메모리 영역에 접근한다는 의미는 특정 크기의 영역을 어떤 타입의 변수처럼 사용하겠다는 것인데 void는 크기 자체가 0이기 때문입니다. 따라서 다음과 같은 코드는 허용되지 않습니다.

[소스 14-9] void* 접근

```
void main()
{
    int i = 0;
    void* p = &i;

    //*p = 1;          // Error
    *(int*)p = 1;   // OK
}
```

〈소스 14-9〉의 4행에서 void 포인터 p에는 int 변수 i가 나타내는 메모리 영역의 주소가 대입됩니다. 포인터 p는 void 포인터로서 오직 주소만 가지고 있기 때문에 간접 연산자를 사용해도 값을 읽거나 쓸 수 없습니다. 따라서 6행에서 에러가 발생합니다.

7행에서는 포인터 p에 (int*)를 적용하여 강제 타입 변환을 합니다. 따라서 (int*)p는 대상 타입이 int인 임시 포인터입니다. 여기에 다시 간접 연산자를 적용하면 p가 가리키던 메모리 주소의 4바이트 영역을 int 변수처럼 사용할 수 있습니다. 즉, *(int*)p는 4바이트 int 변수와 같습니다.

void 포인터는 간접 연산자를 이용하여 값을 읽고 쓸 수 없을 뿐 아니라 다른 포인터 연산도 할 수 없습니다. 왜냐하면 대상 타입이 void이기 때문입니다.

[소스 14-10] void* 연산자

```
01: void main()
02: {
03:     int i = 0;
04:     void* p = &i;
05:
06:     //p + 1;          // Error
07:     (int*)p + 1;   // OK
08:
09:     //p++;            // Error
10:     ((int*)p)++;   // OK
11:
12:     //p--;            // Error
13:     ((int*)p)--;   // OK
14:
15:     //p[0];            // Error
16:     ((int*)p)[0];   // OK
17: }
```

〈소스 14-10〉에서 6, 9, 12, 15행은 에러가 발생하기 때문에 주석 처리를 하였습니다. void 포인터는 산술, 증감 연산자를 비롯하여 첨자 연산자도 사용할 수 없습니다. 대상 타입이 void여서 연산의 기준이 되는 크기가 0이기 때문입니다. 따라서 산술, 증감, 첨자 연산자를 사용하기 위해서는 7, 10, 13, 16행처럼 강제 타입 변환을 사용해야 합니다. 강제 타입 변환된 임시 포인터는 주소는 그대로이고 대상 타입만 int이기 때문에 산술, 증감, 첨자 연산을 할 수 있습니다.

Chapter

05 문자열 포인터

문자열은 문자들의 배열이라고 했습니다. 따라서 문자열을 처리할 때 배열을 사용했습니다. 그러나 포인터를 알게 된 이상 문자 배열을 사용할 필요가 없습니다. 포인터로 문자열을 가리킬 수 있기 때문입니다.

[소스 14-11] 문자열 포인터

```
01: #include <stdio.h>
02:
03: void main()
04: {
05:     char name[16] = "Kim Do Hyung";
06:     printf("%s\r\n", name);
07:
08:     char* pName = "Kim Na In";
09:     printf("%s\r\n", pName);
10: }
```

[출력결과]

```
Kim Do Hyung
Kim Na In
```

〈소스 14-11〉의 5행은 기존 문자 배열을 이용하여 문자열을 저장하는 방식입니다.

8행은 문자 배열 없이 대상 타입이 char인 포인터 pName을 이용하여 문자열을 나타냅니다. 어떻게 포인터에 문자열이 대입되는지 잘 이해가 되지 않을 수도 있는데, 메모리 구조를 보면 쉽게 이해할 수 있습니다.

그림 14-7
문자열 포인터

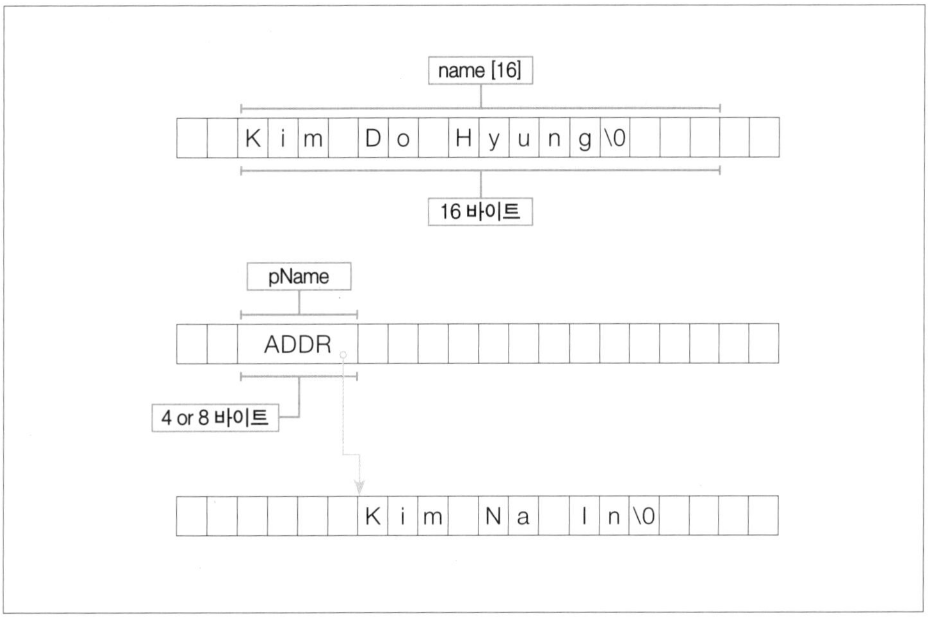

〈그림 14-7〉은 문자 배열 name과 문자열 포인터 pName의 메모리 구조를 보여 줍니다. 그림 위쪽의 문자 배열 name은 char 요소 16개가 모인 것으로 각각에 알파벳이 저장되어 있는 것을 알 수 있습니다. 물론 마지막에는 NULL이 들어갑니다.

이번에는 그림 아래쪽의 문자열 포인터 pName을 살펴봅시다. 포인터의 크기는 시스템에 따라 32비트 x86 시스템인 경우 4바이트이고, 64비트 x64 시스템인 경우 8바이트를 차지합니다. 그렇다면 문자열은 어디에 있는 것일까요? 컴파일러는 토큰으로서 문자열(큰따옴표로 감싸진 것)을 발견하면 특정 메모리 영역에 해당 문자열을 기록합니다. 그리고 문자열이 저장된 메모리 영역의 시작 주소를 문자열 포인터 pName에 대입하는 것입니다. 즉, 5행처럼 문자열을 문자 배열에 저장할 경우와 8행처럼 문자열을 포인터에 대입하는 과정은 내부적으로 다르게 처리됩니다.

문자열 포인터의 대상 타입을 char에서 wchar_t로 변경할 경우 유니코드 문자열도 다룰 수 있습니다.

[소스 14-12] 유니코드 문자열 포인터

```
01: #include <stdio.h>
02:
03: void main()
04: {
05:     wchar_t name[16] = L“Kim Do Hyung”;
06:     wprintf(L“%s\r\n”, name);
07:
08:     wchar_t* pName = L“Kim Na In”;
09:     wprintf(L“%s\r\n”, pName);
10: }
```

〈소스 14-12〉의 8행에서 볼 수 있듯이 wchar_t* pName은 유니코드 문자열을 가리킬 수 있습니다. 유니코드 문자열을 표현할 때는 큰따옴표와 함께 L 매크로를 사용합니다.

Chapter

06 포인터 인자

[함수] 파트에서 함수 인자의 전달 방식인 값 전달을 살펴보았습니다. 변수가 함수의 인자로 전달될 때 변수의 값이 함수의 매개변수에 복사되는 것입니다. 따라서 실인자인 변수와 매개변수는 전혀 연관이 없었습니다.

함수의 값 전달 방식으로 인해서 C 언어에서는 만들 수 없는 함수도 있었습니다. 앞서 사람 이름을 인자로 전달할 경우 연도, 월, 일을 반환받는 함수를 만들려고 했습니다.

```
void Query(char* Name, int refYear, int refMonth, int refDay);
```

위와 같은 함수를 만들 수 없었던 근본적인 이유는 C 언어가 변수 자체를 인자로 넘길 수 없기 때문입니다. 그러나 해결 방법이 없는 것은 아닙니다. 포인터를 인자로 전달하면 문제를 해결할 수 있습니다.

1 주소 전달

함수 인자는 기본적으로 값으로 전달됩니다. 따라서 원칙적으로는 실인자 그 자체를 넘길 수 있는 방법이 없습니다. 그러나 실인자의 주소, 즉 포인터를 인자로 전달하면 실인자 자체를 넘기는 효과를 낼 수 있습니다. 이런 방식을 주소 전달이라고 합니다.

[소스 14-13] 주소 전달

```
#include <stdio.h>

void Func(int* pArg)
{
  *pArg = 1;
}

```

```
08: void main()
09: {
10:   int a = 0;
11:   Func(&a);
12:
13:   printf("%d\r\n", a);
14: }
```

[출력결과]

```
1
```

〈소스 14-13〉의 3행 함수 Func에서 매개변수 pArg의 타입은 int* 즉, 정수형 포인터입니다. 5행에서는 전달된 매개변수 pArg에 간접 연산자를 사용하여 1을 대입합니다. 10행에서 int 변수 a를 정의하면서 0으로 초기화합니다. 11행에서는 함수 Func에 변수 a를 넘기는 것이 아니라 변수 a를 가리키는 포인터 &a를 넘깁니다. 포인터 인자를 통해서 주소를 넘기는 것입니다. 따라서 함수 Func가 반환된 이후 변수 a의 값은 1이 됩니다. 변수를 가리키는 포인터를 인자로 전달함으로써 변수 그 자체를 전달하는 효과를 낸 것입니다.

이제 포인터 인자를 사용하여 Query 함수를 실제로 만들어 보겠습니다.

[소스 14-14] Query

```
#include <stdio.h>
#include <string.h>

void Query(char* Name,
           int* refYear, int* refMonth, int* refDay)
{
  *refYear = 0;
  *refMonth = 0;
  *refDay = 0;

  if(strcmp(Name, "Dennis Ritchie") == 0)
  {
    *refYear = 1941;
```

```
    *refMonth = 9;
    *refDay = 9;
  }
  else if(strcmp(Name, "Bill Gates") == 0)
  {
    *refYear = 1955;
    *refMonth = 10;
    *refDay = 28;
  }
  else if(strcmp(Name, "Steve Jobs") == 0)
  {
    *refYear = 1955;
    *refMonth = 2;
    *refDay = 24;
  }
}

void main()
{
  char* Name[3] =
  {
    "Dennis Ritchie",
    "Bill Gates",
    "Steve Jobs"
  };

  int Year, Month, Day;

  for(int i = 0; i < 3; i++)
  {
    Query(Name[i], &Year, &Month, &Day);
    printf("%s ", Name[i]);
    printf("%d.%02d.%02d\r\n", Year, Month, Day);
  }
}
```

[출력결과]

```
Dennis Ritchie 1941.09.09
Bill Gates 1955.10.28
Steve Jobs 1955.02.24
```

〈소스 14-14〉의 Query 함수는 이름을 입력받아서 해당 인물의 생년월일을 인자로 반환하는 함수입니다. 5행의 Query 함수 매개 변수 타입에서 알 수 있듯이 반환받을 인자인 refYear, refMonth, refDay의 타입은 모두 포인터 타입입니다.

Query 함수의 내용은 이해하기 어렵지 않습니다. 예제에서는 C 언어를 만든 데니스 리치와 IT계의 거장 빌 게이츠, 스티브 잡스의 생년월일만 반환하도록 코드를 작성하였습니다. 11, 17, 23행에서 strcmp라는 함수가 보입니다. 이것은 C 언어가 기본으로 제공하는 함수로서 문자열을 비교한 결과를 알려줍니다. 문자열이 일치할 경우 0을 반환하기 때문에 if 조건문에서 0과 비교합니다. 이 함수를 사용하기 위해서는 2행처럼 〈string.h〉가 필요합니다.

예제를 실행하면 44행에서 반복문을 통해 3회 Query 함수를 호출합니다. 이때 중요한 것은 40행에서 정의된 변수 Year, Month, Day에 반환값을 구하기 위하여 변수를 가리키는 포인터를 인자로 전달한다는 것입니다. 따라서 참조 연산자(&)를 사용하여 &Year, &Month, &Day를 인자로 전달하는 것을 볼 수 있습니다.

마지막으로 46행의 printf에는 생소한 형식 지정 %02d가 보입니다. 이것은 숫자를 두 자리로 맞춰서 출력하되 앞 자리가 빌 경우 0으로 채우라는 옵션입니다. 즉, 9를 출력할 경우 09로 출력하라는 의미입니다. 형식 지정의 옵션은 무척 다양한데 필요한 경우 인터넷에서 쉽게 찾아볼 수 있습니다.

Chapter 07 동적 메모리 할당과 해제

지금까지는 변수를 먼저 정의한 뒤에 참조 연산자를 이용하여 변수의 주소를 포인터에 대입하고, 간접 연산자를 이용하여 변수인 것처럼 사용하였습니다. 사실 이런 방법으로는 왜 포인터를 사용하는지 이해하기 어려운 면이 있습니다. 실제로는 이런 식으로 포인터를 사용하지 않습니다. 개념을 설명하기 위하여 잘 알려진 변수를 가리키는 포인터를 예로 든 것뿐입니다.

일반적으로 포인터는 변수로 나타내기 어려운 메모리 영역을 가리키기 위하여 사용합니다. 보통 프로그램이 실행되면 힙(Heap)이라고 불리는 메모리 공간이 부여됩니다. 이곳에서 필요한 만큼 메모리 영역을 할당받아서 사용할 수 있습니다. 힙 메모리는 일정한 크기 제한이 있어서 사용한 메모리는 반드시 해제해야 합니다. 만일 할당만 받고 해제를 하지 않을 경우 프로그램 실행 중에 메모리가 부족하여 성능이 떨어지거나 프로그램이 중지될 수 있습니다. 그렇다면 힙 메모리에서 할당받은 메모리는 어떻게 이용할까요? 바로 포인터입니다. 힙 메모리로부터 할당받은 메모리 영역을 포인터가 가리키기 때문입니다. 필요할 경우 힙 메모리 영역을 할당받고, 원하는 시점에 할당된 메모리를 해제하기 때문에 동적으로 메모리를 할당받고 해제한다고 말합니다.

1 스택의 한계

앞의 [함수] 파트에서 스택 프레임에 대해서 배웠습니다. 함수 호출 시 실행 흐름이 돌아올 위치와 실인자를 저장하는 메모리 영역을 말합니다. 함수 호출 단계가 높아질수록 스택 프레임이 차곡차곡 쌓이는 구조도 살펴보았습니다. 사실 스택 프레임에는 함수 반환 위치나 실인자가 저장되는 것뿐 아니라 함수 안에서 정의되는 모든 변수와 배열도 저장됩니다. 문제는 스택 프레임이 저장되는 스택의 크기 역시 제한이 있다는 것입니다. 보통 스택의 제한이 1~4MB 정도이기 때문에 함수가 무한 재귀 호출을 하거나 함수 안에서 크기가 큰 배열을 잡을 경우 프로그램 실행 중에 오류가 발생할 수 있습니다.

[소스 14-15] 스택 크기 한계 - 재귀 호출

```
void main()
{
  main();
}
```

[소스 14-16] 스택 크기 한계 - 너무 큰 배열

```
1: void main()
2: {
3:   int arr[1024 * 1024];
4: }
```

〈소스 14-15〉, 〈소스 14-16〉은 모두 스택 크기의 한계를 시험하는 예제입니다. 아마 실행하면 프로그램이 중지될 것입니다.
첫 번째 예제는 main 함수가 스스로 재귀 호출을 하는 구조입니다. 함수 호출 단계가 무한히 커지면서 스택 프레임의 수도 무한히 많아지므로 전체 크기가 한계를 넘어서게 됩니다. 두 번째 예제의 3행 배열 arr은 int 타입 요소를 무려 1,048,576(1024 * 1024)개 가지고 있습니다. int 요소 하나의 크기가 4바이트이므로 arr의 크기는 4MB입니다. 따라서 기본 스택 최대 크기인 1~4MB를 넘어서므로 프로그램을 실행하면 바로 중지됩니다.

위의 예제에서 알 수 있는 것은 함수 안에서 변수나 배열만을 이용해서 대량의 자료를 처리할 수 없다는 것입니다. 따라서 스택 프레임 이외에 대용량의 메모리를 이용할 방법이 반드시 필요한데, 그런 메모리가 바로 힙(Heap) 메모리입니다.

2 힙 요구 사항

시스템은 프로그램에서 힙 메모리를 쉽게 사용할 수 있도록 힙 매니저를 제공합니다. 힙 매니저의 기본 기능은 다음과 같습니다.

① 요청 받은 크기의 메모리를 할당해 줍니다.
프로그램이 원하는 크기의 메모리 공간을 요청하면 힙 매니저가 힙 메모리의 적당한 영역을 할당한 후에 돌려 줍니다. 메모리가 충분하지 않을 경우 실패할 수도 있습니다.

② 할당받은 메모리는 명시적으로 해제하기 전까지 안전하게 유지되어야 합니다.

할당받은 메모리는 프로그램이 직접 해제해야 합니다. 힙 매니저는 한 번 할당된 메모리 영역을 보호하며 해제되기 전까지 다른 할당 요청에 중복으로 돌려주지 않습니다. 즉, 모든 메모리 할당 요청에 대해서 서로 다른 메모리 영역이 할당됩니다.

3 malloc과 free

1) void* malloc(size_t size);

힙으로부터 원하는 크기의 메모리 영역을 할당받기 위해서 malloc 함수를 사용합니다. 인자로는 원하는 크기를 바이트 단위로 넣어 줍니다. 여기서 눈여겨보아야 할 점이 반환 타입인데, 바로 void 포인터입니다. 즉, 할당된 메모리 영역의 주소를 반환하는 것입니다. 만일 원하는 크기가 너무 커서 힙의 메모리가 부족한 경우에는 NULL이 반환됩니다. 반환받은 포인터를 적절히 다른 타입의 포인터로 변환하여 해당 메모리 영역에 접근할 수 있습니다.

참고로 인자의 타입인 size_t는 생소할 수도 있는데 typedef로 새롭게 정의된 타입입니다.

```
#ifdef _WIN64
    typedef unsigned __int64 size_t;
#else
    typedef unsigned int     size_t;
#endif
```

코드에서 볼 수 있듯이 64비트 x64 시스템에서 size_t는 unsigned __int64이고, 32비트 x86 시스템에서는 unsigned int입니다. 즉, 0을 포함하는 자연수 타입이라고 할 수 있습니다.

2) void free(void *memblock);

힙으로부터 할당받은 메모리 영역을 해제하기 위하여 free 함수를 사용합니다. 인자는 할당 요청으로 반환받은 포인터입니다. 즉, malloc의 반환값으로 할당받은 메모리 영역을 가리키는 포인터입니다.
가령 malloc으로 1024바이트의 메모리 영역을 할당받은 뒤 malloc에 의해서 반환된 포인터를 free에 넘길 경우 힙 매니저는 할당받은 1024바이트 메모리 영역을 해제합니다. 해제된 메모리 영역은 새로운 메모리 할당 요청에 반환될 수 있습니다.
어떻게 힙 매니저가 할당받은 메모리 크기를 기억하는지 궁금할 수 있는데, 내부적으로 할당된 메모리 영역의 정보를 관리하기 때문에 가능합니다.

그림 14-8

힙 매니저 할당 내역

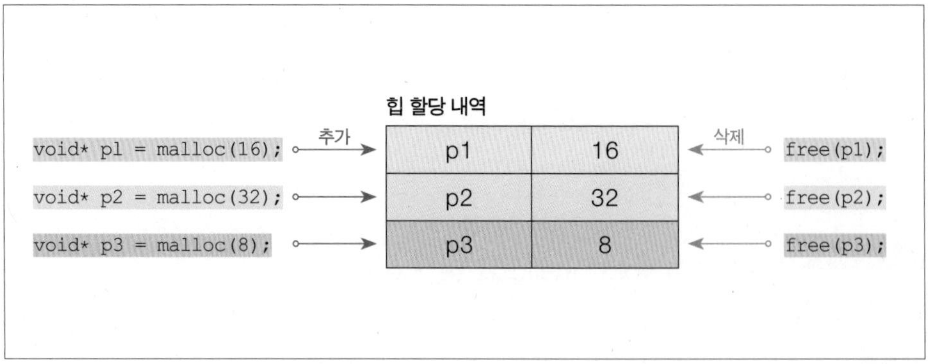

〈그림 14-8〉은 힙 매니저가 내부적으로 저장하는 힙 할당 내역을 보여줍니다. malloc을 호출할 경우 할당된 메모리 영역의 주소와 크기를 저장합니다. 그 이후 free가 호출되면 인자로 전달된 주소를 할당 내역에서 찾은 후 내역에 있는 크기만큼 메모리 영역 해제를 합니다.

실제로 malloc과 free를 사용하여 동적으로 할당된 메모리 영역을 사용해 보겠습니다.

[소스 14-17] malloc, free 사용 1

```
01: #include <stdio.h>
02: #include <stdlib.h>
03:
04: void main()
05: {
06:   int* p = malloc(sizeof(int));
07:   *p = 1;
08:
09:   printf("%d\r\n", *p);
10:   free(p);
11: }
```

[출력결과]

```
1
```

malloc과 free를 사용하기 위해서는 2행의 #include 〈stdlib.h〉가 필요합니다. 6행은 힙에서 4바이트의 메모리 영역을 할당받는 것을 보여 줍니다. sizeof(int)는 int 타입의 크기로서 4를 나타냅니다. 처음부터 4를 쓰면 될 것을 왜 sizeof(int)를 했는지 궁금할 수 있는데, 시스템에 따라서 int가 4바이트가 아닐 수도 있기 때문입니다. 즉, 시스템의 호환성을 고려하여 sizeof(TYPE) 형식을 많이 사용합니다.

6행의 malloc에서 반환된 포인터는 void* 타입이지만 int* p에 대입되면서 타입 변환이 이루어집니다. 따라서 간접 연산자(*)를 이용하여 7, 9행처럼 할당받은 메모리 영역에 값을 읽거나 쓸 수 있습니다.

10행처럼 할당된 메모리는 반드시 free를 사용하여 해제해 줘야 합니다. 할당된 메모리가 제대로 해제되지 않을 때 메모리 누수가 일어나며 메모리 누수가 많아질수록 힙에서 할당해 줄 수 있는 메모리 양이 줄어들어 프로그램 성능이 떨어지게 되거나 프로그램이 중지될 수 있습니다.

[소스 14-18] malloc, free 사용 2

```
01: #include <stdio.h>
02: #include <stdlib.h>
03:
04: void main()
05: {
06:   int* pArr = malloc(1024 * 1024 * sizeof(int));
07:   pArr[0] = 1;
08:   pArr[1048575] = 2;
09:
10:   printf("%d, %d\r\n", pArr[0], pArr[1048575]);
11:   free(pArr);
12: }
```

[출력결과]

```
1, 2
```

〈소스 14-18〉의 6행에서는 힙으로부터 4MB의 메모리 영역을 할당받습니다. 이미 앞에서 확인했듯이 스택 프레임에는 1~4MB 이상의 배열을 생성할 수 없었지만 힙의 경우 아무런 문제가 없습니다. int* pArr은 동적으로 할당된 메모리 영역을 가리키며 7, 8, 10행처럼 포인터의 첨자 연산자를 사용하여 마치 배열을 다루듯이 메모리 영역에 접근할 수 있습니다.

4 C#, Java의 힙 메모리

포인터는 C/C++에서만 사용하는데 포인터를 사용하지 않는 C#, Java와 같은 프로그래밍 언어들은 어떻게 대용량의 메모리를 사용할까요? 다른 프로그래밍 언어들도 대부분 힙 메모리를 사용합니다. 단지 힙으로부터 할당받은 메모리 영역에 접근할 때 포인터를 사용하지 않을 뿐입니다.

앞에서도 잠깐 소개했지만 C#, Java의 경우 포인터 대신 메모리 영역의 별칭(참조)을 사용합니다. 힙에서 메모리 영역이 할당될 경우 시스템은 해당 영역의 별칭을 생성해서 주소와 묶는 역할을 합니다. 가령 힙으로부터 4바이트의 메모리 영역을 할당할 경우 해당 영역의 주소가 0xABCD1234일 때 별칭 XYZ를 생성해서 (XYZ, 0xABCD1234)와 같은 내역을 작성합니다. 그 이후 별칭을 기준으로 할당된 메모리 영역에 접근할 수 있습니다.

왜 별칭과 주소를 분리해 놓은 것일까요? 그냥 편하게 주소만 사용해도 되지 않을까요? 바로 쓰레기 수집기(Garbage Collector)를 사용하기 위해서입니다. C#, Java와 같은 프로그래밍 언어는 메모리 정리 및 해제를 자동으로 수행합니다. 쓰레기 수집기는 더 이상 사용되지 않는 할당된 메모리 영역을 자동으로 판별하여 해제하는 역할을 합니다. 때로는 단편화된 메모리 영역들을 이동시키기도 하는데 이때 할당된 메모리 영역의 주소가 바뀌기도 합니다. 이때는 별칭과 묶여 있는 주소만 갱신해 줍니다.

만일 포인터를 사용할 경우 포인터에 저장되어 있는 모든 주소를 갱신하는 것은 무척 어려운 일이지만 별칭과 주소 내역을 갱신하는 것은 훨씬 간단한 작업입니다.

메모리 단편화가 무엇이고 쓰레기 수집기가 무슨 일을 하는지 간단하게 그림으로 살펴보겠습니다.

그림 14-9
메모리 단편화 및 쓰레기 수집기 동작 이후

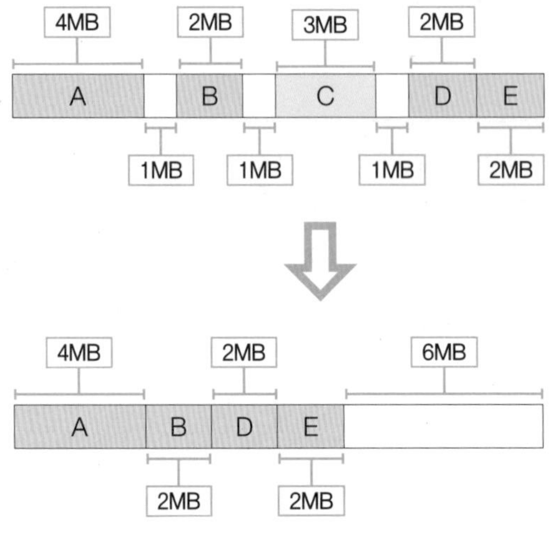

〈그림 14-9〉의 위쪽 그림은 메모리 단편화를 보여 줍니다. 힙 메모리가 16MB라고 가정할 경우 동적 메모리 할당과 해제가 반복되면 어느 순간 할당된 메모리 영역(A, B, C, D, E)들은 분산되어 배치됩니다. 할당된 메모리 영역의 총 크기는 13MB이고, 미할당된 영역은 세 개가 있으며 총 크기는 3MB가 됩니다. 이때 2MB의 동적 메모리 할당 요청이 들어올 경우 메모리를 할당해 줄 수가 없습니다. 왜냐하면 2MB의 미할당된 영역을 찾을 수 없기 때문입니다. 이럴 경우 쓰레기 수집기가 가동되어 그림 아래쪽과 같이 메모리 영역을 정리합니다. 특히 더 이상 참조되지 않는 C 영역의 경우 자동으로 해제하고 기존 할당된 영역들을 이동시켜서 6MB 크기의 미할당된 영역을 만듭니다. 따라서 2MB보다 큰 동적 메모리 할당 요청도 처리할 수 있습니다. 이렇게 메모리를 정리하는 과정에서 B, D, E 영역의 경우 메모리 주소가 바뀌게 됩니다.

C#, Java는 메모리 정리 및 해제를 자동으로 해 주기 때문에 그만큼 개발자가 신경 쓸 부분이 많이 줄어듭니다. 예전만 하더라도 쓰레기 수집기가 작동할 때 성능 하락이 눈에 띌 정도였으나 컴퓨터의 성능 향상과 언어의 발전에 힘입어서 체감하지 못할 정도로 많이 개선되었습니다. 그로 인하여 꽤 많은 개발자가 C#이나 Java를 주력 프로그래밍 언어로 쓰고 있습니다. 그럼에도 여전히 고성능, 고효율의 프로그래밍이 필요한 부분에서는 C/C++가 사용되고 있습니다.

PART 15

알고리즘
Algorithm

컴퓨터는 문제 해결을 위해 프로그램을 실행하여 여러 단계의 명령을 수행합니다. 이런 일련의 과정들을 알고리즘이라 합니다. 직접 알고리즘을 작성해 보고 코드로 옮겨서 프로그램을 만들어 봅시다.

Chapter

01 알고리즘이란?

알고리즘이란 어떤 문제를 해결하기 위해 명확하게 정의된 동작들의 모임입니다. 쉽게 말해 우리가 어떤 문제를 해결할 때 거치는 여러 단계를 순서에 맞게 모아 놓은 것이라고 할 수 있습니다. 솔로몬의 판결을 예로 들어 볼까요? 솔로몬은 아이의 진짜 부모가 누구인지 알아내기 위하여 몇 가지 단계를 진행합니다.

> 첫 번째, 칼로 아이를 잘라서 나눠 가지라고 명령합니다.
> 두 번째, 누군가 아이를 포기하겠다고 나설 때까지 기다립니다.
> 세 번째, 포기하겠다고 나선 사람을 진짜 부모로 결정합니다.
> 네 번째, 거짓말을 한 사람에게는 벌을 줍니다.

문제를 해결하기 위한 방법(알고리즘)을 컴퓨터를 이용하여 구현한 것이 바로 프로그램입니다. 지금까지 배운 개념들은 모두 알고리즘을 프로그래밍 언어로 올바르게 옮기기 위한 것입니다. 지금부터 몇몇 문제를 통해 알고리즘을 프로그래밍 언어로 작성하는 연습을 해 보겠습니다.

Chapter

02 최솟값, 최댓값 찾기

여러 개의 수가 주어졌을 때 최솟값과 최댓값을 찾는 문제입니다. 수들은 배열에 담겨 있습니다. 어떤 과정을 거쳐야 답을 찾을 수 있을까요?

① 배열의 첫 번째 요소의 값을 최솟값과 최댓값으로 설정합니다.

② i를 1로 설정합니다. 배열 요소의 개수는 N입니다(i 〈 N).

③ 배열의 i번째 요소를 최솟값, 최댓값과 비교합니다.

④ i번째 요소의 값이 최솟값보다 작을 경우 그 값을 최솟값으로 설정하고,
요소의 값이 최댓값보다 큰 경우 그 값을 최댓값으로 설정합니다.

⑤ i가 N − 1보다 작을 경우 i에 1을 증가시키고 ③으로 돌아갑니다.

⑥ 최솟값과 최댓값이 구해졌습니다.

위의 과정은 그림으로 그릴 수도 있고, 글로 쓸 수도 있습니다. 이것이 바로 알고리즘이고, 이것을 프로그램이 언어로 나타내면 그것이 바로 프로그램이 됩니다. 프로그램은 다음과 같습니다.

[소스 15-1] 최솟값, 최댓값

```
#include <stdio.h>

void main()
{
  int arr[] = {3, 1, 5, 8, 9, 2, 7, 4, 6, 0};

  int min, max;
  min = max = arr[0];

```

```
    int count = sizeof(arr) / sizeof(arr[0]);

    for(int i = 1; i < count; i++)
    {
        if(arr[i] < min)
        {
            min = arr[i];
        }

        if(arr[i] > max)
        {
            max = arr[i];
        }
    }

    printf("Min: %d, Max: %d\r\n", min, max);
}
```

[출력결과]

```
Min: 0, Max: 9
```

〈소스 15-1〉은 배열에 담긴 숫자들의 최솟값, 최댓값을 구하는 프로그램입니다. 쉬운 문제라서 이해하는 데 어려움이 없을 것입니다. 예제의 숫자는 열 개에 불과하지만 숫자의 수가 수십만 개 이상일 경우 처리 단계가 너무 많아서 사람의 손으로 해결할 수 없는 문제가 됩니다. 하지만 컴퓨터는 단순한 명령을 빠른 시간 안에 굉장히 많이 처리할 수 있기 때문에 쉽게 해결할 수 있습니다. 즉, 컴퓨터가 하는 일은 사람이 할 수 있으나 시간과 속도의 문제로 사람이 직접 하기 어려운 것들이 대부분이라고 할 수 있습니다.

Chapter

03 정렬

여러 개의 수가 주어질 때 주어진 수를 크기 순으로 정렬하는 문제입니다. 역시 수들은 배열에 담겨 있습니다. 배열에 담긴 수들을 정렬하여 다시 배열에 크기 순으로 나열해야 합니다.

이미 앞에서 최솟값, 최댓값 알고리즘을 만들어보았기 때문에 정렬 문제도 쉽게 해결할 수 있습니다. 정렬 문제는 해결 방법이 하나만 있는 것이 아닙니다. 여기서는 가장 많이 알려진 버블 정렬(Bubble Sort) 방법을 소개합니다. 버블 정렬은 이웃한 데이터를 비교하여 가장 큰 데이터를 맨 뒤로 보내면서 정렬하는 알고리즘입니다.

① S를 0, E를 N−1로 설정합니다. 배열 요소의 개수는 N입니다.

② 배열에서 인덱스 S인 요소와 인덱스 S+1인 요소를 비교합니다.

③ 인덱스 S인 요소가 인덱스 S+1인 요소보다 클 경우 두 요소의 값을 교환합니다.

④ S가 E − 1보다 작을 경우 S에 1을 증가시키고 ②로 돌아갑니다.

⑤ E가 1보다 클 경우 E를 1 감소시키고 S를 0으로 설정한 후 ②로 돌아갑니다.

⑥ 정렬이 완료되었습니다.

[소스 15-2] 버블 정렬

```
#include <stdio.h>

void main()
{
  int arr[] = {3, 1, 5, 8, 9, 2, 7, 4, 6, 0};

  int count = sizeof(arr) / sizeof(arr[0]);

  for(int e = count - 1; e > 0; e--)
  {
```

```
11:     for(int s = 0; s < e; s++)
12:     {
13:       if(arr[s] > arr[s + 1])
14:       {
15:         int temp = arr[s];
16:         arr[s] = arr[s + 1];
17:         arr[s + 1] = temp;
18:       }
19:     }
20:   }
21:
22:   for(int i = 0; i < count; i++)
23:   {
24:     printf("%d, ", arr[i]);
25:   }
26:
27:   printf("\r\n");
28: }
```

[출력결과]

```
0, 1, 2, 3, 4, 5, 6, 7, 8, 9,
```

〈소스 15-2〉는 버블 정렬을 보여 줍니다. 버블 정렬은 이중 반복문을 사용합니다. 9행의 바깥쪽 for문은 최댓값을 배열의 가장 끝으로 보내기 위한 반복문입니다. 배열의 가장 끝에 최댓값을 보냈다면 그 다음으로 큰 최대값을 찾아서 배열의 끝에서 두 번째로 보내면 됩니다. 11행의 안쪽 for문은 인접한 두 요소를 비교하기 위한 반복문입니다. 13~18행이 가장 핵심적인 부분인데, 이웃한 두 요소를 비교하여 큰 쪽이 오른쪽에 놓이도록 교환하는 역할을 합니다.

Chapter

04 검색

여러 개의 수가 주어질 때 원하는 수의 위치를 구하는 문제입니다. 가장 간단한 방법은 처음부터 끝까지 모든 값과 찾으려는 수를 하나씩 비교하는 것입니다. 더 나은 방법은 없습니다. 운이 좋아서 찾으려는 수가 맨 앞에 있으면 한 번의 비교로 찾을 것이고, 운이 나빠서 찾으려는 수가 맨 마지막에 있을 경우 모든 수와 비교하게 됩니다. 만일 찾으려는 수가 확실히 존재한다면 평균적으로 전체 수의 절반 정도를 비교하면 위치를 찾을 수 있습니다.

무작위로 주어진 수들의 검색은 위의 방법을 따르지만 이미 정렬된 수들의 경우 여러 가지 검색 방법을 사용할 수 있습니다. 물론 정렬된 수들을 위의 방법으로 하나씩 검색해도 되지만 더 좋은 검색 방법을 사용하는 편이 좋겠지요. 더 효과적인 검색 방법이란 비교 회수를 최소화하는 방법을 말합니다. 여기서는 이진 검색 알고리즘을 소개합니다.

① S를 0, E를 N−1로 설정합니다(배열 요소의 개수는 N입니다).

② S가 E보다 클 경우 찾으려는 수를 찾을 수 없다는 의미로 −1을 반환합니다.

③ i를 (S + E) / 2로 설정합니다(i는 정수이며, 소수점 아래는 버립니다).

④ 배열의 인덱스 i인 요소의 값과 찾으려는 수를 비교합니다.

⑤ 요소의 값이 찾으려는 수와 같을 경우 인덱스 i를 반환합니다.

⑥ 요소의 값이 찾으려는 수보다 클 경우 S를 i + 1로 설정한 후 ②로 돌아갑니다.

⑦ 요소의 값이 찾으려는 수보다 작을 경우 E를 i − 1로 설정한 후 ②로 돌아갑니다.

[소스 15-3] 이진 검색

```c
#include <stdio.h>

int Search(int v)
{
  int arr[] = {0, 1, 2, 3, 4, 5, 6, 7, 8, 9};

  int count = sizeof(arr) / sizeof(arr[0]);

  int s, e;
  s = 0;
  e = count - 1;

  while(s <= e)
  {
    int i = (s + e) / 2;
    if(arr[i] == v)
    {
      return i;
    }
    else if(arr[i] < v)
    {
      s = i + 1;
    }
    else if(arr[i] > v)
    {
      e = i - 1;
    }
  }

  return -1;
}


void main()
{
  printf("%d is arr[%d]\r\n", 1, Search(1));
  printf("%d is arr[%d]\r\n", 3, Search(3));
  printf("%d is arr[%d]\r\n", 7, Search(7));
  printf("%d is arr[%d]\r\n", 9, Search(9));
}
```

[출력결과]

```
1 is arr[1]
3 is arr[3]
7 is arr[7]
9 is arr[9]
```

〈소스 15-3〉은 이진 검색 알고리즘을 구현한 것입니다. 이진 검색 알고리즘은 문제를 찾는 범위를 절반씩 줄여가는 방식입니다. 128개의 정렬된 자료를 검색할 때 순차적으로 검색하면 평균 64번 비교를 하지만 이진 검색을 하면 평균 7~8회 정도로 비교 횟수가 현저히 줄어듭니다. 더 큰 차이가 나는 것은 검색할 값이 없을 때입니다. 순차적으로 검색할 경우 128번을 모두 비교해야 값이 없음을 알 수 있지만, 이진 검색에서는 8회만 검색하면 값이 없는 것을 알 수 있습니다. 그렇기 때문에 검색을 자주 해야 하는 자료의 경우 검색 성능을 향상시키기 위하여 자료들을 정렬하여 저장하는 경우가 많습니다.

Chapter

05 알고리즘의 이용

앞에서 가장 많이 알려진 기본적인 알고리즘을 살펴보았습니다. 간단하다고는 하지만 막상 코드로 작성할 경우 세심한 주의가 필요합니다. 인덱스를 하나라도 잘못 계산할 경우 엉터리 코드가 될 수 있습니다.

프로그래밍을 하게 될 경우 모든 알고리즘을 생각하고 코드로 작성해야 한다면 너무 힘이 듭니다. 하지만 이미 최적의 성능을 발휘하면서 수많은 사람들에게 검증된 알고리즘이 만들어져서 제공되기 때문에 우리는 원하는 알고리즘을 골라서 잘 사용하기만 하면 됩니다.

① 정렬 함수

```
void qsort(void* base, size_t num, size_t width,
           int (*compare)(const void*, const void*));
```

② 검색 함수

```
void* bsearch(const void* key, const void* base,
              size_t num, size_t width,
              int (*compare)(const void* key, const void* datum));
```

위의 함수들은 C 언어에서 제공하는 정렬, 검색 함수입니다. 적당한 인자를 전달하여 호출하면 원하는 결과(정렬, 검색)를 얻을 수 있습니다.

인자만 봐서는 무엇을 넣어야 할지 무척 난감하게 느껴집니다. 인자가 복잡한 이유는 정렬하거나 검색해야 할 대상이 다양하기 때문입니다. 가령 구조체로 사람의 인적 사항을 나타낼 경우 정렬이나 검색의 조건이 사람의 이름이 될 수도 있고, 나이가 될 수도 있습니다. 그래서 모든 타입에 대하여 정렬과 검색을 할 수 있도록 범용적인 타입의 인자가 나오게 되었습니다.

지금부터 qsort의 인자에 대해서 살펴보겠습니다. 정렬 대상은 배열을 기본으로 합니다. 즉, 배열이 인자로 넘어가야 합니다.
base는 배열의 메모리 시작 주소입니다. 보통 배열명을 넣으면 됩니다. num은 배열 요소의 개수이며, width는 배열 요소의 크기입니다. 예를 들어 정렬 및 검색 대상이 TYPE arr[N]이라면 base는 arr, num은 N, width는 sizeof(TYPE)이 됩니다.
마지막으로 compare는 실제 비교 기준을 구현하는 함수입니다. 가령 인적 사항 두 개를 비교할 경우 나이를 기준으로 할지 이름을 기준으로 할지 결정하는 부분입니다. 앞에서 작성한 정렬 함수를 qsort를 이용하여 간단히 작성하면 다음과 같습니다.

[소스 15-4] qsort 사용

```
#include <stdio.h>
#include <stdlib.h>

int compare(const void* a, const void* b)
{
  int left = *(int*)a;
  int right = *(int*)b;

  if(left < right)
    return -1;
  else if(left == right)
    return 0;
  else
    return 1;
}

void main()
{
  int arr[] = {3, 1, 5, 8, 9, 2, 7, 4, 6, 0};
  int count = sizeof(arr) / sizeof(arr[0]);

  qsort(arr, count, sizeof(int), compare);

  for(int i = 0; i < count; i++)
```

```
25:    {
26:       printf("%d, ", arr[i]);
27:    }
28:
29:    printf("\r\n");
30: }
```

[출력결과]

```
0, 1, 2, 3, 4, 5, 6, 7, 8, 9,
```

〈소스 15-4〉의 4~15행은 정수 비교 함수인 compare입니다. compare는 qsort 함수에 의해서 호출되며 정렬 대상인 배열의 임의의 두 요소를 가리키는 포인터가 인자로 전달됩니다. 6, 7행에서 전달된 두 요소를 가리키는 포인터를 간접 연산자를 이용하여 요소의 값으로 바꿉니다. 9~14행은 두 수의 비교 결과를 반환합니다. 왼쪽이 오른쪽보다 작을 경우 -1, 같은 경우 0, 클 경우 1을 반환하면 됩니다.

22행이 qsort를 호출하는 핵심 코드입니다. 순서대로 배열명, 배열 요소의 개수, 배열 요소의 크기, 마지막으로 4~15행의 compare 함수를 입력합니다.

qsort가 호출되면 배열의 요소들을 두 개씩 뽑아서 compare로 전달합니다. 그리고 결과에 따라서 배열 요소들을 정렬이 되도록 재배치합니다.

C 언어를 비롯하여 많은 프로그래밍 언어들은 프로그래밍을 쉽고 빠르게 할 수 있도록 이미 검증된 알고리즘과 자료 구조들을 라이브러리로 묶어서 제공하고 있습니다. 특히 C#이나 Java의 경우 라이브러리의 수와 종류가 상당히 많아서 프로그램을 마치 부품들을 조립하는 것처럼 작성할 수 있게 해 줍니다. 기본기가 충실하고 알고리즘을 깊이 있게 아는 사람이 좋은 라이브러리를 고르고 잘 사용할 수도 있는 만큼 알고리즘은 프로그래밍에서 아주 중요한 요소라고 할 수 있습니다.

반도체부터 컴퓨터까지!

C언어로 배우는 프로그래밍의 기초

반도체부터 컴퓨터까지!

C언어로 배우는 프로그래밍의 기초